Vom Matrosen zum Künstler

Editorische Notiz:

Nachdruck der zweiten Auflage, Berlin 1908.
Qualitätsverluste sind durch die Beschaffenheit der Vorlage begründet.

1. Auflage 2015

Bgm.-Spitta-Allee 31, 38329 Bremen

produktsicherheit@edition-falkenberg.de

ISBN 978-3-95494-058-5
www.edition-falkenberg.de

Vom Matrosen zum Künstler

Tagebuch-Blätter des Marinemalers Schröder-Greifswald

Herausgegeben und eingeleitet
von
Ulrich van der Heyden

Edition Falkenberg

Persönliche Vorbemerkungen

eines entfernten Verwandten zur Neuherausgabe des Buches
von
Max Schröder-Greifswald

Meine Erinnerungen gehen in die frühen 1960er Jahre zurück. Ich wuchs in einem alten, jedoch ehemals recht repräsentativen Fachwerkhaus in einer Binnenschifferfamilie im Nordosten Deutschlands auf. Aus dem weiteren Familienumkreis gab es den einen oder anderen, der nicht nur die Binnen- und Küstengewässer befahren hatte, sondern ein »richtiger« Seemann, also auf »große Fahrt« gegangen war.

Wie man es in einem Haushalt einer der christlichen Seefahrt verpflichteten, alteingesessenen Familie in einem vorpommerschen Städtchen nicht anders erwarten konnte, befanden sich in den Zimmern, auf dem Dachboden und in den zahlreichen Nebengelassen viele maritime Gegenstände.

In den Zimmern und Fluren hingen Bilder vom Meer und von Schiffen, die es befahren hatten. Eines davon, es hing in einem Flur in der oberen Etage unseres Hauses, wurde mit besonderer Ehrfurcht von meiner Großmutter behandelt – das heißt vom Staub befreit. Es war eine Skizze oder ein kleineres Gemälde. Genauer vermag ich mich nicht zu erinnern. Als ich mich nach dem Bild und dem Maler in typischer unbeholfener kindlicher Neugier eines etwa acht- bis zehnjährigen Jungen erkundigte, teilte mir meine Großmutter mit, dass es sich um ein persönliches Geschenk des Cousins ihrer Mutter, jedenfalls um einen Onkel genannten Anverwandten mütterlicherseits handeln würde. Dieser sei weit in der Welt als Seemann herumgekommen, hätte die Welt umsegelt und Künstler sei er auch gewesen. Er habe dieses Bild gemalt und meiner Großmutter (oder deren Mutter?) geschenkt. Auf meine neugierige Frage, wo er denn wohne und was aus ihm geworden sei, antwortete sie nur, dass sie dies nicht genau wisse. Vermutlich sei er irgendwo im großen Berlin »untergegangen«. Die Nazi-Zeit eben … und der Krieg. Auf dem Dachboden unseres Hauses, so deutete sie an, gäbe es noch Mitbringsel aus exotischen Ländern von ihm. Wie diese in unser Haus gelangt sind, vergaß ich zu fragen.

In der Tat fand ich später, als mein historisches Interesse geweckt war, in einer der Bodenkammern unter dem Dach einen mit Ritzzeichen verzierten Gehstock aus Bambus, einen handgefertigten asiatischen Fächer, eine handgemalte Postkarte und wohl auch noch einige andere exotische Gegenstände, die ich alle – bis auf die Postkarte – später in ein Museum gab, wo sie als Mitbringsel eines Seemannes katalogisiert wurden. Und ich fand einige Jahre nach dieser Entdeckung unter den maritimen Büchern meines Vaters ein Buch von Max Schröder-Greifswald mit dem Titel »Vom Matrosen zum Künstler«. Der Autor des Buches war also mein entfernter Verwandter, der auch die Postkarte gestaltet hatte und von dem die vornehmlich asiatischen Mitbringsel.

Auf eine eigenartige Weise – so glaube ich heute – haben die Lektüre des Buches und die exotischen Gegenstände, die ich auf dem Dachboden unseres Hauses gefunden hatte, ihren Beitrag dazu geleistet, dass ich mich später als Historiker mit fremden Ländern und Kulturen beschäftigte.

Vor mehr als eineinhalb Jahrzehnten fiel mir das Buch wieder in die Hände und ich las es erneut. In mir reifte die Überzeugung, dass es durch die authentischen Schilderungen eines beträchtlichen Teils des Lebenslaufes des Marinemalers Schröder-Greifswald sowie seiner erlebten Abenteuer auf hoher See während einer Weltumsegelung und der Beschreibung des Alltagslebens einer deutschen Schiffsbesatzung auf den Ozeanen zu einer Zeit, als das Deutsche Reich sich auf der Suche nach einem »Platz an der Sonne« befand, eine Neuauflage verdient.

Da das Buch jedoch mit vielen Illustrationen des Marinemalers ausgestattet ist, kam nur ein Faksimiledruck in Frage. Jedoch war es mir nicht möglich, für dieses Projekt einen Verleger zu interessieren. Erst im Jahre 2013 wurde ich durch Vermittlung des aktiven Marinemalers aus Rudolstadt, Olaf Rahardt, auf den Verlag von Kai Falkenberg aus Bremen aufmerksam. Der Verleger nahm sich meines Vorschlages an. Das Ergebnis halten Sie in den Händen. Beiden genannten Personen danke ich für ihre freundliche Unterstützung und kollegiale Zusammenarbeit. Ohne sie würde dieses Buch nicht in dieser Form vorliegen.

Auch meiner Tochter Sylva, die mich auf vielfältige Weise ermutigte und unterstütze, damit meine eineinhalb Jahrzehnte alte Idee zur Realität werden konnte, danke ich. Ebenso gilt mein Dank meiner Mitarbeiterin Cornelia Beyer, die mir, wie in vergangenen Jahren immer, bei der Bewältigung der vielfältigen Aufgaben eines politik- und geschichtswissenschaftlich arbeitenden Forschers und Hochschullehrers zur Seite stand.

Allen anderen Personen, die mich über Jahre hinweg mit kleineren oder bedeutenden sachdienlichen Informationen versorgten, möchte ich ebenfalls meinen Dank aussprechen, ohne sie im Einzelnen zu nennen.

Schon mit dem Aufkommen der Idee, das Buch »Vom Matrosen zum Künstler« als Faksimile herauszugeben, musste ich feststellen, dass es über meinen entfernten Verwandten kaum verlässliche Informationen in der einschlägigen Literatur gibt. Auch das Internet versagt in dieser Frage. Max Schröder-Greifswald taucht allenfalls in verschiedenen Katalogen von Kunst- und Antiquitätenauktionen auf.

Seine zahlreichen Buch- und Presseillustrationen sowie seine Gemälde, die noch niemand aufgelistet hat, stellen außer See- und Küstenlandschaften vorwiegend Schiffe der kaiserlichen deutschen Marine dar.

Was wissen wir also heute von dem Marine-Maler Max Schröder-Greifswald?

Fest steht, dass er in Greifswald am 3. März 1858 geboren worden ist. Und wie er selbst schrieb, als junger Mann unbedingt zur See wollte. Aus welchen Gründen es Max Schröder nicht gefallen hat, diesen, seinen Geburtsnamen, als Künstler zu tragen, wissen wir nicht. Vermutlich tat er es aus dem Grunde, weshalb auch andere Marinemaler sich zu solch einem Schritt entschlossen, wie beispielsweise Robert Schmidt-Hamburg (1885–1963).

Mein entfernter Verwandter legte sich den Künstlernamen Schröder-Greifswald zu und verwies somit auf seinen Geburtsort. So, ohne seinen Vornamen zu nennen, signierte er fortan seine Gemälde und Skizzen. Wenn diese heute auch nicht zu den höchsten Preisen gehandelt werden, befinden sich darunter jedoch einige Gemälde, wie »Segelschulschiff ARCONA«, datiert 1888, in bedeutenden maritimen Institutionen, wie dieses genannte, in der Marineschule Flensburg-Mürwick. Es hängt seit einigen Jahren auf dem Segelschulschiff GORCH FOCK. Es soll lange Zeit nicht als ARCONA, sondern als ein Schwesternschiff, die ELISABETH, betitelt worden sein. Auch in maritimen Museen entlang der deutschen Küste befinden sich Werke des Marinemalers Schröder-Greifswald.

Immer wieder auftretende Unsicherheiten über die Bestimmung von Bildern, die Schröder-Greifswald zugeordnet werden, lassen sich nicht zuletzt dadurch erklären, weil so wenige verwertbare schriftliche Informationen über diesen Maler existieren. Kein Kunst- oder anderer Historiker und kein anderer Autor haben sich dem Leben oder der Bedeutung seiner Werke bislang angenommen. War er ihnen zu unbedeutend? Denn er stand in der Tat immer im Schatten der weit bekannteren deutschen Marinemaler seiner Zeit wie Carl Saltzmann (1847–1923), Hans Bohrdt (1857–1945) und Willy Stöwer (1864–1931).

Die Unkenntnis über Schröder-Greifswald geht soweit, dass sogar in renommierten Auktionskatalogen falsche Lebensdaten angegeben werden oder beispielsweise behauptet wird, dass ein Gemälde aus dem Jahre 1896 »An English steamship leaving Dan-Shai bay, Formosa, Taiwan« zeigen würde. In Wirklichkeit handelte es sich um die deutsche Korvette PRINZ ADALBERT. Diese unternahm in den Jahren 1878 bis 1880 und von 1883 bis 1885 zwei Weltreisen. An der ersten nahm Max Schröder als Stewardsmaat in der Offiziersmesse teil.

Später hielt Schröder-Greifswald in einem Ölgemälde, welches er den Titel »Ankunft des Schiffes ›Prinz Adalbert‹ im Kieler Hafen« gab, die Rückkehr des Schiffes fest. In der Kieler Bucht wurde es von der kaiserlichen Dampfyacht HOHENZOLLERN und dem Schulschiff NIOBE begrüßt, denn es war zum ersten Mal vorgekommen, dass ein preußischer Prinz eine zweijährige Ausbildungs- und Weltreise auf einem Schiff unternommen hatte. Unterhalb des Kieler Schlosses wurde der adlige Spross von der kaiserlichen Marine willkommen geheißen.

Bevor Max Schröder in der deutschen Marine diente, hatte er auf dem Handelsschiff PROVIDENTIA als Schiffsjunge angeheuert und so das maritime Alltagsleben von Grund auf kennengelernt. Als er abgeheuert hatte und an Typhus erkrankte, begann er nach der Genesung zu zeichnen und arbeitete als Lithograf in seiner Heimatstadt. Aber dieses Hobby musste er unterbrechen, als er bei der kaiserlichen Marine anheuerte.

Was er hier erlebte, macht den Hauptteil der Beschreibungen in seinem Buch aus. Nur kurz erwähnt er dort, dass er während der Fahrt auf dem Indischen Ozean sich »eifrig mit Zeichnen und Malen beschäftigt hatte« (S. 168). Dabei kam der nun sein Talent entdeckende Matrose mangels entsprechender Ausrüstung auf die Idee, statt eines Zeichenbrettes die Rückseiten der Kleiderschränke zu benutzen, indem er dort Zeichenpapier befestigte und dieses bemalte. Erst einige Jahre später wandte er sich der Ölmalerei zu, weil ihm die Arbeit mit Kreide und Wischer, wie er schrieb (S. 176), nicht mehr befriedigte.

Er zehrte anscheinend recht lange von seinen auf der gut zweijährigen Weltumseglung gewonnenen Eindrücken und Erlebnissen. Zuweilen brachte er diese erst nach Jahren auf Leinwand. Denn schon nach wenigen Jahren, 1885, hatte er seine maritime Laufbahn als Seemann beendet und arbeitete zunächst als Maler sowie Presse- und Buchillustrator in seiner Geburtsstadt Greifswald, bevor er in die deutsche Reichshauptstadt übersiedelte und Schüler des bekannten Landschafts- und Marinemalers Professor Hermann Eschke (1823–1900) an der Königlichen Akademie der Künste in Berlin wurde.

Er wohnte laut einem Eintrag in den Berliner Adressebüchern in nicht gerade armen Gegenden von Berlin, nämlich in der Wilhelmstraße 147 in Berlins Mitte und dann bis zu seinem Lebensende in der Hauptstraße 105 in Schöneberg.

Ich erspare mir es, die autobiografischen Angaben, die Schröder-Greifswald in seinem Buch gemacht hat, hier zusammenzufassen. Viel ist es ohnehin nicht; chronologisch nachvollziehbar aufbereitet hat er dies auch nicht. Am ehesten erfährt der Leser einige diesbezügliche Angaben auf den letzten Seiten seines vorliegenden Buches, auf denen der Autobiograf seine »Künstlerlaufbahn« knapp schildert.

Dass so relativ wenige Informationen über den Lebenslauf des Autors in diesem Buch zu erfahren sind, mag auch daran liegen, dass er es nicht allein geschrieben hat. Auf der Titelseite ist zu entnehmen, dass es sich bei dem Buch um Auszüge aus dem Tagebuch eines Matrosen handelt, der auf große Fahrt ging und dabei sein Interesse an der Malerei entdeckte. Diese Tagebuchaufzeichnungen, die eher Schilderungen von einzelnen Begebenheiten enthalten als chronologische Darstellungen der Tagesabläufe, wurden von Paul Risch für den Druck bearbeitet und vermutlich vielfältig ergänzt, sodass wir heute nicht genau wissen können, welche Teile des Textes original sind und welche später von einer anderen Person hinzugefügt oder bearbeitet worden sind.

In zweiter, wie es heißt »vollständig neubearbeitete(r) Auflage« betrug die Auflage 19.000 Exemplare. Erschienen ist es 1908 im Berliner Verlag C. A. Weller.

Hat die zweite Auflage einen Umfang von 188 Seiten, weist die erste Auflage lediglich 157 Seiten auf. Jene erschien im Selbstverlag. Der Erfolg dieser ersten Auflage, die von H. Lehmann bearbeitet worden ist – was wohl belegt, dass der Marinemaler Schröder-Greifswald besser mit Pinsel und Palette umgehen konnte, als mit Papier und Tinte – machte ihm Mut, seine Erlebnisse auch einem professionell arbeitenden Verlag anzubieten. Immerhin muss der Verkauf der ersten Auflage so erfolgreich gewesen sein, dass sich der Autor entschloss, eine erweiterte zweite Auflage herauszugeben, nunmehr mit einem martialischen Titelbild versehen: Ein uniformierter Matrose steht mit Palette und Pinsel breitbeinig vor einer Staffelei auf einem Rettungsring in Mitten der hohen See. Dies soll wohl weniger die Realität wiedergeben, als symbolträchtig die Aussage des Titels unterstreichen. Eben die Entwicklung des Autors von einem Matrosen zu einem Marinemaler.

Ursprünglich, so kann gemutmaßt werden, war wohl vom Autor und Illustrator des Buches gar nicht vorgesehen gewesen, über seine Entwicklung vom Seemann zum Maler ein Buch zu veröffentlichen, sondern lediglich davon, was ein Matrose bei einer Weltumseglung alles so erleben kann.

Max Schröder-Greifswald war ein Maler, ein Künstler, der Natur- und vor allem maritime stimmungsvolle Bilder herstellte. Er malte sowohl afrikanische Landschaften, »Walfang im Eismeer« als auch »Pommersche Flußlandschaften« und »Mecklenburgische Landschaften«. Bekannt wurde er vor allem durch seine Darstellungen des aktuellen Geschehens in der kaiserlichen Marine, auch wenn er diese zumeist mit einiger Verspätung auf die Leinwand brachte: Schiffe auf See, Manöver, Flottenbesuche – alles Themen, die sich damals äußerst großer Beliebtheit erfreuten. Um davon leben zu können, verkaufte er seine Bilder so schnell es ging. So hatte er, wie er in der ersten Auflage beklagte, kaum Gelegenheit, sich an Ausstellungen zu beteiligen. Es gab nur wenige Werke in seinem Atelier. »Doch trug ich schon lange den Plan mit mir herum«, so schrieb er, »meine Bilder durch Vervielfältigung auch dem großen Publikum zugänglich zu machen« (S. 155). So kam der Kontakt mit dem Berliner Verleger Walter Peck zustande, der 15 Ölgemälde von ihm in Farbdruck herausbrachte. Und der Künstler dieser Gemälde konnte feststellen, dass »die freundliche Aufnahme, die den Bildern in Marine- und Privatkreisen zu teil geworden« war, sicherlich auch auf die Veröffentlichung seiner Tagebuchaufzeichnungen zutreffen könnte, wenn sie denn in einem kommerziellen Verlag erscheinen würden. Für den Kauf der von Walter Peck verlegten Kopien der Gemälde warben dann auch am Ende des Buches platzierte Werbeanzeigen.

Der Konteradmiral und Herausgeber des in der damaligen Zeit renommierten »Illustrierten Deutschen Flotten-Kalenders«, Max Plüddemann, ein damals recht bekannter Marineschriftsteller, lobte die Arbeiten von Schröder-Greifswald in der »Marine-Rundschau«: »Der Marinemaler Schröder bringt in acht Serien à sechs Kunstblättern, von denen die erste Serie bis zum Dezember dieses Jahres erscheint, das gesamte moderne Schiffsmaterial der Marine des deutschen Reiches zur Darstellung. Soweit die vorliegenden Proben es erkennen lassen, sind die Schiffe seemännisch richtig gezeichnet, die Situation, in der sie sich darstellen, die gewählte Örtlichkeit ist dem Charakter derselben, ihrer Verwendungsbestimmung, angepaßt. Der Seemann erkennt seine alten Bekannten wieder, dem Landbewohner werden die heimischen und fernen Seegestade in charakteristischen Zügen vorgeführt.

Die Ausführung in 12 Farben, die Vermeidung von Härten, die gut getroffenen Abtönungen geben den Bildern ein natürlich frisches, farbenprächtiges Aussehen. Die Bilder werden dem Seemanne, welchem die Schiffe einmal die Heimat ersetzt haben, eine schöne Erinnerung sein, dem Binnenländer werden sie das Verständnis für die modernen Machtmittel zur See bilden, für die Faktoren, ohne welche jetzt und in Zukunft kein gleichberechtigter Wettbewerb im Weltverkehr zu denken ist.

Wenn schon die Blätter, in Mappen gesammelt, salonberechtigt sind, so werden sie noch mehr einzeln demjenigen, dessen Leben einstmals mit dem einen oder anderen Schiffe verknüpft war, oder der Familie des noch auf ihm verweilenden ein Gedenkblatt sein, welches nicht gelegentlich aus der Mappe hervorgeholt wird, sondern welches als Bild an der Wand stetig vor Augen hängt und einen Schmuck des Zimmern abgibt. Der Preis M. 3,50 ist für das, was geboten wird, nicht zu hoch, und seine Größe – 30 x 50 cm der Darstellung und 50 x 65 cm des ganzen Kartons – ist gerade eine solche, wie sie für die Wand paßt.

Halten die übrigen Blätter was die ersten versprechen, so kann man dem Werke nur die weiteste Verbreitung wünschen.«

So viel Anerkennung, wie die Bilder des Marinemalers auch fanden, so skeptisch waren Bearbeiter und Verleger – trotz ihrer Hoffnung, das Buch gut verkaufen zu können – ob der schriftstellerischen Qualitäten von Max Schröder-Greifswald. Im Vorwort der ersten Auflage, die damals noch keinen Verlag gefunden hatte, schrieb der Bearbeiter H. Lehmann, der das Buch selbst vertrieb, im Vorwort: »Die freundliche Aufnahme, welche die Bilder des Marinemalers Schröder-Greifswald allseitig erfahren und insbesondere der große Absatz, den die im Verlage von Walther Peck Berlin W. herausgegebenen Vervielfältigungen seiner Bilder deutscher Kriegsschiffe gefunden haben, ließen in dem dankbaren Künstler den Wunsch entstehen, seinen Entwickelungsgang vom Matrosen zum Künstler für die vielen Abnehmer seiner Kunstwerke zu veröffentlichen. Es stellt dieses Schriftwerk lediglich einen wahrheitsgetreuen Auszug aus dem von Schröder stets geführten Tagebuche dar und macht daher keinen Anspruch auf hervorragende schriftstellerische Leistung. Vielmehr sind, der Eigenart des Künstlers entsprechend, die Auszüge meist wörtlich wiedergegeben, in denen er eben erzählt, wie ihm der Schnabel gewachsen ist« (S. 5).

Diese Ausführungen bedürfen keiner weiteren Erläuterungen. Aus ästhetischer und literaturhistorischer Sicht gesehen, so werden sich alle Leser wohl einige sein, besitzt das vorliegende Buch keine herausragende Bedeutung – es ist aber kurzweilig geschrieben. Und – wie anfangs schon erwähnt – es besitzt allgemeinhistorischen und kulturgeschichtlichen Quellenwert.

Die zweite Auflage, auf die sich die vorliegende Faksimile-Ausgabe stützt, ist in der Aussage des Textes und in den Illustrationen ergiebiger. Es werden ausführlichere Tagesbuchaufzeichnungen dokumentiert und mehr Abbildungen als in der ersten Auflage geboten.

An Texte solcher Art, wie die des Matrosen Max Schröder, sollte man heute nicht mit den heutigen Standards der political correctness herangehen. Es ist die zeitgenössische Sprache der Deutschen, die damals versuchten, seit 1884/85, sich ein überseeisches Kolonialimperium aufzubauen. Dazu brauchten sie eine leistungsfähige Marine, deren Aufbau der Marinemaler Max Schröder-Greifswald mit seinen Bildern und auch mit seinem Buch dokumentiert – und letztlich auch unterstützte. Über heute schwülstig anmutende Nationalismen und wiedergegebene Gedichte sowie die unterwürfigen kaisertreuen Huldigungen sollte man hinwegsehen oder sie als Beleg für die Gewohnheiten der damaligen Zeit betrachten.

In diesem Sinne ist das in der vorliegenden Faksimile-Ausgabe aufgenommene Vorwort des Autobiographen zu werten, wie auch die Widmung in der ersten Auflage, die indes in der zweiten weggelassen wurde: »Seiner Königlichen Hoheit dem Prinzen Heinrich von Preußen in tiefster Ehrfurcht gewidmet.«

Über den Lebensweg des Künstlers nach dem Erscheinen seines Buches wissen wir noch viel weniger. Es ist nicht bekannt, ob er im Ersten Weltkrieg, in der Zwischenkriegszeit und im Zweiten Weltkrieg noch von seinen Bildern und Illustrationen leben konnte. Die »große Zeit« der Marinemalerei war vorbei. Mit dem Ende des Kaiserreiches und dem Niedergang der deutschen Seemacht und der Handelsflotte – ganz zu schweigen von der qualitativen Verbesserung der Fotografie – ging es ihm vermutlich, wie auch den anderen deutschen Marinemalern: Die Zeit seiner effektiven Schaffensperiode schien dahin zu sein.

Vermutlich bekam er noch den einen oder anderen Illustrationsauftrag. Aber dies muss spekulativ bleiben, da es kein Verzeichnis von allen seinen Werken gibt.

Unbekannt ist auch, wer seine Frau war. Aus der oralen Familientradition ist lediglich überliefert, dass er anscheinend kinderlos im hohen Alter im Jahre 1948 verstarb.

Neben seinen inzwischen in der ganzen Welt verstreuten Bildern erinnern seine Tagebuchaufzeichnungen, die mit der vorliegenden Reprintausgabe nun wieder einer breiten Öffentlichkeit zugänglich sind, an diesen deutschen Marinemaler.

Ulrich van der Heyden
im Januar 2015

Vom Matrosen zum Künstler.

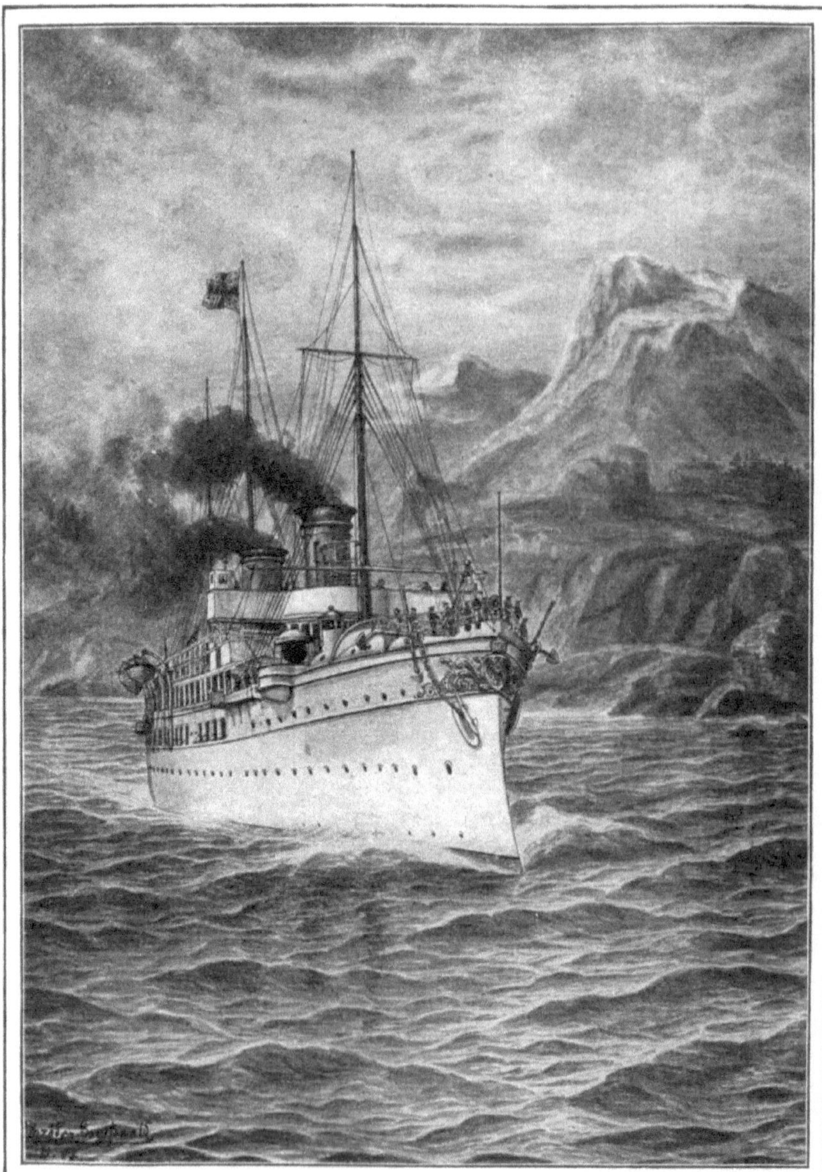

S. M. Jacht „Hohenzollern“ im Fjord.

Vom Matrosen zum Künstler.

Tagebuch-Blätter
des
Marinemalers Schröder-Greifswald.

Bearbeitet von Paul Risch.

Mit 24 Kunstbeilagen und zahlreichen Text-Illustrationen nach Originalen des Künstlers.

2te vollständig neubearbeitete Auflage.

6tes bis 25tes Tausend.

Berlin SW. 1908.
Verlag von C. A. Weller.

Vorwort.

Der alte germanische Schiffergeist, der die Wikinger des Nordens zu tollkühnen Fahrten auf gebrechlichen Fahrzeugen befähigte und den Ruhm und die Größe der Hansa einst begründete, ist neu erwacht und packt immer mehr alle Kreise des großen deutschen Volkes. Das ist auch eine zwingende Notwendigkeit, wenn Deutschland die gewaltigen Aufgaben, die seiner harren, erfüllen soll. Gerne vernimmt man von den Taten und dem Wachstum unserer Flotte und erfreut sich an Bildern derselben. Wohl sind Flottenbücher im Laufe der letzten Jahre erschienen, die mehr oder weniger das Interesse der Leser befriedigten.

Wenn nun der Verleger sich entschloß, dieses Buch in neuer Bearbeitung herauszugeben, so veranlaßte ihn dazu die Eigenart desselben. Ein schlichter Matrose erzählt seine Erlebnisse zur See, ein Seemann, dem die großartigen Eindrücke der Natur wie die heiteren Szenen des Schifferlebens das in ihm schlummernde Malertalent geweckt haben. Die Bilder des Marinemalers *Schröder*-Greifswald haben bis in die höchsten Kreise Eingang und ungeteilte Anerkennung gefunden. Ein Teil seiner Zeichnungen und Ölgemälde ist reproduziert den Tagebuchblättern als Schmuck beigegeben, und so ist ein Buch entstanden, das den Entwicklungsgang eines Künstlers zeigt, der in seinen Darbietungen den scharfen Blick des erfahrenen Fachmannes mit dem durch energischen Fleiß zu schönem Können entwickelten Talent des Malers verbindet. *Mögen die Tagebuchblätter dazu beitragen, den Sinn und die Liebe für deutsches Seewesen zu fördern und zu kräftigen.*

Inhaltsverzeichnis.

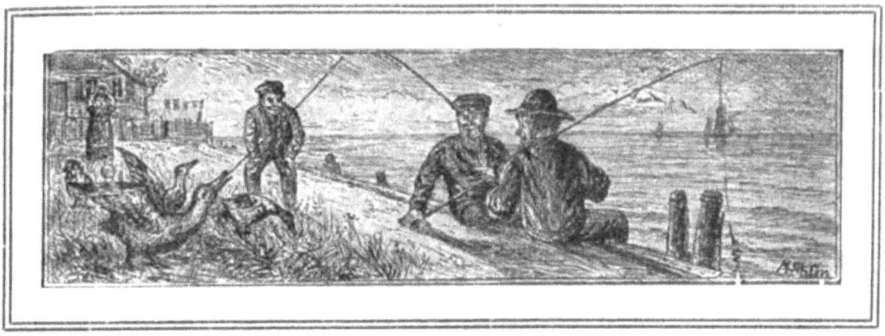

1. Lehr- und Schiffsjungenzeit.

Seemann wollt ich werden.

Meist steckt es den flachshaarigen Jungen von der Waterkant schon im Blut, daß sie mal zur See wollen. Diese natürliche Sehnsucht wird mächtig gesteigert, da sie oft den Erzählungen erfahrener Teerjacken lauschen können.

Als so'n echter Griebswoller Jung saß ich fast jeden Abend it den andern am Strande. Ein strammer Bursche aus alter chifferfamilie führte bedeutend das Wort; denn er war ja schon in ndien gewesen. Ein paar Schildkröten, die er mitgebracht hatte, abbelten auf der Erde herum.

„Ja, weißt du, Willem", sagte Otto Reiner zu dem Schildötenbesitzer, „wenn das alles so großartig schön ist, wie du es uns ormalst, wie werd' ich denn da in Greifswald versauern! Ich ick' dem Meister aus der Lehr', und ich — ich geh zur See!" — Selbstverständlich ich auch!" schrie Karl Bals. — „Denn soll ich oll allein hier bleiben?" ließ sich der dritte — das war ich ämlich — hören. „Ich geh auch zur See!" — Diesen Augenblick m gerade mein ältester Bruder heran. „Ihr seid woll ganz und ar nicht gescheit, Jungens!" sagte er in scharfem Tone.

Dagegen wagte keiner zu muckſen. Mein Bruder war ein orscher Kerl, schon so ein richtiger alter Seebär, und fuhr als Steuermann. „Habt ihr 'ne Ahnung, Jungens! — Wenn euch an erst ordentlich das Tauende auf den Rippen getanzt hat, und enn ihr erst mal tüchtig Seewasser geschluckt habt, dann wird euch

1

das Seefahren schon wieder leid werden!" Karl Bals wagte eine schüchterne Bemerkung zu machen: „Denn hast du wohl auch was mit dem Tauende gekriegt?" — Mein Bruder reckte die Schultern hoch. „Ich? — nee! I wo werd' ich denn! — Was 'n richtiger ordentlicher Seemann ist, der seine Schuldigkeit tut, der hat an Bord nicht zu klagen." — Damit drehte er sich um und schritt stolz von dannen. Wir sahen ihm nach, guckten uns dann verständnisvoll an und meinten: „Na also! und in der Lehre bleiben wir nicht!"

Otto Reiner, Karl Bals und ich, — wir stellten uns den andern Tag nach Verabredung krank. Mein Lehrherr, ein chirurgischer Instrumentenmacher, der für die Universitätsklinik lieferte, war gerade nicht entzückt, als ich nach Haus wollte. Ärgerlich kam ich zu meinen Eltern: „Amputier-Instrumente zu putzen, das paßt mir nicht mehr! Ich geh nicht wieder hin!"

„Jung, du willst aus der Lehre laufen?" — Mein Vater, ein ehrbarer Handwerksmeister, wurde fuchswild bei diesem Gedanken. Da ich hartnäckig blieb, sangen meine Geschwister mir zum Hohne das bekannte Spottlied vor: „Hänschen will ein Schneider werden, doch die Nadeln stechen!" Geduldig ertrug ich alles in der stillen Hoffnung, daß ich meinem Ziele doch allmählich näher kommen würde. Als ich abends meine Freunde am Strande aufsuchte, da hörte ich — fast platzte ich vor Neid —, daß Otto Reiner und Karl Bals ihren Wunsch durchgesetzt hätten. Einer hatte einen Platz als Kajütswächter gefunden, der andere sollte schon in der nächsten Woche als Koch seine erste Ostseefahrt machen. Und für mich war keine Stelle zu haben. „Na, werd' doch Schneider, Max!" riet mir mein Vater. Ich ließ mich wahrhaftig herumkriegen und setzte mich auf den Schneidertisch. Nach Jahren noch lobten meine Eltern, wie fein säuberlich ich ein Hinterteil in eine Weste gesetzt hätte. Doch trotzdem war meine Begeisterung für die Nadel nicht sehr groß. Der Buckel tat mir weh vom krummen Sitzen. Nach kurzer Zeit schon kniff ich aus und suchte Rat und Hilfe bei meinem Onkel. Der war Segelmacher am Orte. Die Arbeit bei ihm gefiel mir schon weit besser als das Hocken auf dem Schneidertisch. Dem lustig derben Onkel ging nichts über die Angelei. Er war ein ungewöhnlich dauerhafter „Angelsachse". Alle Tage ging es im Boot den Ryk entlang bis zum halben Wege nach Wiek. Angelschnüre und Aalkörbe wurden ausgelegt, und früh am andern Morgen, ehe noch die Sonne hervorguckte, wurde nachgesehen und manches schöne Gericht Fische eingeheimst. In harmlosen, lustigen Streichen war mein Onkel Meister, und namentlich seinem alten Freunde Gottfried Peters spielte er gar zu gern einen Possen. Doch gab ihm „oll Peters" darin nicht viel nach, und man kam aus dem Lachen garnicht heraus, wenn sich die beiden Angelbrüder gegenseitig foppten. Na, einen Streich besonders werde ich niemals vergessen! Mal saßen die beiden alten Freunde wieder am Wasser, jeder eine Angelrute in der Hand; verschiedene andere Ruten hatten sie ausgelegt und waren eifrig in ein Gespräch vertieft. Schon vorher hatte mir mein Onkel einen Wink gegeben. Ich nahm also einen fetten, großen Regenwurm, band den an einen Bindfaden und ging nach dem nahe gelegenen Eisenhammer, einer kleinen Wirtschaft. Dort schnatterte auf dem Hofe ein Entenvolk, das sich gierig auf meinen Regenwurm stürzte. An der Strippe zog ich den Köder immer hinter mir her und lockte dabei die Enten mit eifrigen Zurufen „pak pak!" bis zu den Anglern. Hinter Peters' Rücken beschäftigte ich das Federvieh auf eine Weile und hielt es fest durch Verteilung kleiner Regenwurmstückchen. Mein Onkel grinste vergnügt, als er dem Angelfreunde zurief: „Peters, Sei hewwen Aalbiß! — De Pos' is eben langsam unnergahn!" — Der Aal saugt langsam den Tauwurm ein. Darum muß der Angler kaltblütig warten, bis die Schnur ganz straff gezogen ist. Oll Peters aber in seinem Angelfieber vergaß die Ruhe. Hastig riß er mit einem kräftigen Ruck die Angel hoch, sodaß die Schnur, woran natürlich kein Aal baumelte, weit nach hinten geschleudert wurde. Sofort stürzte sich die nächste Ente auf den zappelnden Wurm und verschluckte ihn samt dem Angelhaken. Weil nun die gefangene Ente heftig an der Schnur zerrte, so glaubte Peters erst recht an seinen Aal.

„Junge, Junge", sagte mein Onkel zu ihm, „dor hewwen Sei aber eenen schönen Aalbraden kregen; dor war ick mi man glick to inladen, mien leiw Peters!" — Oll Peters merkte jetzt erst, was er an der Angel hatte, und erhob ein mörderisches Geschimpfe, daß sich die Enten hier überall herumtrieben. Aber er verstummte sogleich, als die Wirtin vom Eisenhammer auf der Bildfläche erschien und klagend ihre Stimme erhob: „Nee, Herr Peters, dat geiht nich! Nu hewwen Sei all wedder een von mien besten Enten angelt! Sei möten sich 'ne anner Stell tau'm Angeln utsöken!" Mit saurer Miene zog oll Peters den Geldbeutel und bezahlte die Ente. „Peters", spottete mein Onkel, „dat Aalangeln laten's man sin, dat liern Sei doch nich!"

Der Reingefallene aber rächte sich in einer ganz schlauen Weise, nachdem er herausgekriegt hatte, auf welche Art die Enten an das Wasser gelockt waren. Eines Abends, als sie wieder angelnd am Wasser saßen, sagte Peters zu meinem Onkel so im Laufe des Gesprächs: „Glöwen Sei woll, dat ick een paar Dusend Griebswoller an't Water runnerlocken kann?" — „Nee, Peters", meinte mein Onkel, „dat kriegen Sei nich farig! Ick glöw nich, dat Sei hexen kön!" — Nun also, es kam zu einer Wette um ein Faß Bier, daß Peters binnen drei Wochen über tausend Menschen an den Ryk locken sollte. Vierzehn Tage waren schon vorüber, da fing mein Onkel das Foppen an: „Je, Peters. Enten könn Sei woll angeln, öwer de Griebswoller angeln Sei nich!" — Oll Peters schmunzelte nur dazu. Am letzten Sonntag der ausbedungenen Frist veranlaßte uns Peters, schon nachmittags um vier Uhr zum Angeln an den Ryk zu gehen. Was war denn los? — In großen Scharen strömten die Greifswalder dem Wasser zu. Bald war es schwarz von Menschen an dem Ufer. Mein Onkel kraute sich hinterm Ohr, als Peters ihn triumphierend fragte: „Na, hetwwen Sei ok all tellt? Dat sind woll noch ne Masse mihr, as wi utmokt hetwwen!" — Der durchtriebene alte Schlaukopf hatte das Wochenblatt bei sich, in welchem folgende von ihm verbrochene Anzeige stand:

> „Heute, Sonntag Nachmittag um fünf Uhr, wird die preisgekrönte, weltberühmte Wasserläuferin Miß Ellen von Greifswald nach Wiek ihre Kunst vermittels kleiner Wasserschuhe von 2 Fuß Länge dem geehrten Publikum vorführen. Um recht zahlreiches Erscheinen wird gebeten. Entree frei."

Mein Onkel mußte das Faß Bier bezahlen, und manches Glas wurde auf oll Peters' Wohl geleert.

Durch manche schöne Mahlzeit Fische hatte ich die Meinigen längst wieder versöhnt. Weil ich nun durch den fortwährenden Aufenthalt im Freien hübsch frisch und gesund war, so drang mein Vater darauf, daß ich mich nach einer Stelle umsehen sollte. „Es geht zum Winter, Max, da wird es mit der Schiffahrt wohl doch nichts werden." Wir suchten also im Blatt nach und fanden eine Annonce, wonach ein Lithograph einen tüchtigen Lehrling verlangte. Tags darauf stand ich schon hinter der Steindruckpresse. Sechs Monate weiter hatte ich selbständig meine Presse zu bedienen und druckte nun im Schweiße meines Angesichts so manches Ries Tabak- und Tinten-Etiketts.

Diese mechanische Arbeit sagte mir freilich wenig zu. Ich ertrug sie nur geduldig, weil nach Verabredung meine Ausbildung als Lithograph erfolgen sollte, sobald ein Jahr vorüber sei. Ich freute mich darauf, die lithographische Zeichenkunst zu erlernen. Aber es kam nie dazu. Mein Lehrherr hatte ja mehr Vorteil von meiner Tätigkeit als Drucker. Das verdroß mich sehr. Um diese Zeit kamen auch Otto Reiner und Karl Bals von ihrer ersten Seereise nach Greifswald zurück. Herr Gott! was hatten die nicht alles Schönes gesehen und erlebt! War's ein Wunder, daß die alte Sehnsucht aufs Meer hinaus wieder erwachte? Und wie braun und kräftig sahen die beiden aus! Ich hatte meine roten Backen längst wieder eingebüßt; denn unsere Druckerei lag in tiefen Kellerräumen. Im Sommer wurde da manche Kröte gefangen. „Vater," sagte ich denn fest entschlossen, „die dumpfe Kellerluft atme ich nicht länger! Seemann will ich werden!" Der Lithograph kam natürlich gleich dahergestürmt, daß ich weiterlernen sollte. Sein Zureden war umsonst.

Ein schmuckes neues Briggschiff, das bei Salikow auf der Werft lag, brauchte Mannschaft, und Karl Bals gab mir Nachricht, daß ich auch als Kajütswächter eintreten könnte. Flugs meldete ich mich, wurde angenommen und konnte sofort beim Auftakeln des Schiffes tüchtig mit anfassen. Es war 'ne schwere Arbeit, die gehörig die Hände aufriß. Aber wir Jungens auf dem Schiff freuten uns im stillen auf die Stunde, wo wir mit vollen Segeln den Hafen verlassen würden.

Die alten Matrosen gaben nach dem Abendbrot in der Mannschaftskajüte manche gruselige Geschichte zum besten. Da hörten wir Jungen mit inniger Andacht zu. Das Schiff lag vollständig zur Abfahrt bereit. Daß aber die Fahrt nicht angetreten werden konnte, wurde nicht etwa durch drohendes Gewölk am Himmel veranlaßt. Die hemmende Gewalt war vielmehr der Gerichtsvollzieher, der das Schiff wegen Schulden des Besitzers versiegelte. Ich war noch nicht fest angemustert. So ging ich denn schnurstracks zum Heuerbas, ob er mir nicht auf einem andern Schiff 'ne Stelle nachweisen könne. „Gewiß, mien Jung, gah man gliek nah Kaptän Holz'n; de söcht en Jung'n un en Bootsmann för sien Schipp „Providentia". Dat is en schmucken Dreimastschoner und liggt allwiel in London." — Kapitän Holz musterte mich von oben bis unten. „Bist ja ein strammer Junge," sagte er und ging am andern Tage mit mir zum Bürgermeister, wo die Anmusterung besorgt wurde. Nur vierund zwanzig Stunden in Greifswald noch! Dann sollte die Reise über Hamburg nach London gehen. Voller Freuden lief ich nach Hause. In aller Hast wurde die Ausrüstung vorgenommen, genäht, gestopft, geflickt. Meine Mutter verstaute alles mit den nötigen Ermahnungen in meiner kleinen Seekiste. Viel Abschiedstränen flossen im Vaterhause. Manch kräftigen Händedruck wechselte ich mit den Freunden. Dann dampfte ich mit Kapitän Holz und dem Bootsmann per Eisenbahn nach Hamburg ab. Alsbald bestiegen wir dort den Dampfer „Martin", um früh am nächsten Morgen bei Tagesgrauen elbeabwärts zu fahren und dann hinein in die unendliche See.

Als Kajütswächter auf der Providentia.

Kapitän Holz, der stets ein nobles Wesen und vornehme Gewohnheiten zeigte, fuhr erster Kajüte. Der Bootsmann war mit mir als Vorderdeckspassagier untergebracht. Kaum hatten wir die Friesischen Inseln hinter uns, da setzte ein starker Nordwest ein, und der Dampfer fing an zu stampfen.

„Jung“, sagte der Bootsmann und guckte mir scharf ins Gesicht, „du warst ja so witt utseihn! Nu war man nich schon seekrank! Ick will di wat seggen! Lat di man von'n Koch 'ne Hand vull Solt gewen un versluck dat, dat helpt nämlich!“ Die Schratsegel wurden auf dem „Martin“ gesetzt, wodurch der Dampfer eine mehr sichere Lage bekam. Er holte zwar nun etwas mehr über, aber sein Stampfen wurde auch lebhafter. Die Vorderdeckspassagiere hielten es auf Deck nicht mehr aus. Alle verzogen sich in ihre Kajüten und lagen seekrank danieder. Mir selbst war schauderhaft schlimm zumute. Als ich in der Nacht den Versuch machte, mich aus dem Raum zu schleppen und auf Deck herumstolzierte, rollte eine besonders kräftige Bugwelle über mich hin. Ich schluckte Seewasser und beeilte mich, naß wie ein begossener Pudel, die Kajüte wieder aufzusuchen.

Am Morgen war mir gar zu erbärmlich. Ich war ganz stumpf und teilnahmlos. Ein amerikanischer Farmer bemühte sich mit Hülfe seiner Frau und seines schwarzen Dieners, mich aus meiner dumpfen Erschlaffung aufzurütteln. Die guten Menschen brachten mir armen Jungen auch etwas zu essen, aber es wurde nicht besser davon. Leichenblaß und hohläugig kamen die Passagiere aus ihren Schlafräumen zum Vorschein. Da wurden die ersten englischen Signale von Gravesend an der Themsemündung sichtbar. Die See war wieder ruhig, und nun erholten sich alle wunderbar schnell von ihren Leiden. Bald hernach begann ein reges Leben auf dem Schiff. Die Zollbeamten stiegen an Bord, Kisten und Kasten wurden durchstöbert, und ehe wir alles wieder ordentlich verstaut hatten da lief der Dampfer auch schon in dem Hafen von London ein. Ein zweiräderiger Karren nahm unser Gepäck auf. Wir fuhren nach Millwalldocks, wo unser Dreimastschoner „Providentia“ vor Anker lag.

Schnell wurde unser Gepäck an Bord befördert. Kurze Zeit darauf stand ich dem blonden Steuermann der „Providentia“ gegenüber, der mir meine Dienstanweisung einzuschärfen sich bemühte. Der Steuermann war eine prachtvolle deutsche Seemannsgestalt mit breiten Schultern, muskulösen Gliedern und hellen blauen Augen. „Also nu paß up,“ mien Jung!“ mahnte er freundlich. „Du hest den Kaptein sien Kajüt reintoholl'en, uns de Mahltiden to servieren, un wenn du mit dat Upwaren farig büst, denn hest du den Schippsdeinst to moken!“

Aber da war noch ein anderer, der mir dienstliche Obliegenheiten aufhucken wollte. Es war der Koch, ein kleiner, gedrungener Bursche. Ewig standen Schweißperlen in seinem Gesicht, das wie der Vollmond anzuschauen war. Wenn er mit dem Aermel darüber fuhr, so wischte er die schwarzen Küchenflecke über seine umfangreichen Wangen. „Du büst nu de Jüngst hier an Burd,“ sagte der Pottkieker mit seiner schmalzigen Stimme zu mir. „Paß up, wat ick di to seggen hew! Dor steken en por Kellen twischen dat Boot. Wenn unse Hund mal up Deck — —“

Ich verstand, was ich übernehmen sollte. Aber viel zu sehr durchdrungen von dem erhabenen Gefühl meiner höheren Pflichten, wies ich die entwürdigende Zumutung weit von mir. „Nee, nee!“ gab ich dem Koch zur Antwort. „Ick glöw', 't is am besten, wenn du dat schöne Amt behöllst! Ick hew den Kaptein dat Eten to servieren.“ Der Koch riß erstaunt die Augen auf. „So —? Wenn du dat nich moken deist, denn will ick di dat schon bibringen!“ — Ich ließ indes mich nicht verblüffen. „Un ick do dat doch nich, Koch! Wenn du ok Koch büst, kannst du doch noch lange nich Tobaksetiketten drucken, un kannst ok keen chirurgische Sonden un Pinzetten fielen as ick!“ — — „Aha,“ höhnte er, „du büst woll all to Hus utrückt ut de Liehr, un nu wist du hier klauk snacken? Töw man, dat sall die schon vergahn! Ick war di mal met'n Halfmann de Näs breetkloppen!“ — Aber seinen Willen setzte er doch nicht durch.

Die „Providentia“ nahm Pech als Ladung. Weil nun diese Ware sehr staubt und der Pechstaub in die Augen beißt, so trugen die Matrosen große Schutzbrillen beim Verladen. Häufig mußten sie von der Arbeit abgelöst werden und lagerten sich dann mit rot verquollenen Augen auf dem Verdeck.

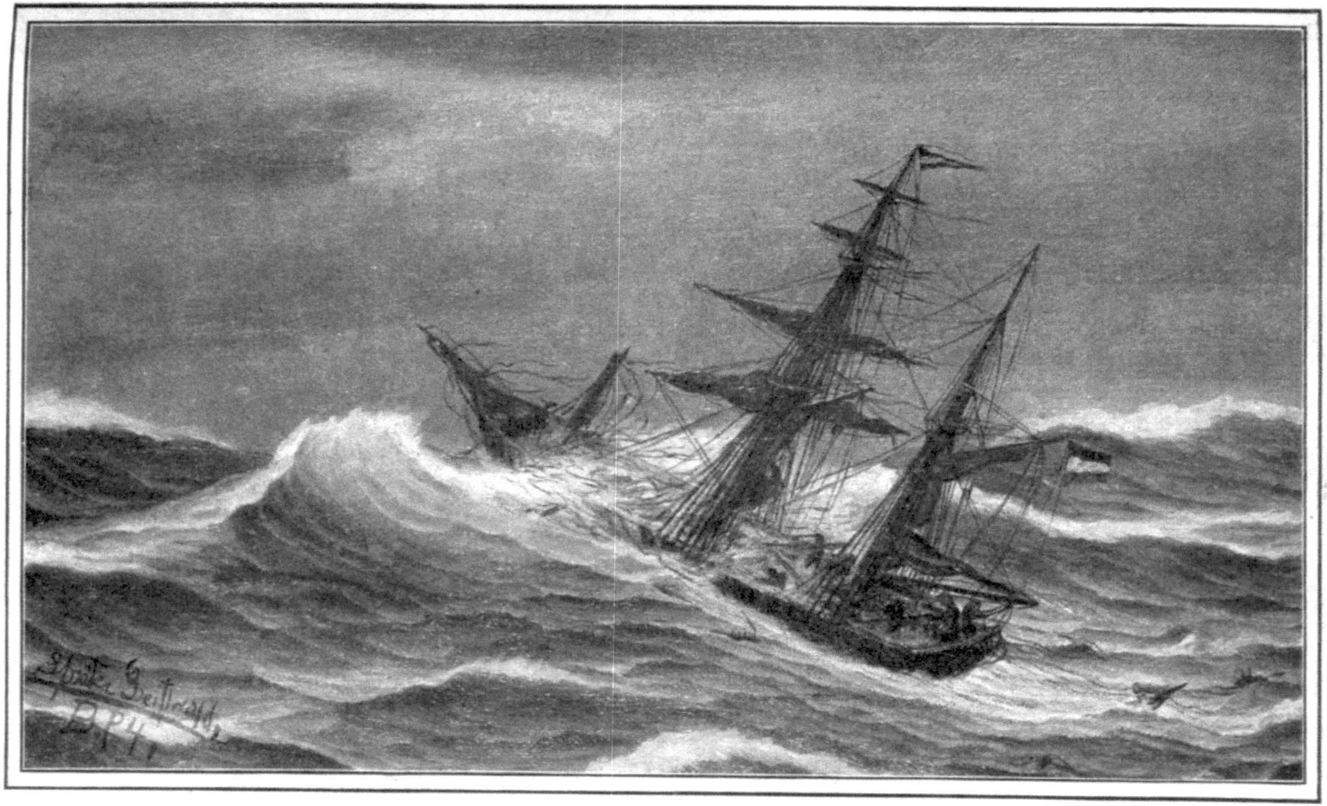

Barkschiff, den Sturm vor Anker abreitend

Ich stellte Betrachtungen über unsere Schiffsladungen an. Dieses Pech, gesotten in den Siedereien des waldreichen Nordens, wo ausgedehnte Fichten- und Kiefernwälder das Harz dazu in ungeheuren Mengen liefern, sollte nach dem waldarmen Süden geschafft werden, um dort die Weinfässer zu dichten oder beim Schiffskalfatern Verwendung zu finden.

„Du, segg' mal, Koch, worüm uns' Matrosen all so verweent utseihn?" fragte ich den Dicken. Er lachte höhnisch auf: „Döskopp, dat du ut dat Dörp Griebswold kümmst, dat markt man! Weit nich mal, dat dat von den Pick kümmt. Veel Pick, Jung, dat is ümmer tum Weenen! Hier hest du de Supp för'n Kaptein, un nu mak man fix, dat du nah achtern kümmst!" —

Es war keine leichte Arbeit, nachdem die „Providentia" vollgeladen war, das Schiff wieder in sauberen Zustand zu bringen. Genügend Proviant wurde hierauf an Bord genommen, und nun gingen wir auf der Reede von London vor Anker. War das ein riesiges Leben und Treiben an diesem gewaltigsten Handelsplatze der Welt! Hunderte von Dampfern und Segelschiffen kamen und gingen. Des Abends spiegelten sich viele Tausende von Lichtern und Signalraketen im Wasser; der Anblick war überwältigend großartig. Wenn ein Schiff den Hafen verläßt und unter Segel geht, wird die gesamte Besatzung in zwei Wachen eingeteilt, Steuerbordwache und Backbordwache. Diese Einteilung nennt man die Seeroutine. Zur Steuerbordwache auf der Providentia gehörte der Kapitän, der Botsmann, ein Vollmatrose, ein Halbmann oder Leichtmatrose und der Kajütswächter, während die Backbordswache aus dem Steuermann, zwei Vollmatrosen, dem Zimmermann und dem Koch bestand. Der Anker wurde gelichtet, Mars- und Untersegel gesetzt, und los ging die Fahrt. Merkwürdig, auch diesmal wieder eine Störung. Aber es war nicht wie in Greifswald der Gerichtsvollzieher, sondern eine starke Hagelbö, die wohl eine Stunde lang niederging und uns zwang, in der Nähe unseres früheren Ankerplatzes von neuem festzumachen. Ein Sturm folgte ihr, und drei Tage tobte das Unwetter. Dann aber lachte die Sonne auch um so freundlicher vom blauen Himmel auf uns herab. Mit vollen Segeln ging es im Kanal jetzt die englische Küste entlang und in den Atlantischen Ozean hinein. Der Golf von Biscaya, übel berüchtigt wegen seiner häufigen Unruhe, brachte auch uns böse Tage. Im Süden erhob sich die mit schwarzgrünen Fichten bedeckte steile Nordküste Spaniens. Die See rollte außerordentlich hoch. Es war

Heiligabend. Ich brachte dem Kapitän das Abendbrot in die Kajüte. Wir setzten uns auf zusammengerollte Segel und kauten nachdenklich. Es dachte wohl jeder an die Lieben fern. „Na, Max", begann der Kapitän auf einmal, „wie gefällt dir denn nun dies Weihnachtsfest hier? — Voriges Jahr war es doch wohl in Greifswald besser, als du bei Muttern hinter'm Ofen sitzen konntest?" — „Ach ja", erwiderte ich. „Wir hatten einen schönen Weihnachtsbaum; es gab Pfefferkuchen und Nüsse, und wir sangen schöne Weihnachtslieder." Der Kapitän lächelte vor sich hin und summte leise zwischen den Lippen die Melodie des alten Liedes: „O Tannenbaum, o Tannenbaum, wie treu sind deine Blätter." — „Jung, holl de Kaffeekann' fast!" unterbrach er sich jäh, und in demselben Augenblick machten wir auch schon eine Rutschpartie nach der anderen Seite des Raumes. Donnernd tönte von oben der Ruf des Steuermanns: „Alle Mann an Deck!" — Im Nu waren wir auf den Beinen und stürmten nach oben. Der Kapitän ergriff das Steuerruder und ließ ein Kommando nach dem andern erschallen. Da kam eine mächtige See über das Deck gefegt und richtete Unheil genug an. Gleichzeitig packte der greuliche Sturm das Großsegel wie mit unsichtbaren Riesenfäusten und riß es heulend hin und her, bis es, seiner Bande zum Teil ledig, in dem Orkan gefährlich flatterte. Das war ein Stück Arbeit, das Segel zu bergen! Kühn wollt' ich dabei helfen. Da stürzte wieder eine turmhohe Flut über Deck. Sie riß mich um und rollte mit mir rasend schnell nach der anderen Seite. Es war ein kritischer Augenblick. Rechtzeitig aber packten mich des Steuermanns nervige Fäuste bei den Beinen. Er zog mich auf das große Luk und brüllte: „Hier holl di fast, Jung!" — Es gelang mit vieler Anstrengung, das Schiff vor den Wind zu bringen. In rasend schneller

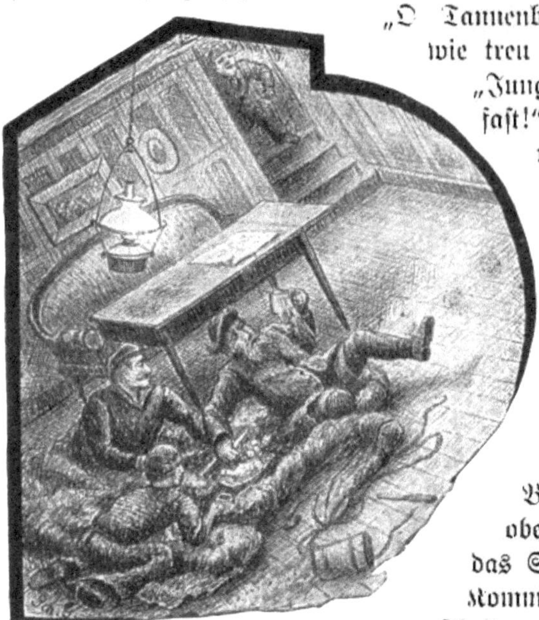

Fahrt ging es wieder rückwärts, und wir verloren in kurzer Frist, was wir an Fahrt am Tage vorher durch Aufkreuzen aufgebracht hatten. Aber das Wasser lief allmählich ab; die See beruhigte sich. Beim Morgengrauen konnten wir in aller Gemütsruhe den Schaden, soweit es möglich war, wieder ausbessern.

O Gott, wie fröhlich dankbar begrüßte ich die Christfestsonne, als sie nach dieser rabenschwarzen wilden Nacht aus dem Meere emporstieg! Mit innigster Freude genoß ich ihren tröstlichen Anblick! Gerettet! gerettet! Vergessen waren bald all die erlittenen Strapazen. Neu gestärkt setzten wir unsern Kurs weiter fort. Zwar hielt der ungünstige Wind noch einige Tage an, der uns zu kreuzen zwang. Dann schlug er um, und wir segelten durch die Straße von Gibraltar ins blaue Mittelmeer hinein. Das Erscheinen verschiedener Segel deutete schon darauf hin, daß wir uns in einer der wichtigsten Weltverkehrsstraßen befänden. Wie oft hatte ich schon in meinen früheren Jahren von den Säulen des Herkules und von der Felsenfeste der Engländer gehört, die hier einen bedeutenden Stützpunkt ihrer Seemacht sich geschaffen haben. Aber wie ich auch nach beiden Seiten scharf hinauslugte, ich sah nur die undeutlichen Linien der afrikanischen Küste in der Ferne.

Mein Abenteuer in Cette.

Eine stockfinstere Nacht lag über dem Mittelmeer ausgebreitet. Nicht ein Sternlein konnt ich droben flimmern sehen, als ich vorn am Bug Wache hielt. Der gute Onkel Mond, der sonst manchmal dem Ausluginposten auf einsam dahinziehendem Schiff ein wenig Unterhaltung bietet, wenn er zwischen den Wolkenschleiern auftaucht und wieder verschwindet, er blieb unsichtbar. So spähte ich denn auf die Wogen, die eintönig rauschten und höchstens lauter ihren Sang erschallen ließen, wenn einmal ein Windstoß tiefer in sie hineinwühlte. Die Wellen phosphoreszierten, manchmal flog sekundenlang ein breiter geisterhafter Glanz über die Flut, der mich ganz sonderbar in ein träumerisches Hindämmern lockte. Doch dahinten weit in der Ferne, das war kein Meeresleuchten! Ein grüner Lichtpunkt tauchte auf, ein Schiffssignal. „Drei Strich Backbord, vorn grünes Licht in Sicht!" brüllte ich, denn der Wind war in diesem Augenblick stärker geworden, und ein Spritzer flog mir ins Gesicht. „Schon recht!" klang Kapitän Holzens Stimme vom Ruder her als Antwort zurück. Eine Weile verfolgte ich das in der Ferne vorbeigleitende Grünlicht, bis es im Dunkel verschwand. Die Spritzer wurden unangenehmer und häufiger. Ich kletterte auf die Mannschaftskajüte, um vor ihnen sicherer zu sein, und blickte von diesem erhöhten Standpunkte, nachdem ich mir die Baschlikmütze über die Ohren gezogen hatte, mit halbgeschlossenen Augen auf die schimmernden Wogen nieder. Aber gefährlich ist solch träumendes auf das Wasser Starren für einen müden Schiffsjungen; das eintönige Rauschen der Fluten und das leise Knarren des Takelwerks wirkt einschläfernd wie das Wiegenlied der Mutter, die ihr Kindlein einsummt. Sanft glitt ich in des Schlummergottes Arme. Ein derber Nasenstüber weckte mich. „Du verflixte Jung!" schrie mich der Bootsmann an. „Wist du mol glick de Mütz von de Uhren trecken! Di war ick helpen! Sallst nah de Lichter seihn un slöppst hier! Dat war ick den Kaptein seggen! En Monatshüer bist du los, dat glöw man!" Während er so schimpfte, hatte ich mich schon von meiner Bestürzung erholt. „Na, Bootsmann, dat Mellen laten

S' man sin! Ick heww Sei ok all slopen seihn!" — „Holt't Mul, Jung!" schimpfte er noch, aber er zog sich nach dem Hinterdeck zurück. Mit meinem Schlummer war es natürlich nun vorbei. Die Sorge nagte am Herzen! „Wird er dich melden oder nicht." Soviel wußte ich, daß Kapitän Holz längst schon den Platz am Ruder unserm Vollmatrosen von der Steuerbordwache, meinem Freunde Pitter überlassen hatte. Denn ich hatte Pitters geräuschvolles Räuspern gehört, noch bevor ich eingedruselt war. Jetzt vernahm ich Pitters schweren Gang. Er war vom Leichtmatrosen Charles, einem Norweger mit pockennarbigem Gesicht und schielenden Augen, am Steuer abgelöst worden. Der Vollmatrose, ein ungewöhnlich kräftiger Rußfinne und von den andern wegen seiner überlegenen Stärke und schweigsamen Schlagfertigkeit gefürchtet, hatte mich schon seit Beginn der Fahrt zu seinem Schützling erkoren. Meine Gegenleistung für seinen Beistand bestand darin, daß ich hin und wieder die Überbleibsel von den Mahlzeiten des Kapitäns, die mir überlassen waren, für meinen Freund bis zur Nacht aufhob. Pitters breitschulterige Gestalt schob sich zu mir heran. „Glöwen Sei woll, Pitter, dat mi de Bootsmann wegen dat Inslapen bi'n Kaptein mellen deit?" — „Nee, nee, mien Jung, ick heww em all dat Mul stoppt", klang Pitters tröstliche Antwort. „Na, Pitter, dafür bring ick Sei ok nächste Wach' wedder Rosinen un Knackmandeln mit." Er grunzte vergnügt, denn für Studentenfutter zur Unterhaltung beim langweiligen Wachtdienst war er besonders empfänglich.

Eine gute Brise beschleunigte unsere Fahrt, und nach einigen Tagen erreichten wir unseren Bestimmungshafen Cette. Diese Stadt, ein französischer Kriegshafen dritten Ranges, liegt auf einer Landzunge zwischen dem Mittelmeer und einem großen schiffbaren Strandsee, in welchen der berühmte Südkanal Frankreichs mündet. Der Anblick der Stadt vom Meere her ist wunderhübsch. Sie lehnt sich in einem Halbkreise an einen 180 m hohen Kalkberg, dessen schroffe Höhe von einer Zitadelle gekrönt wird. Rings umher sind die grünen, sanft ansteigenden Hügel von Weinreben bedeckt. Als ich nun auf dem Kai die ungeheuren Massen von Weinfässern aufgestapelt sah, brachte ich den Inhalt derselben mit den lieblichen Rebstöcken auf den Hügeln in Verbindung. Es wurde mir auch klar, weshalb die Stadt Cette so eilig unsere Ladung Pech aufnahm. Dort befinden sich große Böttchereien. Aber über den Wein von Cette wurde ich eines besseren belehrt. Die Winzer Südfrankreichs haben mit ihm wenig zu schaffen. Denn es ist ein Kunstwein, aus

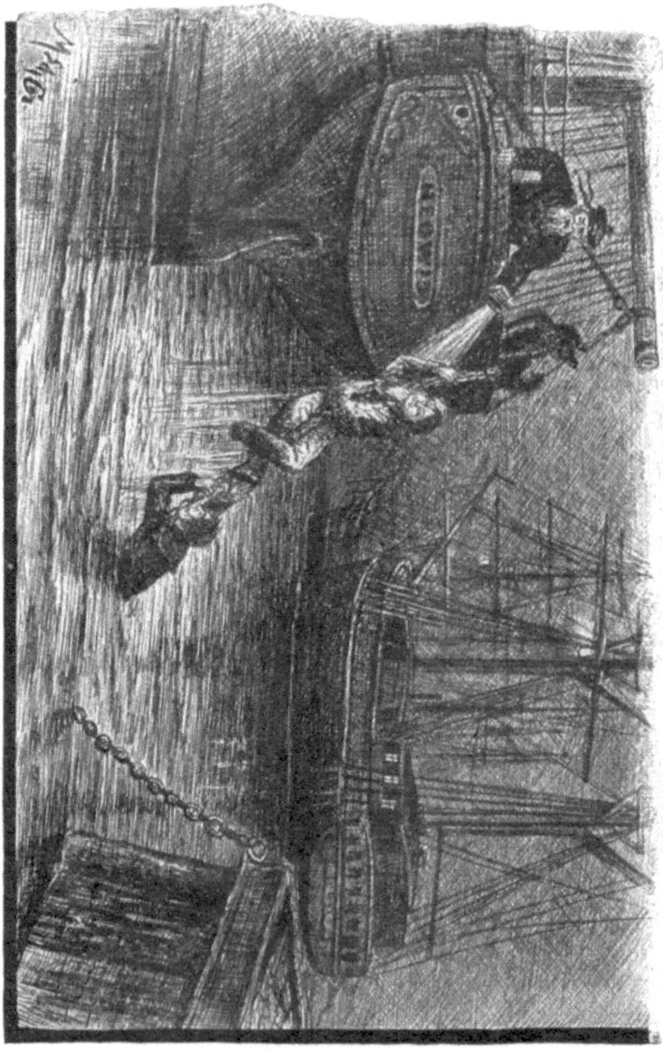

„Nanu man rup up Deck!“

Alkohol, Rosinen, Feigen und Johannisbrot hergestellt. Als Sherry, Portwein und Madeira wird er in großen Mengen nach England, Holland und Rußland ausgeführt. Vielleicht auch nach Deutschland. Wenn ich billigeren Sherry sehe, kommt mir immer der Gedanke an Cettewein und diverses südliches Obst. Übrigens ist auch die Stadt Cette nur von weitem und vom Meere her so nett anzuschauen. Was seine Straßen und Gassen anbetrifft, so ist es ein ziemlich schmutziges Nest. Auch machten wir mit dem Pöbel dort eine recht unangenehme Bekanntschaft. Mußte doch unser Schiff 3 Monate lang im Hafen liegen, und so hatten wir Zeit genug, verschiedene Male die Stadt gründlich anzusehen. Wie bedenklich es immer ist, so ungewöhnlich lange Zeit in einem fremden Hafen liegen und auf neue Ladung warten zu müssen, namentlich wenn die Mannschaft einige zweifelhafte Elemente enthält, das sollte auch Kapitän Holz in Cette erfahren.

Bei unserer Ausreise von London, gerade als die „Providentia" von Land abstoßen wollte, kamen zwei Matrosen an Bord gesprungen, die Kapitän Holz in London angemustert hatte. Wie pikfeine Gentlemen waren sie angezogen. Weder Zylinderhüte noch Lackstiefel fehlten. Ihr einzig Gepäck war ein zusammengeschnürtes Bündel, das eine wollene Decke und Verschönerungsgegenstände enthielt. Fixe Bursche waren es; das mußte man ihnen lassen. Kaum waren sie an Bord, so warfen sie ihre Bündel beiseite, zogen die eleganten Röcke aus, vertauschten ihre Zylinderhüte mit kleinen Sportmützen und stellten sich dem Kapitän vor. Was arbeiten anbetraf, so taten sie vollauf ihre Schuldigkeit. Nachdem wir nun aber ein paarmal mit ihnen in Cette an Land gegangen waren, da merkten wir gar bald, wes Geistes Kinder sie waren, vollendete Strolche, liederliche Subjekte ohne eine Spur von der Geradheit und Rechtschaffenheit, die dem Seemann eigen ist, auch wenn er in seiner derben Art sich belustigt. Als ich eines guten Morgens nach dem Vorderschiffe kam, entdeckte ich, daß sowohl die beiden englischen Gentlemen wie auch der pockennarbige Charles, der Norweger, verschwunden waren. Und eine ganze Menge verschiedener Gegenstände, die ihnen nicht gehörten, hatten sie vergessen — liegen zu lassen. Meine Seestiefel waren fort z. B., und der Koch weinte beinah vor Wut, weil seine vollgepackte Seekiste von den Ausreißern mitgenommen worden war. Nicht einmal unsere Betten hatten sie uns gelassen, die Halunken. Das kleine Schiffsboot fehlte, mit dem sie ihre reiche Diebesbeute fortgeschafft hatten. Sofort begab sich der Kapitän an Land und lief zum Konsul. Die Polizei machte sich auf die Suche nach den Gaunern.

Es waren wohl acht Tage nach diesem aufregenden Vorfall vergangen, als ich morgens in aller Frühe von einem Polizisten angerufen wurde. Er stand auf dem Kai und winkte mir mit drolliger Lebhaftigkeit zu, ihn an Bord zu holen. „Ei," dacht' ich gleich, „der Franzos hat was Gutes zu erzählen! Vielleicht sind die Galgenvögel schon abgefaßt worden." Ich holte ihn also herüber, und er berichtete in der Tat dem Kapitän, daß die drei Spitzbuben in Marseille festgenommen wären und sich auf dem Transport nach Cette befänden. Es dauerte dann auch nicht lange, so fand das gerichtliche Verhör statt. Dabei stellte sich heraus, daß der Norweger von den beiden andern Kerlen verführt worden war. Kapitän Holz trat für ihn ein und beschloß sofort, ihn wieder in Dienst zu nehmen, wenn der Verführte seine Gefängnisstrafe abgebüßt haben würde. Charles gelobte heilig und teuer, nie wieder böse Streiche zu machen. Ihm war die Lust zum Desertieren ganz gründlich vergangen. Die beiden Gentlemen aber wurden gehörig für ihre Schandtaten bestraft. Sie mußten in Cette auf die Tretmühle. Der Koch meinte, ob sie wohl ihre Lackstiefel dazu anziehen würden. Ich dachte dabei seufzend an meine Seestiefeln, die sie mir gemaust hatten. Von dem Gestohlenen kam nichts wieder zum Vorschein. Übrigens war es nicht bloß ein Gnadenakt vom Kapitän, daß er den pockennarbigen Charles wieder an Bord nahm. Dieser mußte nämlich von seinem Verdienst die meisten gestohlenen Sachen wieder ersetzen.

Bei dem langen Warten auf neue Ladung in Cette tat es wahrhaftig not, daß für Unterhaltung und heitere Laune gesorgt wurde. Unser Kapitän ließ sich des Abends von mir nach diesem oder jenem deutschen Schiffe hinrudern, wo bei steifem Grog oder Glühwein lustig geplaudert wurde. Manchmal erwachte auch der fröhliche deutsche Liedergeist, und das Heimatsgefühl der wackeren Männer erhob sich zu schallendem Chorgesang. Dann geschah es auch wohl, daß ich aus der reichen Fülle meiner Lieder ein munteres Solo zum besten geben mußte. Südfrüchte und Leckereien wurden mir dann als Lohn gespendet.

Der Koch wollte an einem schönen Nachmittag Einkäufe in der Stadt Cette besorgen. Ich bekam Urlaub an Land, ihm bei seinen Einkäufen behülflich zu sein. Der Steuermann ließ natürlich erst seine eindringlichen Ermahnungen vom Stapel, ehe wir die

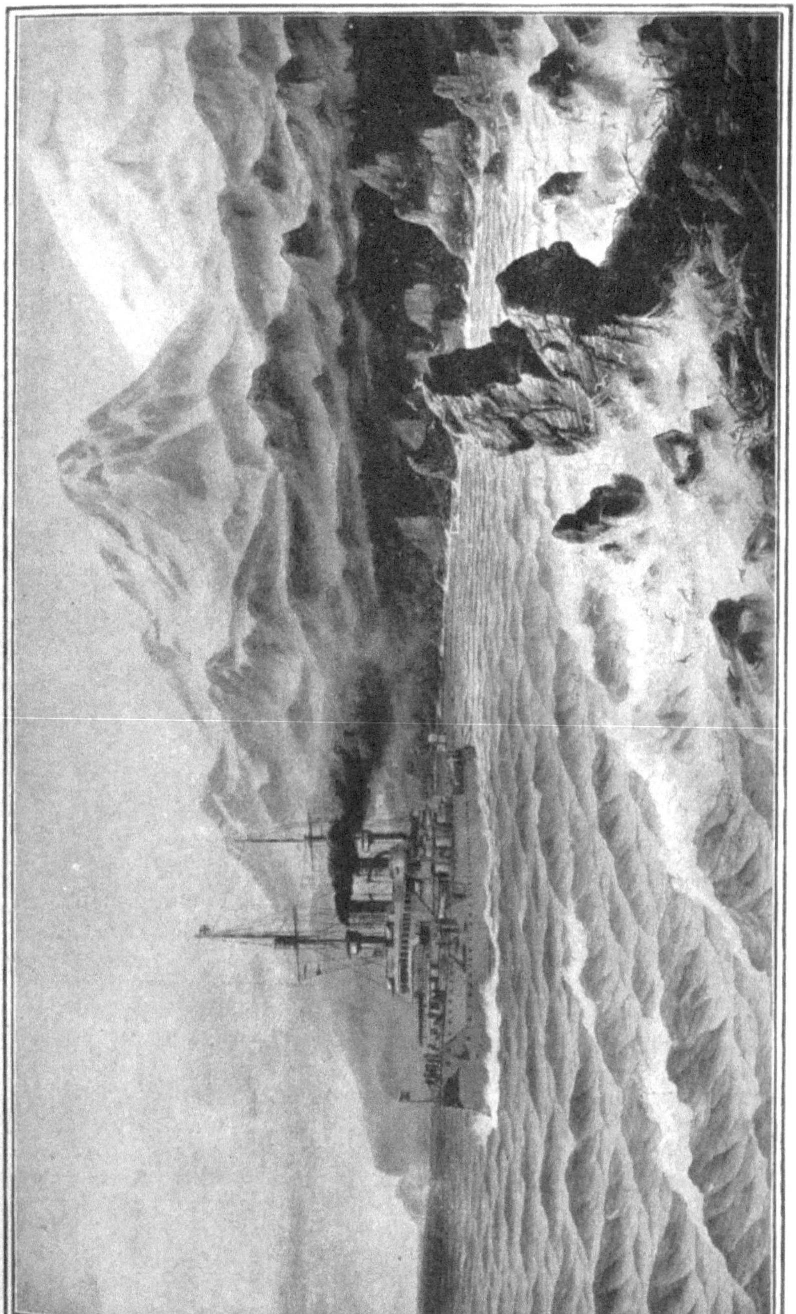

S. M. S. „Kaiser Wilhelm II" (Linienschiff) an der Norwegischen Küste.

„Providentia" verließen. Gemütlich schlenderten wir also beide die Straßen entlang, kehrten hier und dort ein und kauften allerlei Kleinigkeiten, wobei uns das lebhafte Geschnatter der südfranzösischen Krämerleute vielen Spaß bereitete. Da saß ein Matrose am Rinnstein; er war schwer betrunken und konnte nicht mehr auf den Beinen stehen. Sofort beschlossen wir, ihm kameradschaftlich beizustehen und ihn an Bord seines Schiffes zu bringen. Als wir aber ihm unter die Arme griffen, verstand er unsere Absicht falsch und erhob einen Mordsspektakel. Auf sein Gelärm kam eine große Anzahl von Menschen herbei. Kaum hatten es die Franzosen heraus, daß wir Preußen seien, so umdrängten sie uns und schienen nicht übel Lust zu haben, ihre nationale Revancheidee an uns beiden in Tat umzusetzen. Drohende Rufe wurden laut, die für die „Prüssiens" nicht eben Schmeichelhaftes enthielten. Da erschien uns ein Retter in dem Augenblick, als die Schlägerei losgehen sollte. Ein gutmütiger Barbier schob den Koch und mich in seinen Laden hinein. Durch den lauten Tumult auf der Straße wurde die Polizei herbeigerufen. Einige Polizisten griffen nach dem betrunkenen Matrosen, der die Ursache des Skandals war, um ihn abzuführen. Aber das Erscheinen der Käppis reizte ihn zu sinnloser Wut. Erst nach furchtbarer Gegenwehr gelang es, ihn zu überwältigen und fortzuschaffen. Des Volkes Neugier war befriedigt. Die Leute verliefen sich allmählich, und der Barbier gab uns durch lebhafte Gesten zu verstehen, daß wir nun schleunigst beide nach dem Hafen laufen sollten. Wir nahmen denn auch tüchtig unsere Beine in die Hand und eilten dem Wasser zu. Unsere hastige Flucht führte uns an dem Zollwächter vorüber, auf den wir garnicht achteten. Er mochte wohl glauben, daß wir unsere kleinen Pakete durchschmuggeln wollten, und stürzte deshalb mit lauten Rufen hinter uns her. Am Kai ging es über Haufen von Kisten und Fässern in halsbrecherischer Flucht weiter. Dann ließen wir uns, da der Douanier uns immer hartnäckig auf den Fersen blieb, an einer langen Schiffskette ins Wasser hinunter. Es war mittlerweile ganz dunkel geworden.

Leere Schiffe sind im Hafen meist am Bug verankert, während sie mit dem Hinterteil am Lande durch eine starke Kette festgehalten werden. Die Kette senkte sich natürlich, als wir beide ungefähr die Mitte erreicht hatten, infolge unserer Schwere tief ins Wasser, und wir tauchten hinab. „So, nu mak man dien Testament!" rief mir der Koch vorher noch zu; er wußte, daß ich nicht schwimmen konnte. Aber obwohl ich gehörig Wasser schlucken mußte, ließ ich doch die

2

Kette nicht fahren, sondern arbeitete mich wieder empor. Nachdem der Koch sich mühsam an der Kette zum Schiff emporgeschraubt hatte, während ich noch im Wasser hing, stellte es sich heraus, daß wir aus dem Regen in die Traufe geraten sollten. Ein großer Wachhund stand da oben am Heck und bellte wütend die Eindringlinge an. Im Dunkel glühten seine Augen, und er fletschte grimmig die Zähne. Aus diesem Grunde hielt ich meinen Zustand da unten an der Kette im Wasser immer noch für behaglicher als die Situation des Kochs. „Kann man rup up Deck!" redete er mir zu. „Nee, ick bliew hier hängen! Lat du di man toirst dien swarte Snut afbieten!" gab ich zurück. Nach einer Weile kam der Wachtposten mit der Laterne. Er erlöste uns, indem er den Hund zur Ruhe brachte und uns beide an Deck zog. Hastig erzählten wir ihm unser Abenteuer. Er wollte sich ausschütten vor Lachen, holte unsere Pakete, die wir am Ufer weggeworfen hatten, und fuhr uns in einem Boot nach unserm Schiff. „Nu man fix in de Koje, dat de Stüermann nix markt." Schleunigst legten wir die nassen Kleider ab und fanden nach all der Aufregung Tröstung und Ruhe im Schlafe wieder.

Von Genua nach Brindisi.

Endlich bekam die „Providentia" Fracht. Leider war die neue Ladung nicht minder schmutzig wie die vorige. Es galt Gruskohlen nach Genua zu bringen.

Als Ersatz für die beiden Gentlemen in der Tretmühle von Cette wurden zwei Vollmatrosen an Bord genommen. In wundervollstem Azurblau erstrahlte der Himmel und unter ihm das Ligurische Meer. Zunächst mußte eine recht beschwerliche Arbeit während der Fahrt von den Matrosen geleistet werden. Die lange Rast der „Providentia" in dem lauen Seewasser von Cette hatte zahllosen Muscheln, Würmern und Langhalsen, einer Seegrasart, Gelegenheit gegeben, sich an den Planken des Schiffes festzusaugen. Die Fahrt wird immerhin dadurch etwas gehemmt, und natürlich leidet auf die Dauer auch die Haltbarkeit des Schiffes, wenn das Schmarotzerzeug nicht entfernt wird. Von einem Boote aus besorgten die Matrosen mit großen Schabern, die an langen Stangen befestigt waren, das Abkratzen der Parasiten.

Eine angenehmere Unterhaltung als diese unerwünschten Gäste gewährten uns die vielen Schildkröten, die sich behaglich auf der spiegelglatten Wasserfläche sonnten. Das Mittelmeer, obwohl sonst außerordentlich mit mannigfaltigem Tierleben ausgestattet, wird von Seeschildkröten spärlicher bewohnt. Meist sind es westindische Tiere, die das Fleisch zu den schmackhaften Suppen für die Feinschmecker Europas liefern. Um so erfreulicher war uns der hier so seltene Anblick dieser merkwürdigen Geschöpfe. Eine wirklich echte Schildkrötensuppe zu genießen, erschien uns ebenso begehrenswert, wie auch die Jagd uns Vergnügen versprach. Der Fangapparat wurde schnell angefertigt. Zwei lange Haken, über Kreuz aneinander gebunden, hielten an dem kurzen Ende ein kleines Netz. Dann wurde das Boot bemannt und ohne viel Geräusch gegen den Wind der nächsten großen Schildkröte entgegengerudert. Der Matrose vorn am Bootssteven hielt das Netz unter Wasser. Als das Tier dicht vor uns untertauchte, war es schon zu spät für sein Entkommen. Das Netz wurde aufgeholt und mit dem zappelnden Panzerträger ins Boot

2*

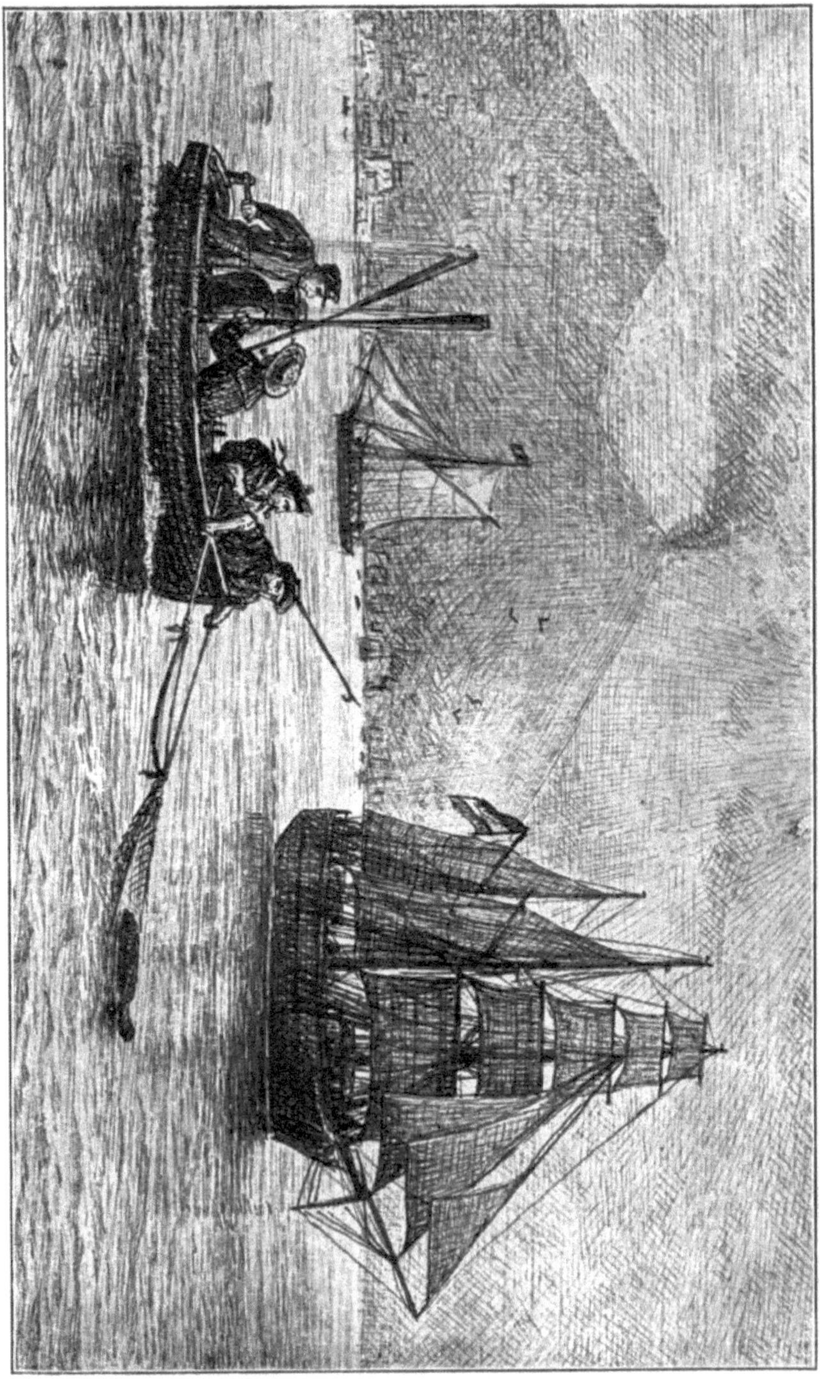

Schildkrötenfang im Ligurischen Meer.

gezogen. Die Suppe schmeckte in der Tat ganz ausgezeichnet. Auf diese einfache Weise verschafften wir uns noch manchmal den Doppelgenuß einer Jagd und einer köstlichen Mahlzeit.

Herrlich verlief die Fahrt nach dem prächtigen Genua, das die Italiener voll Stolz ihr Genova superba nennen. Entzückend war der Blick auf die großartige Uferlandschaft, berauschend und überwältigend das Panorama der großen Seestadt, deren weiße Häuser in Terrassen sich von dem blauen Meer bis zu den grünen Bergeshöhen halbkreisförmig erheben.

Ein buntbewegtes reges Leben und Treiben erfüllte den Hafen. Schiffe aller Nationen, Vergnügungsdampfer, Schwärme von kleineren und größeren Booten dazwischen. Vollbeladene Fruchtschiffe, deren duftiger Inhalt die laue Luft mit Wohlgerüchen würzte, kamen mit ihren blendend weißen, baumwollenen Segeln daher. Immer wieder ließ ich mein Auge über all die Schönheit gleiten. So mochte oft wohl der junge Christoph Columbus bewundernd das Bild seiner Vaterstadt betrachtet haben. Hoch oben über dem Hafen, wo neben dem Bahnhof ein palmengeschmückter Rundplatz angelegt ist, steht das Marmorbild des kühnen Seefahrers. Als Jüngling schaut er dort mit nachdenklichen Blicken auf das Leben im Hafen hernieder. Denn die Sorge um die Zukunft der geliebten Vaterstadt, deren Handel durch die Eroberungen der Türken völlig gelähmt zu werden drohte, entflammte ihn vor allem zu der Idee, das rettende Heil, den Seeweg nach Indien zu suchen.

Ein langes Boot, von 16 elegant gekleideten Leuten gerudert, legte bei der „Providentia" an. Es war das Lotsenboot. Der Lotse stieg zu uns herauf, und nachdem sich noch ein kleiner Schlepper längsseits gelegt hatte, wurden wir in den Hafen einbugsiert. Scharen von Händlern, die ihre Südfrüchte anpriesen, umdrängten uns hier. Mancher Handel wurde abgeschlossen.

Da wir auch in Genua eine Reihe von Tagen liegen mußten, so fand sich Gelegenheit genug, das Innere der Stadt mit ihren steilen Straßen, ihren Kirchen und Palästen kennen zu lernen. Eine Sehenswürdigkeit ersten Ranges ist der Friedhof mit seinen zahllosen Kunstgebilden von Marmor. Feierlich ernst erschienen mir die Schutzleute von Genua mit ihren langen schwarzen Röcken, auf den Köpfen trugen sie Zylinderhüte und in den Händen lange Spazierstöcke mit silbernen Knöpfen.

Unsere Ladung wurde gelöscht. Wir nahmen leere Fässer nach Brindisi ein. Doch sollte ich vor der Abfahrt noch ein interessantes Schauspiel erleben. Ein furchtbarer Sturm peitschte draußen die Wogen. Wütend brandete die See. Der Schaum spritzte häuserhoch über die Molen. Ein großes Vollschiff steuerte mit vollen Segeln der Hafeneinfahrt zu. Aber so oft auch das Fahrzeug dicht vor dem Eingang sich befand, immer wurde es von der mächtigen Brandung so weit abgetrieben und zur Seite geschoben, daß es den Versuch stets wieder erneuern mußte.

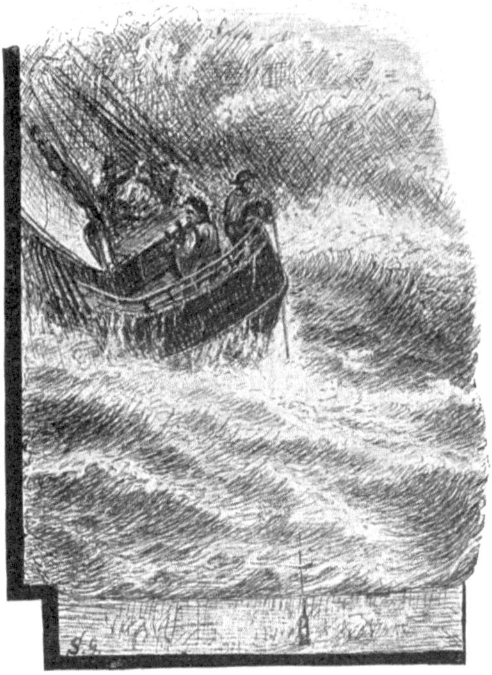

Das grausige Schauspiel wurde von zahllosen Zuschauern mit größter Spannung betrachtet. Trotz des Unwetters wimmelte es auf allen Schiffen, in deren Masten und am Leuchtturm von Menschen. Der Kapitän des bedrohten Schiffes war augenscheinlich entschlossen, die Einfahrt in den Hafen mit Gewalt zu ertrotzen. Ein Schrei des Entsetzens ertönte aus Tausenden von Kehlen, als das Schiff dicht vor der Einfahrt eine jähe Wendung machte und kühn unter vollen Segeln wieder aufkreuzte. Es war ein schrecklicher Augenblick, zu sehen, wie die ungeheuren Wogen über das Schiff schlugen, so daß das Unterschiff für bange Sekunden fast völlig den Augen entschwand. Wohl eine Stunde lang währte der Kampf des Fahrzeugs mit den tobenden Naturgewalten. Dann endlich siegte Kühnheit, Entschlossenheit und Ausdauer. Wie ein arg vom Feinde mitgenommener Held lief das wackere Schiff durch das Tor. Die Bramstängen waren zwar abgebrochen, die Bram- und Oberbramsegel zerrissen; aber ein donnerndes Beifallsgeschrei der Zuschauer begrüßte den kühnen Sieger. Die hilfreichen Schlepper legten sich längsseits und geleiteten das Schiff an das Bollwerk.

Für die Aufregung dieses ernsten, schrecklichen Schauspiels entschädigten uns am nächsten Tage die heiteren Bilder des Karnevaltreibens in den Straßen Genuas. Die ganze Ungebundenheit und geräuschvolle Heiterkeit des italienischen Volkslebens kam uns bei all diesen vielen Maskenscherzen und bunten Aufzügen entgegen. Mit einem Wort, von Langeweile war in Genua für uns keine Spur.

Aber wir mußten weiter. Die „Providentia" machte seeklar. Ein Schlepper zog uns ins offene Meer hinaus. Mit gutem Winde hielten wir unsern Kurs nach Süden längs der italienischen Küste. Weit in der Ferne wurden die Berge Siziliens in verschwimmenden Linien sichtbar. Durch die vielgenannte Straße von Messina, vorbei an der Klippe, wo Schillers Taucher den Sprung in die Charybdis wagte, liefen wir und dann um das Kap Spartivento herum in das Jonische Meer. Im Golf von Otranto spielte uns der Wind zur Abwechselung mal wieder einen bösen Schabernack; er schlug plötzlich um und wuchs zum heftigen Sturme an. Alle Segel, bis auf Sturmfock- und Sturmbesansegel, wurden festgemacht. So kreuzten wir die ganze bange Nacht hindurch. Fortwährend wurde das Lot gebraucht. Wir waren ziemlich dicht unter Land, und die Klippen vom Kap di Nao, die schon manchem Schiff verderblich geworden sind, drohten in der Nähe. Als am andern Morgen gegen 10 Uhr der Wind sich gelegt hatte, schimmerte uns die Küste Apuliens durch das dunkle Gewölk entgegen. Die Not war glücklich wieder einmal überstanden. Gegen Abend erreichten wir das letzte Ziel unserer Fahrt, den Hafen von Brindisi.

Wenn irgend ein Ort von den Wechselfällen des Schicksals zu erzählen weiß, so ist es Brindisi, das alte Brundusium der Römer. Als Haupthafen für den Verkehr mit Griechenland, Kleinasien, Syrien und Ägypten hatte es in Römerzeiten weit über 100 000 Einwohner. In den Kreuzzügen schwang es sich nach langem Verfall wieder zu ansehnlicher Blüte auf, um dann ein ärmliches Stillleben zu führen. Zum dritten Male scheint es jetzt in dem neuen Italien kräftig vorwärts zu kommen, seit es am Endpunkt einer Eisenbahn liegt. Die italienische Regierung hat den völlig versandet gewesenen Hafen bis auf $8^1/_2$ m Tiefe ausbaggern lassen. Mit jedem Jahre wächst der Schiffsverkehr Brindisis um ein bedeutendes.

Der Hitze wegen pflegt in den Städten des Südens das Leben den ganzen Tag über zu ruhen. Alles bleibt in den Häusern. Der Ort erscheint wie ausgestorben. Erst gegen Abend regt es sich.

Wir fanden deshalb bei unserer Einkehr im Hafen wie in der Stadt ein lebhaftes Treiben. Sträflinge, mit Ketten an Armen und Füßen belastet, waren mit der Straßenreinigung beschäftigt, von Soldaten mit geladenen Gewehren bewacht. Große Auswandererschiffe lagen vor Anker, die sich hier mit Kohlen, Proviant usw. versahen.

Bald sollte ich sehen, zu welchem Zweck wir unsere Fracht leerer Fässer nach Brindisi gebracht hatten. In langen Reihen standen auf dem Hafendamm in den nächsten Tagen zweiräderige Eselskarren. Sie waren mit schweinsledernen Häuten beladen, die Olivenöl enthielten. Von weit und breit waren die apulischen Bauern in die Stadt gekommen, um dies Hauptprodukt ihres Landes abzuliefern.

Unsere leeren Fässer wurden, nachdem sie noch einmal nachgesehen und gedichtet waren, mit dem Olivenöl aus den Schläuchen gefüllt. Zu beiden Seiten wurde jedes Faß verkalkt und dann im Schiffsraum verstaut.

Noch ein anderes Schiff, eine italienische Brigg, die neben der „Providentia" lag, erhielt dieselbe Ladung. Sie war wie die unsrige nach St. Petersburg bestimmt. Öl genug, um Hunderttausende von russischen Sardinenbüchsen mit der nötigen Zutat zu versehen.

Nachdem das letzte Ölfaß im Bauche der „Providentia" seinen Platz gefunden hatte, versorgten wir uns noch mit frischem Proviant, Mehl und frischem Schiffszwieback; Erbsen, Salzfleisch, Gemüse und Rotwein, der in Apulien sehr wohlfeil ist, wurden eingekauft und im Proviantraum verstaut. Noch einmal ging es an Land, um allerlei kleine Andenken für Eltern und Geschwister zu kaufen. Dann lichteten wir gleichzeitig mit der Brigg den Anker und verließen den Hafen von Brindisi.

Eine schöne Ostbrise blähte die Segel der beiden Schiffe; in schneller Fahrt ging es westwärts an Sizilien und der afrikanischen Küste vorbei und der Straße von Gibraltar entgegen.

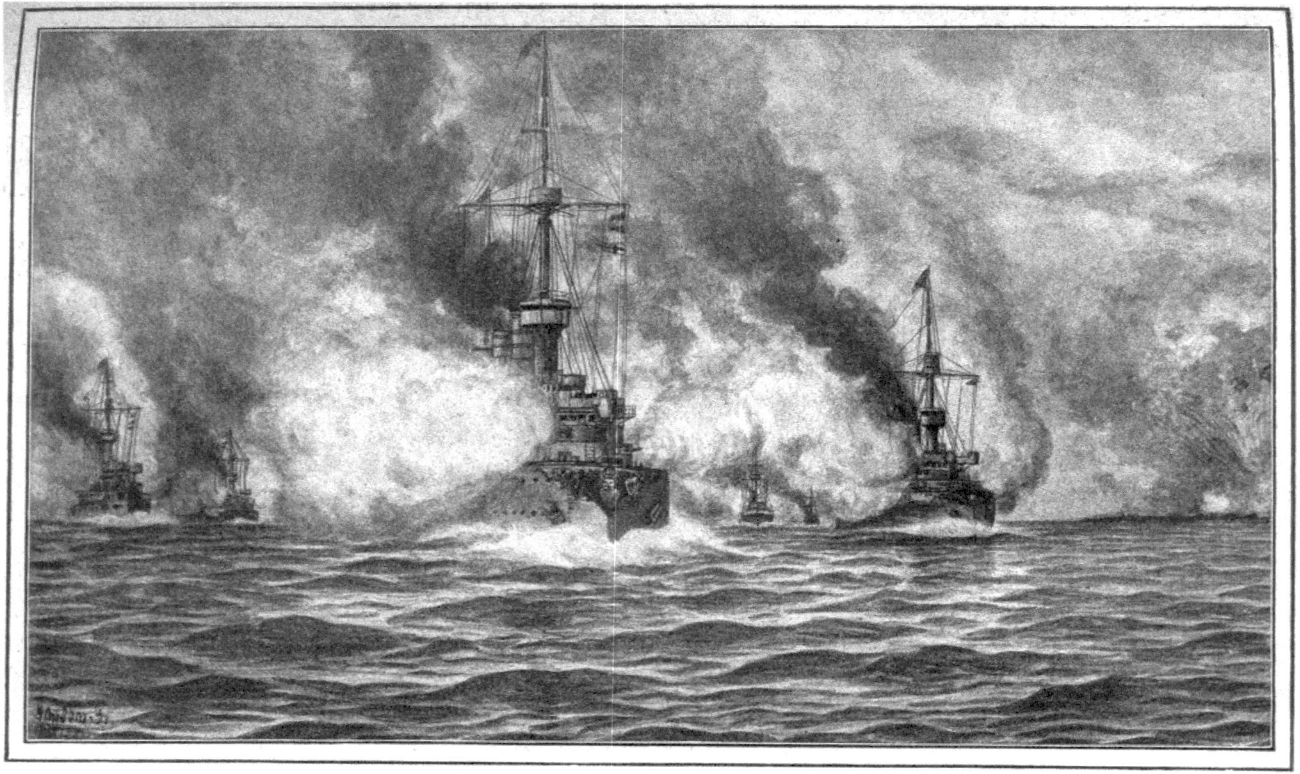

Flottenmanöver, S. M. Flaggschiff „Kaiser Wilhelm der Große“.

Mit Oelfracht nach Petersburg.
Pitter als Delphinjäger.

Unser Gefährte, das kleine italienische Briggschiff, lief besser vor dem Winde als die „Providentia“. Bald überholte es uns und kam, als wir das letzte Lebewohl ihm signalisierten, außer Sicht. Kurz vor dem Eingang in die Straße von Gibraltar schlug der Wind um. Das war hier besonders fatal; denn bei der starken Strömung, mit welcher der Atlantische Ozean seine Flutspende in das Mittelmeer hineinschüttet, kann die Straße von Osten her nur bei guter Brise passiert werden. Viele andere Segelschiffe hatten dasselbe Schicksal wie unser Dreimastschoner. Unter wenig Segel mußten wir drei Wochen lang vor Gibraltar kreuzen, Zeit genug, um gehörig Umschau zu halten.

Wenn unser Schiff in der windgeschützten, halbkreisförmigen Bucht von Algeciras sich dem englischen Berggipfel von Gibraltar näherte, so ließ ich begierig die Blicke von der spanischen Feste San Felice im Norden bis nach dem schroffen südlichen Kap, der Punta Europa wandern. Eine Fülle abwechslungsvoller Bilder! Zum Schutz gegen den Schmuggelhandel haben die Spanier von San Felice her über die kaum zwei Kilometer breite sandige Landzunge einen Erdwall errichtet, hinter welchem die Wachthäuser von Zollbeamten sich befinden. Fast unbesteigbar ist der 425 Meter hohe und über vier Kilometer lange Kalkfelsen im Norden und Osten. Nach Westen, also der Bucht von Algeciras zu, ist der Abfall nicht so schroff. Hier liegt die Stadt Gibraltar, deren 30 000 Einwohner außer 10 000 Engländern größtenteils aus italienischen Ansiedlern bestehen. Die dunkel angestrichenen, spanisch gebauten Häuser der Stadt heben sich nur wenig von dem düsteren Hintergrunde des Felsens ab. Hier wird das Auge nur wenig durch freundliches Grün erquickt. Doch das den Engländern noch gehörige ebene Stück der Landzunge nördlich von dem Felsen, das früher nur eine aus Flugsand bestehende Wüste war, ist mit echt englischer Geduld und mit Aufwand vieler Mittel in eine reizvolle Landschaft verwandelt worden. Ein reichhaltiger Pflanzengarten umsäumt das flache Gestade. Eine Rennbahn, Tennisplätze und Schießstände sorgen für den unentbehrlichen Sport. Und dann der hochinteressante Felsen. Eine einzige Riesenfestung. In drei Galerien drohen dort die Rohre von Hunderten von Geschützen schwersten Kalibers. Soviel ist sicher, wenn es schon 1781 den Spaniern und Franzosen nicht gelang, trotz einer gewaltigen Flotte, zahlreicher schwimmender Batterien und einer Belagerungsarmee von 40 000 Mann den tapferen Lord Elliot mit seinen 8000 Soldaten zur Übergabe zu zwingen, so muß Gibraltar heute völlig uneinnehmbar erscheinen. Millionen werden jährlich von England daran gewendet, um die Befestigungen zu verstärken und den Schlüssel zum Mittelmeer immer sicherer zu machen. Viele kleine Segelboote brachten uns aus der Stadt herrliche Früchte, Tabak, frisches Brot und unverfälschten Südwein.

Der Ostwind, der Levanter, ließ noch immer auf sich warten. Wohl an 50 Segelschiffe warteten schmerzlich auf ihn. Manche, die leicht verderbliche Ladung in sich bargen, nahmen sich einen Schleppdampfer, um die Strömung in der Straße zu überwinden. Schon trug sich Kapitän Holz auch mit diesem Gedanken, als plötzlich der Wind umsprang. Wir sparten also die Schlepperkosten und segelten die Straße hindurch. Der Ozean war nicht in guter Laune. Ein strammer Nordwind machte uns recht viel zu schaffen. Manchmal wurde er bösartig und wurde zum Sturme. In solch einer schweren Nacht liefen wir an einem Schiff vorbei, das sich beim Anrufen als unser italienisches Briggschiff herausstellte. Wir riefen noch die Längen- und Breitengrade und ein Lebewohl hinüber, dann war der Italiener schon wieder im Dunkel der Nacht verschwunden. Mit dem Proviant fing es an bedenklich zu werden. Kartoffeln und grünes Gemüse gab es nicht mehr. Der Speisezettel wies nur noch Erbsen mit Pökelfleisch, Bohnen mit Pökelfleisch und Pudding auf. Auf seine Meisterschaft im Zubereiten von Pudding tat sich unser Koch übrigens viel zu gute. Mehl, Korinthen und Salz rührte er zu einem festen Teig zusammen. In einem aus Segeltuch hergestellten Puddingbeutel kochte er diesen Teig, der dann noch warm in Scheiben geschnitten wurde. Wir tauchten die Puddingscheiben in heißgemachten Fruchtsirup und verzehrten sie. Auf die Dauer, wenn solche Kost alle drei Tage wiederkehrt, macht man sich nicht besonders viel daraus. Die Unterhaltung drehte sich denn auch meist um den lebhaften Wunsch aller nach anderer Kost. Namentlich Pitter, der Rußfinne, der über einen sehr soliden Kauapparat verfügte, rieb sich oft den Magen und seufzte: „Frisch Fleisch, mien Jung, dann sall dat bald beter warn! Wenn wi man ierst frisch Fleisch vörn Bug kriegen!" Anfänglich erriet ich garnicht, was er damit meinte. Aber bald sollte es mir klar werden.

Wir hatten schon mehrfach große Exemplare von Walfischen beobachten können, von denen einige unser Schiff tagelang getreulich begleiteten. Endlich spielten auch Rudel von Tümmlern, die auch Delphine oder Schweinsfische genannt werden, um unser Fahrzeug. Das waren Pitters langersehnte Fleischklumpen. Mit der sicheren Miene eines Mannes, der sich auf seine Sache versteht, ging Pitter an das Geschäft. Nachdem er sich ein Tau um den Leib gebunden hatte, dessen Ende wir an Deck festhalten mußten, nahm er eine Harpune, deren Leine über eine Rolle am Bugspriet geführt und auf dem Deck von einem Matrosen zum Aufziehen in die Hand genommen wurde. Am Stampfstock,

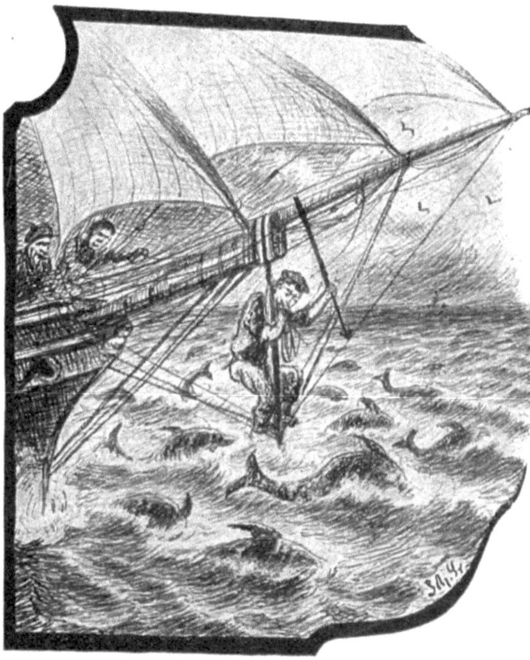

der ganz vorn am Bugspriet herunterhängt, ließ sich Pitter bis zur Stampfstockkette hinunter und wartete hier mit erhobener Harpune auf seine Beute. Mancher ulkige Zuruf ermahnte den Delphinjäger, ja nicht vom Stampfstock herunterzupurzeln. „Lat di man de Tid nich lang warn, Pitter!" neckte einer. Aber schon benutzte der Jäger den günstigen Moment, als eins der Tiere unter ihm hochsprang. Mit fester Faust warf er die Harpune. Schwapp! saß sie dem Tümmler auch tief im Leibe. Der Fisch wurde hoch gezogen, eine Leine um den heftig schlagenden Schwanz desselben geworfen, und nun wurde er völlig an Bord gehoben, um geschlachtet zu werden.

Das Fett und das Eingeweide warfen wir ins Wasser. Sofort

erschienen die herumlungernden Haifische, die Hyänen des Meeres, die sich über die Mahlzeit hermachten. Das magere Fleisch des Tümmlers wurde zum Trocknen in der Sonne aufgehängt. Es lieferte einen wohlschmeckenden Braten, der mit etwas Salz und Pfeffer zubereitet und in Olivenöl geröstet wurde. Der Kopf des Tieres, fein säuberlich abgeputzt, gab eine stattliche Trophäe und wurde als Zierat mit nach Hause genommen.

Wenn sonniges Wetter und ruhige Fahrt die nötige Muße verschafften, nahm uns Jungen der Steuermann vor. Wir lernten in seinem Unterricht die Bezeichnung der vielerlei Taue usw., sowie die Einteilung und den Gebrauch des Kompaß kennen. So bekamen wir schon eine kleine Ahnung von all dem, was ein rechter Seemann wissen muß, wenn er ins Steuermann-Examen steigen will.

Während der langen Fahrt, namentlich wenn beim hohen Seegang die im Schiffsraum verstauten Öltonnen aneinanderstießen, war manches Gebinde etwas undicht geworden. Da galt es nun, das aus den Fässern ausgesickerte Öl wieder aufzufangen. Es geschah auf die einfachste Weise, indem alle drei Tage die Schiffspumpen angeschlagen wurden. Da Öl leichter als Wasser ist, so wurde es auch von den Pumpen zuerst heraufbefördert, wieder in große Tonnen gefüllt und verstaut. Das ölige Wasser, was hinterher heraufgepumpt wurde, kam über Bord. Meilenweit zog dann eine in den Farben des Regenbogens schimmernde Linie hinter dem Schiffe her, und die Wogen lagen spiegelglatt in diesem glänzenden Streifen.

Lange Wochen dauerte es, bis wieder die steile Südküste Englands vor uns auftauchte. Eine günstige Brise schob uns durch den englischen Kanal, und da sie andauernd günstig blieb, kamen wir rasch genug durch die Nordsee und liefen durch Skagerak und Kattegatt in den Sund. Auf kurze Zeit legte sich die „Providentia" in Kopenhagen vor Anker.

Unterwegs waren zwei unserer Matrosen so erkrankt, daß der Kapitän sie in ein Kopenhagener Krankenhaus bringen lassen mußte. Ein neuer Matrose kam zu uns an Bord. Frisches Fleisch, Brot und Gemüse wurde eingekauft, und nun ging die „Providentia" wieder unter Segel. An einer stattlichen Reihe von Schiffen waren wir beim Verlassen des Hafens schon vorbeigekommen, als mich plötzlich der Kapitän zu sich heranrief und mit ausgestrecktem Arm auf einen kleinen Schoner wies: „Junge, da liegt deines Onkels

Schoner! Siehst du nicht, wie dein Onkel auf dem Heck steht und winkt?" — Richtig, da wehte ein rotes Taschentuch. Ich erkannte den Onkel und ließ zum Gegengruß auch meine Taschenflagge wehen.

Dieses Abschiedwinken versetzte mich in eine merkwürdig wehmütige Stimmung. War es der Gedanke an die Heimat, die ich vorläufig doch noch lange nicht wiedersehen sollte, obwohl die Ostseefluten unseren Kiel umrauschten? Wie eine trübe Ahnung kam es damals über mich. O Gott, sie ist schrecklich in Erfüllung gegangen! Die unersättliche Nordsee verschlang das Schiff meines Onkels in der Nähe der englischen Küste. Mit Mann und Maus ging der Schoner unter. Niemals ist eine Kunde zu meiner Tante gekommen, wie oder wo das Unglück geschehen war. So oft ich später die trauernden Hinterbliebenen des Verunglückten wiedersah, mußte ich jener Abschiedstimmung gedenken, und zugleich fielen mir wohl die Verse meines verehrten Bekannten, des Herrn Geheimen Hofrats Kampf ein, die des Seemanns Leid in ähnlicher Weise zum Ausdruck bringen.

Es stand meine Wiege auf hohem Meer,
Der Schoner schaukelte hin und her
Im wilden Westorkane.
Die Mutter sang ein altes Lied
Vom Schloß am Meer, vom Erlenried,
Fern, fern am Ozeane.

Doch Jüngling geworden, da zog's mich fort,
Im Trotz verließ ich des Schoners Bord,
Auf dem ich einst geboren.
Die Mutter schwieg, sie sang nicht mehr,
Das Schloß ich suchte kreuz und quer:
Hab' all mein Glück verloren.

Und als ich verzagend kehrt' heim zum Schiff,
Zerschellt es saß auf dem spitzen Riff,
Von Menschenhilf' verlassen.
Die Mutter nah' dem Tode schier,
Der Vater streckt die Hand nach mir:
Ich konnt sie nicht erfassen.

Langsam nur kamen wir in der Ostsee vorwärts. Widrige Winde machten uns viel zu schaffen. Fern im Südosten wurden endlich die Klippen von Bornholm sichtbar, die Ruinen des hochgelegenen Schlosses Hammerhuus, dahinter der 139 m hohe Ruthskirkebakke. Günstiger wurde die Fahrt, als wir die schwedische Insel Gotland passiert hatten. Nun setzte eine gute Brise ein, mit deren Hilfe wir bald in den Finnischen Meerbusen einliefen.

Pitter als Schutzengel. – Gerettet aus der Newa.

Mein hartnäckiger Widersacher auf dem Schiffe blieb der Koch. Er gehörte zu jenen kratzbürstigen und hitzköpfigen „Pottkiekern", denen die Küchenglut die Gemütsruhe verdirbt und die irgend einen Menschen haben müssen, an dem sie ihr Übermaß von Galle auslassen können. Da er nun der Ansicht war, daß der Kajütjunge das geeignetste Objekt für seine Ränke sei, so hatte er alle Augenblicke mir etwas am Zeuge zu flicken. Nun muß ich freilich auch ganz ehrlich bekennen, daß ich ihn durch meine etwas kecke Zunge manchmal geärgert habe. Eines Tages kriegte er mich unversehens bei der Jacke zu fassen, hielt mir die geballte Faust unter die Nase und fauchte mich wie ein toller Truthahn an: „Du Slingel, du hest mi mien Speigel kaput mokt!" Ich war in der Tat mit diesem

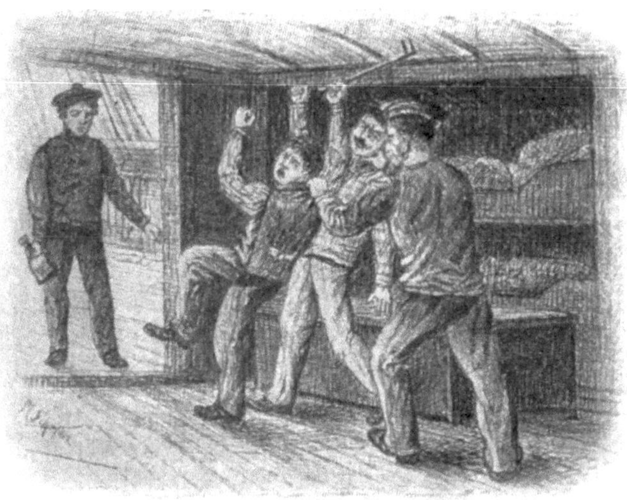

für einen Koch allerdings höchst notwendigen Möbelstück nicht in die geringste Berührung gekommen und verbat mir die Beschuldigung sehr energisch. Meine Entrüstung aber wurde noch größer, als der pockennarbige und schieläugige Charles, der Norweger, dem Pottkieker beistimmte und unverschämt in seinem gebrochenen Deutsch behauptete: „Du hetww des getun! I hab' es geseht!" — Das war doch ein starkes Stück. Ich rief dem Koch zu: „Wenn du keen Speigel mihr hest, kannst man dien smuzig Snut in'n Emmer Water speigeln un ok tor Afwess'lung drin baden, Koch!" Da plinkten sie sich beide zu. Der Dicke griff nach einem schon bereitgelegten zerbrochenen Schrubberstiel, um mir den Rücken zu verwalken. Der Norweger stellte mit seinen knochigen Fäusten die Haltbarkeit meines Schädels auf die Probe. Ich schrie Zeter und Mordio. Mein Geschrei blieb auch nicht umsonst. Wie ein Tiger sprang nämlich mein getreuer Freund Pitter, der Rußfinne, aus seiner Koje und packte die beiden Attentäter mit seinen riesenstarken Fäusten bei den Hemdkragen, daß sie rücklings auf den Boden zu liegen kamen. Hierauf bearbeitete er sie mit seinen derben Fäusten dermaßen, daß sie mir leid taten. Ich tat also Fürbitte: „Nee, Pitter, nu lat dat man nah! Sei hebwen nu woll naug kregen un warn mi woll nix mihr anhängen."

Der wackere Bursche versenkte denn auch seine beiden Fäuste in die Hosentaschen und brummte dann noch im Weggehen, daß es jedem so traurig ergehen würde, der mir etwas zuleide täte.

Was sollte ich wohl aber dem tapferen Retter als Siegeslohn spendieren? Knackmandeln und Rosinen waren schon längst traumhafte Begriffe geworden, und der gute Pitter hatte doch Hundewache (Mitternachtswache). Es fand sich noch etwas, ein Töpfchen sauer und süß eingemachter Stremelgurken. Dem Kapitän behagte dies Gurkenkompott nicht mehr, weil es auf der langen Reise von Brindisi allzu sehr durchgeweicht war. Als ich Pittern das Gurkentöpfchen zusteckte, schmunzelte er recht vergnügt. Dann langte er einen Stremel nach dem anderen sich heraus, und die Sauce goß er hinterher in die Gurgel hinunter.

Lieber Himmel, es war mit Speis' und Trank auf der „Providentia" auch nach und nach immer kläglicher geworden. Die Vorräte, die wir in Brindisi eingekauft hatten, erschienen damals mehr als ausreichend. Nun waren wir schon länger als hundert Tage unterwegs. Unser Trinkwasser hatte sich in eine braunrote Tunke verwandelt, die von Tausenden kleiner Tierchen belebt wurde. Die Farbe hatte übrigens nichts weiter auf sich. Sie war dadurch entstanden, daß wir nach dem üblichen Brauch Eisennägel in die Wasserfässer geworfen hatten. Selbstverständlich mußte das Wasser erst durch Abkochen genießbar gemacht werden, und wenn der gehörige Schuß Rum dazu kam, so brauchte man wenigstens dem Grog gegenüber kein Bedenken zu hegen.

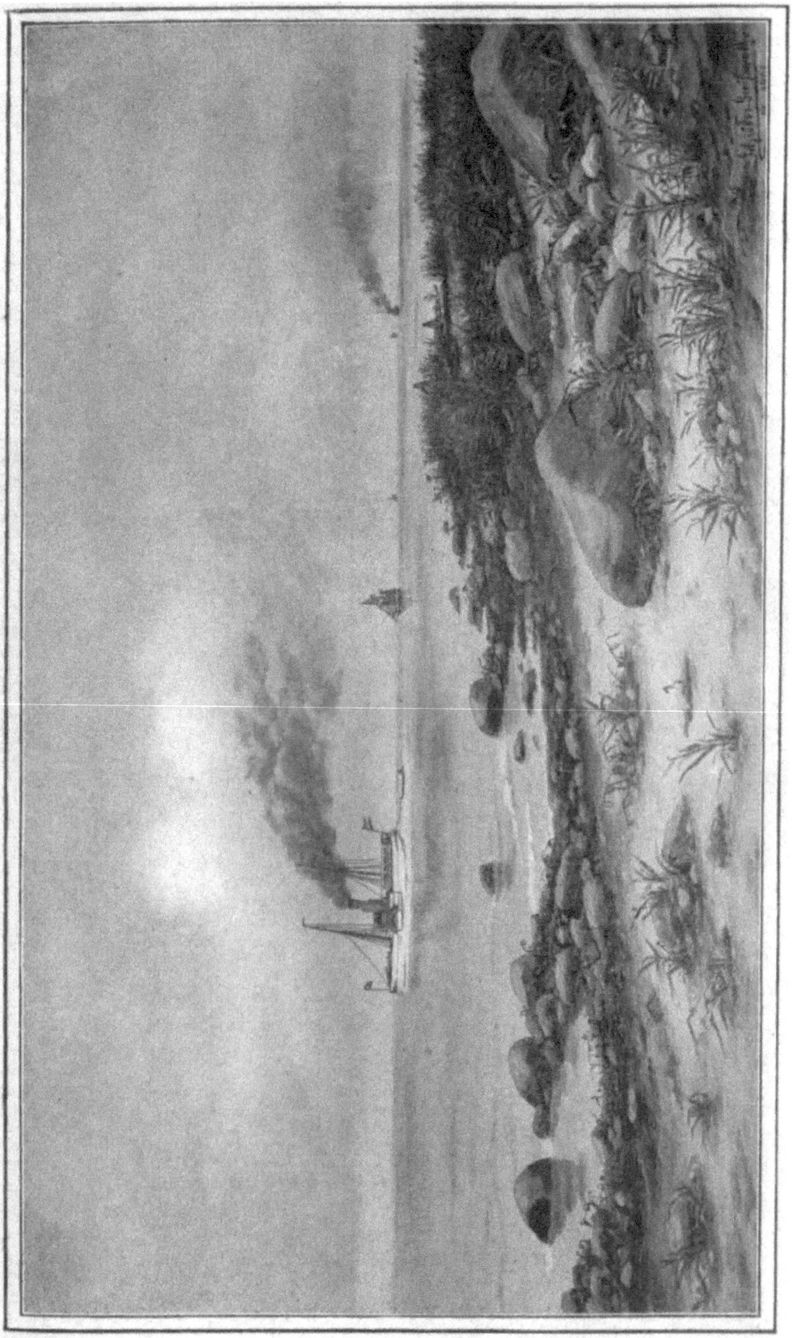

Am Strande von Brunshaupten.

Gerade hatte der Koch dem Kapitän seufzend verraten, daß aus den Salzfleischfässern nichts Brauchbares mehr herausgeangelt werden könnte, da kam uns ein großes russisches Vollschiff entgegen. Kapitän Holz ließ anrufen, ob wir vielleicht etwas Fleisch und frisches Trinkwasser gegen ein Faß Rotwein erhalten könnten. Der Russe war gern zu diesem Tausch bereit. Schnell wurden die Segel back gebraßt, ein Boot wurde ausgesetzt, bemannt und nach dem Russen hinübergerudert. Hei, wie schmeckte nach langer Entbehrung der frische kühle Trunk Wasser!

Mit schöner Nordwestbrise segelten wir nun in den Finnischen Meerbusen hinein. Zahlreiche mit Holz beladene Segelschiffe, die größtenteils nach Lübeck bestimmt waren, kamen uns entgegen. Viele Dampfer rauschten an uns vorüber, die russisches Getreide nach den deutschen Häfen trugen. Eine Unmenge größerer und kleinerer Inseln, meist mit Nadelbäumen bestanden und oft völlig von Menschen unbewohnt, wurden passiert. Je weiter wir die Straße verfolgten, die uns der Hauptstadt des Zarenreiches näher brachte, desto lebhafter wurde der Verkehr. Da lagen die Panzerschiffe, Kanonenboote und Torpedofahrzeuge der russischen Flotte. Wir erreichten die langgestreckte Insel Kotlin, an deren südöstlichem Ende, noch 32 km von Petersburg entfernt, die starke Seefestung Kronstadt droht. In dem flachen Gewässer des Finnischen Meerbusens, das hier für größere Schiffe nur in den ausgebaggerten Fahrrinnen zu passieren ist, erheben sich nördlich und südlich von der Festungsinsel gewaltige Batterien. Auf mächtigen Fundamenten von Granit erbaut und mit Stahlgeschützen stärksten Kalibers armiert, bilden sie eine dreifache Linie von Befestigungen. Ein ganzes System von unterseeischen Hindernissen und Minen kommt noch dazu, um die Durchfahrt einer feindlichen Flotte bei Kronstadt unmöglich zu machen. Unsere „Providentia" legte sich in der Nähe eines Forts bei Kronstadt vor Anker. Bevor der russische Lotse zu uns an Bord kam, benutzte ich einen günstigen Augenblick, um mal nach oben in die Stänge zu steigen und einen Blick über die Inselfestung und den Batterienkranz im Nordkanal bis zu der 8 km entfernten finnischen Küste zu werfen. Nach Osten zu verdeckte ein Nebelschleier die Stadt Peters des Großen, aber Schwärme von Seglern und Dampfschiffen verrieten den lebhaften Verkehr. Der Lotse brachte unser Schiff zunächst in den Handelshafen von Kronstadt.

Hier müssen alle größeren Schiffe des geringen Wassertiefstandes wegen ihre Ladung löschen, die auf Leichtern nach Petersburg

3

geschickt wird. Unser Dreimastschoner durfte es schon riskieren, nachdem ein erheblicher Teil der Ölfässer auf drei Leichter verpackt worden war, mit dem übrigen Teil der Fracht den Seekanal nach Petersburg zu benutzen. Die drei Leichter wurden hinter der „Providentia" festgemacht, ein tüchtiger Doppelschraubendampfer vorgelegt, und nun ging dies Ölgeschwader, vorbei an den beiden Leuchttürmen, zwischen den langgestreckten Molen hindurch nach der Station Puschtschino im Ankunftshafen, wo ein Mündungsarm der Newa uns aufnahm und in das Innere der Stadt führte. Eine Menge von Brücken, die nur des Nachts geöffnet werden, wurden passiert, bis wir den Zollhafen erreichten. Sofort wurden die nötigen Anstalten zum Löschen der Ladung vorgenommen.

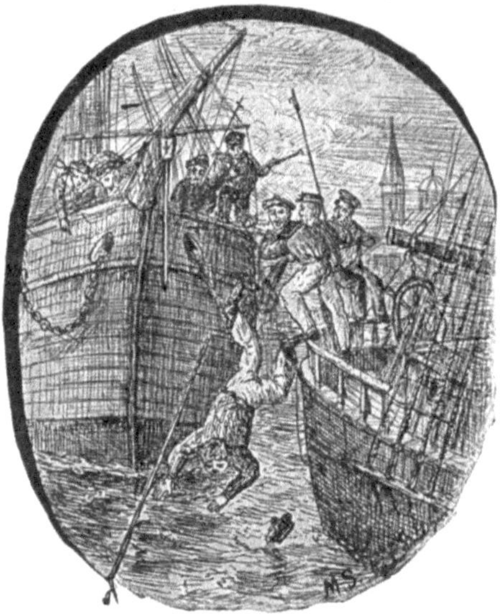

Noch drei andere Fahrzeuge waren neben uns ebenfalls mit Öl befrachtet, und eifrig waren wir im Wetteifer mit den Nachbarn bemüht, die Fässer auf den Kai am Zollamt zu schaffen. Nachdem dies Geschäft schon mehrere Tage in Anspruch genommen hatte, geschah ein unglückliches Ereignis, bei dem ich leider die Hauptrolle zu spielen hatte.

Das kam so. Der Schoner neben uns war mit seinem Löschen fertig geworden. Nun wollte das leere Schiff gegen die außerordentlich starke Strömung der Newa heraustauen. Plötzlich aber riß die wie eine Violinseite gespannte Grasleine. Mit großer Schnelligkeit trieb der Schoner, kaum eine Schiffslänge von der „Providentia" entfernt, auf diese zu. Da tat schnelle und tatkräftige Abwehr not, um einen drohenden Anprall zu verhüten. Jeder von uns griff nach einem Haken. Auch ich nahm einen solchen zur Hand und stemmte mich von der Reling aus mit aller Kraft gegen den Schoner, um ihn wegzudrücken. Da aber am Haken zwei Nägel herausgegangen waren, so rutschte er vom Schoner ab. Plumps! stürzte ich kopfüber in die Newa hinunter.

Mit meiner Schwimmkunst war es damals nicht weit her. Sie hätte mir auch höchst wahrscheinlich in der starken Strömung nicht viel genützt. Trotzdem versuchte ich dagegen anzukämpfen. Aber der Strudel riß mich unter Wasser, und so trieb ich eine ziemliche Strecke mit großer Schnelligkeit weiter. Nur einmal kam ich für einen Augenblick an die Oberfläche, daß mir das Licht des Tages entgegenschimmerte. Dann trieb über mir eine dunkle Masse hin; es war ein Boot, unter dessen Kiel ich geraten war, wie man mir später erzählte. Merkwürdig, daß ich dabei noch immer meine Besinnung hatte. Mit Blitzesschnelle rasten allerlei Vorstellungen durch mein Gehirn. Meine Jugend, die Eltern, die Heimat, alles zog in ununterbrochener Bilderreihe an mir vorüber. Dann wurde es Nacht um mich. Die Kräfte schwanden. Ich schwebte im Wasser, bis mir die Sinne vergingen. Als ich die Augen aufschlug, fand ich mich in einer völlig fremden Umgebung. Ich war auf einem russischen Monitor. Zwei Marinesoldaten hatten mich an den Armen ergriffen und versuchten, auf Deck mit mir hin und her zu gehen. Ein Arzt hielt mir währenddessen ein Riechfläschchen unter die Nase. Auch Kapitän Holz stand neben mir und sagte mir was. Ich verstand jedoch seine Worte nicht und verlor die Besinnung wieder. Als ich diesmal erwachte, lag ich in meiner Koje auf der „Providentia“. Mein alter Pitter saß bei mir; er drückte mir freudig die Hände. Auch der Bootsmann war da. „Na, mien Jung,“ sagte er, „ditmal is dat noch got afgahn! Awer harn sei di nich glief na dat rußsche Kriegsschipp bröcht, wi harn di doch woll nich wedder de Luft rinpust. Hier drink man een düchtigen Sluck, un denn slap man wider!“ Das tat ich denn auch ganz gehörig. Durch den Schlaf erholte ich mich so vollständig, daß ich bereits am nächsten Tage wieder meinen Dienst verrichten konnte. Dabei erzählte mir der Steuermann alle Einzelheiten meines bedenklichen Abenteuers. Er war mit dem Norweger Charles, als ich über Bord plumpste, sofort in das Boot gesprungen. Eine schreckliche Unruhe hätten sie empfunden, als Minute über Minute verging, ehe ich aus dem Strome zum Vorschein gekommen sei. Dann hätte der Strudel mich wieder ihren Blicken entzogen. An den Haaren hätten sie mich schließlich gepackt, ins Boot gezogen und den Bewußtlosen auf die Ruderbank gelegt! „Du kannst dich auch mal bei Charles bedanken!“ lachte der Steuermann. „Da du nicht einen Muck von dir gabst, hat er dir einen Puff mit der Faust ins Kreuz versetzt. Das hat dich aufzucken lassen. Aha,

3*

dachten wir, es war noch nicht zu spät. Und dann hat der russische Doktor da drüben das Übrige besorgt, Jung!"

Charles nahm meine lebhaften Dankesäußerungen mit Genugtuung entgegen. „Dat du mi manchmal hest vertobaken wulln, Charles, dat sall di vergeten un vergewen sin. Awer den schön' Puff in't Krüz, den verget ick di nie un nimmer!"

Mittlerweile hatten wir das letzte Faß Öl aus dem Schiff gebracht und fuhren stromaufwärts nach dem Kalaschnikow-Hafen, um Roggen einzunehmen, der nach Stettin geführt werden sollte. In großen Säcken trugen die russischen Hafenarbeiter den Roggen an Deck. Durchs Luk wurde das Korn in den Schiffsraum geschüttet. Männer und Frauen waren im Schiffsraum damit beschäftigt, den Roggen festzutreten. Natürlich griff der dabei aufwirbelnde Staub die Gurgeln an, weshalb die Wodkaflasche fleißig die Runde machte.

Bei der Übernahme von Proviant für die Reise nach Stettin verfehlten wir nicht, auch einige echt russische Spezialitäten an Bord zu schaffen. Nun trat der Schlepper wieder in Tätigkeit und bugsierte uns nach Kronstadt zurück. Eine herrliche Ostbrise ermunterte uns, schnell die Segel zu setzen. Sie brachte uns bald in die offene See. Nach einigen Tagen günstigster Fahrt glänzte das Feuer von Swinemünde in der Ferne. O Heimatstrand, bald dürfen unsere Füße dich betreten! In ausbrechendem Jubel ließen wir allesamt ein donnerndes „Hurra!" erschallen. Als dann Kapitän Holz kommandierte: „Klar zum Ankern! — Fall Anker!" — da ging das weit schneller und fröhlicher als sonst von statten. Zur Feier der glücklichen Ankunft in der Heimat gab es ein Glas Grog. Bis auf die Wache legten sich alle heiteren Herzens zur Ruhe. —

Kaum war die nächste Sonne mit rötlichem Glanze erschienen, so kam ein Schlepper längsseit und führte die „Providentia" durch das Haff nach Stettin, wo wir am Bollwerk festmachten und sofort die Ladung löschten.

Und nun — meine erste Seereise war zu Ende. Sie hatte lange genug gedauert, durch manches Gewässer, an manchen fremden Strand mich gebracht. Gleich dem Bootsmann und mehreren Matrosen ließ ich mich in Stettin abmustern. Die Schiffsgenossen nahmen Abschied. Wer weiß, ob wir uns wiedersehen! klang es da. Meinem guten Freunde Pitter drückte ich natürlich besonders kräftig beim Scheiden die Hand.

Das eilige Dampfroß führte mich meinem lieben trauten reifswald entgegen. Da ich absichtlich nichts über meine Ankunft ach Hause geschrieben hatte, so erregte mein plötzliches Erscheinen i Eltern und Geschwistern die allergrößte Freude. Aus der vollepackten Seekiste, die manche Erinnerung an London, an Cette, enua, Brindisi und Gibraltar barg, holte ich die mitgebrachten eschenke heraus. Wie die Augen glänzten bei der Betrachtung der hönen ausländischen Sachen!

Wie oft mußte ich nun bei Verwandten und Freunden von einen wechselvollen trüben und heiteren Erlebnissen als Schiffsunge berichten! Auch in Greifswald aber war manches in der Zeit einer Abwesenheit geschehen, und manches konnte mir erzählt erden. So erfuhr ich zu meinem größten Schrecken aus dem Munde meines Onkels, des Angelsachsen, was aus dem neuen riggschiff geworden sei, welches ich hatte mit auftakeln dürfen. Warum hatte das blaue Siegel des Gerichtsvollziehers nicht noch ängere Frist an ihm gehaftet? Dann wäre das unglückselige Fahreug nicht gleich auf seiner allerersten Reise dem Sturm in die rme gelaufen, der es vernichtete. Ein lieber Schulfreund verlor abei sein junges Leben, was ich besonders schmerzlich betrauerte.

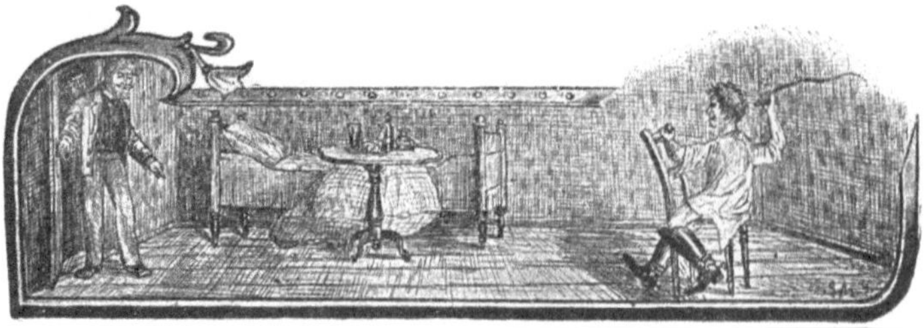

2. Eintritt in die Marine.

Wieder im Elternhaus.

Drei Tage gingen so im Elternhause dahin, ohne daß ich auch nur mit einem Worte verraten hätte, was nun weiter aus mir werden sollte. Für mich stand es im Herzen bombenfest, daß ich mir auf einem anderen Schiffe eine Stelle suchen wollte. Ich machte zuerst meinem Bruder Mitteilung von dieser Absicht. Wir gingen auf dem Wall um die Stadt herum. Als ich nun dies und jenes von meinen Abenteuern herauskramte, kam ich auch auf den unseligen Kopfsprung zu sprechen und wie ich in der Newa hätte beinahe gar zuviel Wasser schlucken müssen. Den Eltern hatte ich lieber keine Silbe davon mitgeteilt, um sie nicht zu ängstigen.

Beim Mittagessen zu Haus wurde mir auf einmal so fürchterlich übel, daß ich mich ins Bett legen mußte. Ein hohes Fieber stellte sich ein. Dem herbeigeholten Arzt berichtete mein Bruder den Petersburger Vorfall. Der Doktor stellte einen schweren Typhusfall fest. Drei Monate habe ich in der treuen Pflege meiner Angehörigen im Bett zubringen müssen. Eisbeutel lagen mir auf Kopf und Magen, um das hohe Fieber zu dämpfen. Manchen Zentner Eis habe ich auf diese Art zum Schmelzen gebracht. In meinen tollen Fieberphantasien schwatzte ich das blödsinnigste Zeug, und obwohl mein Zustand ein gar trauriger war, mußten meine Geschwister doch manchmal über meine Reden lachen. Ich hatte die fixe Idee, das große Los gewonnen zu haben, und warf nun bloß so mit den Goldrollen. Jeder von meinen Lieben bekam eine große Geldsumme. Der Bruder Steuermann z. B. kriegte von mir soviel geschenkt, daß er sich ein funkelnagelneues Barkschiff dafür kaufen konnte.

Ein Vetter von mir, der Inspektor auf einem Gute in Vorpommern war, kam eines Tages zum Besuch und stellte seine langen Stiefel und seine Reitpeitsche in meine Stube. Nachdem er das Zimmer verlassen hatte, kletterte ich aus dem Bett, zog mir die Reitstiefel an, nahm die Peitsche in die Hand, setzte mich rittlings auf einen Stuhl und galoppierte mit wildem Hott! und Hü! auf dem hölzernen Gaul im Zimmer umher. Schließlich kam mein Bruder dazu und brachte mich wieder ins Bett.

Als ich endlich soweit hergestellt war, daß ich das Bett verlassen durfte, hielt ich mich meist in unserm kleinen sonnigen Garten auf. Gott, wie elend und schwach fühlte ich mich noch! Ich mußte erst wieder laufen lernen. Erst ganz allmählich stellten sich die Kräfte wieder ein. Nun fing ich an zu grübeln, was weiter zu beginnen sei. Wieder zur See! das galt für mich als selbstverständlich. Doch konnte ich meinen Eltern, nachdem sie mich in so aufopfernder Weise gepflegt hatten, nicht ihren Wunsch abschlagen. Sie hatten sich schon mit meinem alten Lehrherrn, dem Lithographen, in Verbindung gesetzt. Einen Monat später stand ich schon wieder fleißig hinter der kleinen Presse, um Visitenkarten und Etiketts zu fabrizieren. Wenn das dann so eintönig-regelmäßig klapperte, dann summte ich immer dasselbe Lied vor mich hin: „Vorläufig, na da bleib' ich noch, und dann geht's auf die See!"

War es bei dieser Sehnsucht ein Wunder, wenn ich in Greifswald wie schon früher den alten Onkel Segelmacher, den Angelsachsen, wieder häufig aufsuchte? Er hatte sich eine neue Angelstelle ausgesucht. Das war eine alte Schiffswerft, wohin man nur mit dem Boot gelangen konnte, weil auf der Landseite Sumpf und Schilfdickicht den Zugang erschwerten. Ein altes, morsches Schlipp, auf welchem früher die Schiffe aufs Land gezogen worden waren, diente dem fanatischen Angler als Standort für seine Tätigkeit. Das Schlipp war dicht mit Seegras bewachsen. Der schlüpfrige Schlick auf dem morschen Holz machte es glatt wie Seife. Ganz vertieft in seine Angelei, da der Fisch sehr gut biß, merkte mein Onkel garnicht, daß er mit einem Fuß schon ins Wasser hinabgerutscht war. Nun rutschte er auf der glatten, schiefen Ebene noch weiter hinab und schrie mir entsetzt zu: „Max, holl mi fast!" Ich beeilte mich, ihm Beistand zu leisten. Mit der rechten Hand umfaßte ich einen Weidenstumpf. Die linke Hand streckte ich dem Onkel entgegen, der sie auch sofort krampfhaft festhielt. Aber nicht allzulange hielten meine Kräfte diese Last aus. Ich ließ den Baumstumpf los, und nun glitten wir beide, als ob wir vom Stapel gelassen würden, ins

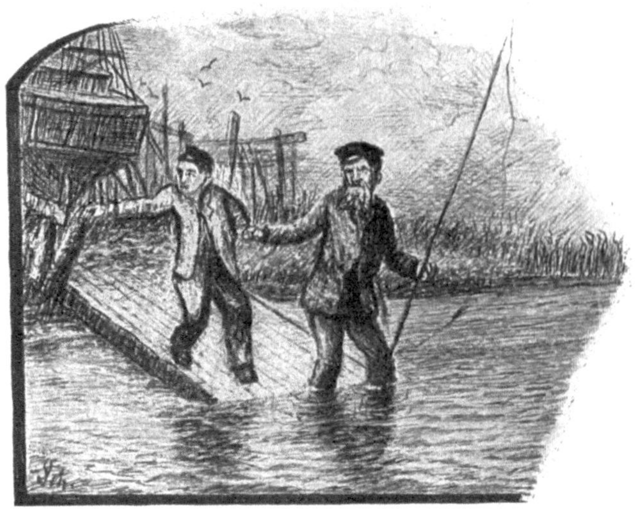

tiefe Wasser hinunter. Hier klammerte ich mich verzweifelt an meinen Onkel an. Er war ein vorzüglicher Schwimmer, und so sind wir beide dem unerwünschten Bade glücklich entronnen. Die Lust zum Angeln war für diesen Tag vorbei. Naß wie die Katzen, schlichen wir schleunigst nach Hause, wo der Empfang nicht eben besonders freundlich ausfiel.

So gingen anderthalb Jahre in Greifswald hin. Meine Vorliebe für das Zeichnen, das ich schon in der Schulzeit gern betrieben hatte, söhnte mich allmählich mit dem Lithographenberuf aus. Die Eltern mochten wohl denken, daß meine Seemannsträume völlig vergessen seien.

Da trat ein Ereignis in unserer Familie ein, das einen bedeutsamen Umschwung herbeiführte. Ein schmucker Oberfeuerwerksmaat der Kaiserlichen Marine führte meine Schwester heim. Wie bewunderten wir Brüder des Schwagers kleidsame Uniform! Wie lauschten wir gespannt seinen Erzählungen, die er so ausgezeichnet lebendig vorzutragen verstand!

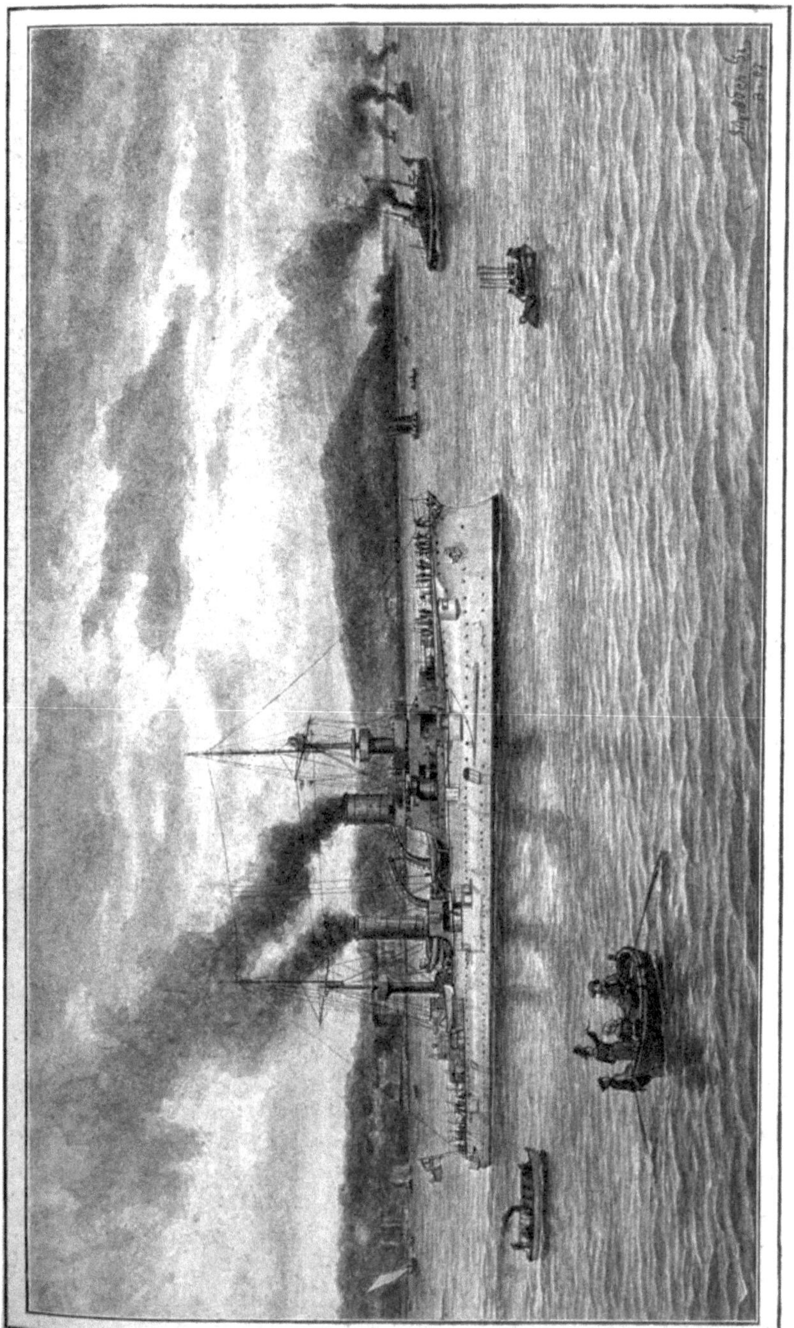

S. M. S. „Fürst Bismarck“ im Kieler Hafen.

Gar leise gab ich meinen guten Eltern zu verstehen, daß es doch schön sein müsse, bei der Marine zu dienen. Ich hätte wohl große Lust, mich freiwillig zu melden. Da kam ich aber anfänglich schön an! „Du bleibst hier und lernst aus, und damit basta!" hieß es. Es kostete viele Überredungskünste, von meinem Vater endlich die Erlaubnis zum freiwilligen Eintritt zu erhalten. „Aber du mußt dann auch weiterdienen!" war die Bedingung. Einen Luftsprung machte ich vor Freuden und lief zum Kreisphysikus, um mir ein Gesundheitsattest ausstellen zu lassen. Es fiel nach Wunsch aus. Ich sandte meine Papiere nach Kiel und wartete ungeduldig auf Bescheid. Zum 1. Dezember erhielt ich die Gestellungsordre, die mich ebenso entzückte, wie sie meinen Lehrherrn verdroß. Er hatte so schöne Hoffnungen auf mich gesetzt, und nun entwischte ich ihm zum zweiten Male, weil — navigare neiesse est, und Lithographieren ist nicht ganz so notwendig. Das ist auch heute noch meine Meinung.

Rekrutenzeit. – Unser Kamerad Klenscherf.

Unterwegs schon auf der Fahrt nach Kiel wurde ich im Eisenbahnwagen mit einigen jungen Leuten bekannt, die dieselbe Absicht hatten wie ich. Es waren alles Landratten, die inbezug auf Seewesen nichts weiter mitbrachten, als eine sehr erfreuliche Begeisterung. Mit ehrfürchtigen Blicken staunten sie mich an, als ich auspackte mit meinen Schiffsjungenerfahrungen.

In Kiel fand sich ein ziemlich großer Schwarm von Freiwilligen zusammen. Alle wurden noch einmal gründlich auf ihre Tauglichkeit für den Seedienst untersucht. Dann wurden wir blau eingekleidet und auf dem Kasernenschiff „Barbarossa" untergebracht.

Auf dem Exerzierplatz kostete es zunächst manchen Tropfen Schweiß, bis die Knochen einigermaßen geradegerückt waren. Freiübungen, langsam Schritt und dergleichen wechselten ab mit zahlreichen Instruktionsstunden. Acht Tage später gab man uns die Jägerbüchse M. 71 nebst Seitengewehr, um den nötigen Infanteriedienst zu erlernen. Ein Parademarsch vor Sr. Exzellenz bildete den Schluß dieser Ausbildung. Dann siedelten wir Vierjährigen auf die „Arcona" über. Da hieß es Augen und Ohren tüchtig gebrauchen. Eine erstaunliche Fülle von neuen Dingen tritt dem Laien auf so einem Kriegsschiff entgegen. Auch mir war manches noch unbekannt. Doch war ich im Vergleich mit den meisten anderen Kameraden bei meinen früher erlernten Kenntnissen sehr im Vorteil. Wie schön war es doch, daß der Steuermann auf der „Providentia" mir so manches vom Schiffswesen eingedrillt hatte!

Wir hatten auf der „Arcona" drei eigenartige Gäste, nämlich chinesische Seeoffiziere, die zu ihrer Ausbildung bei uns untergebracht waren. Nach der strengen Sitte ihres Landes trugen sie natürlich ihre langen Zöpfe und ihre bunte Gewandung. Einer von den Zopfträgern war ein Prinz, ein noch ganz junges Herrlein. Diesem vornehmen Mongolenjüngling passierte ein sonderbares Mißgeschick, das ich unmöglich verschweigen kann.

Der Prinz hatte auf der Promenade in Kiel ein hübsches Mädchen gesehen und sich Hals über Kopf in dasselbe verliebt. Da er aber mit seiner Bewerbung kein Glück hatte, weil die spröde lieferin höchst wahrscheinlich keinen Geschmack an chinesischen Schlitzungen finden konnte, so erfaßte ihn eine wilde Verzweiflung. Er wollte sich das Leben nehmen und wählte dazu ein so schnurriges Mittel, wie es eben nur ein Chinese sich wählen kann. Er verschluckte nämlich sechs Zwanzigmarkstücke und fünf Flintenkugeln und erwartete nun so den Tod. Gräßlich muß diese schwere, unverdauliche Kost ihm wohl im Magen gelegen haben. Der Schiffsarzt brauchte die stärksten Mittel wie in solchem Fall ein Doktor zu verschreiben hat. Ich wurde als Nachtwache zu dem im wahren Sinne des Wortes schwer Leidenden kommandiert. Er lag mit schmerzlich verzerrtem Gesicht auf seinem Bette. Gemütlich setzte ich mich auf einen Stuhl und las in einem Buch. Da rief mich ein lauter, banger Seufzer an das Krankenbett. Ich ergriff die Lampe und näherte mich dem Patienten. Mit dem traurigsten Gesicht zeigte er mir eine Flintenkugel.

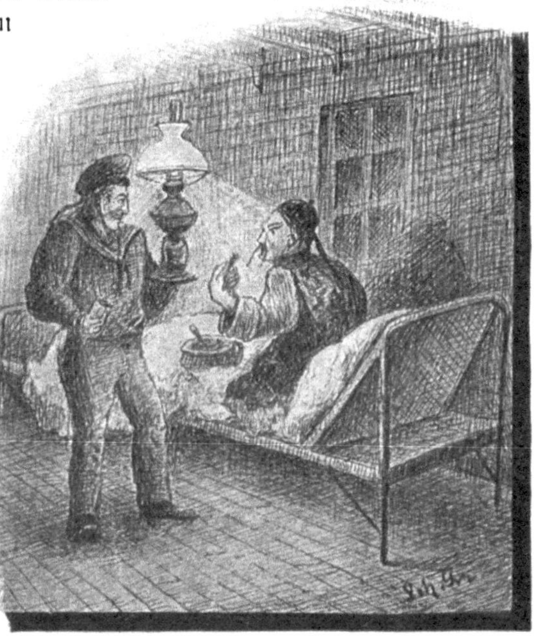

„Hier — Sie sehen!" jammerte er. „Hab erst Goldstück verschluckt, nachher Kugel. Nun Kugel erst kommt, ich wohl tot sterben." „Aha", dachte ich. „Von seinen Selbstmordgedanken scheint der junge Mann völlig kuriert zu sein! Wenigstens würde er sonst nicht so jämmerlich um sein Leben Sorge haben." So gut es ging, setzte ich ihm nun auseinander, daß die Kugel nach dem Gesetz der Schwere zuerst erscheinen müßte. Nach urkomischen Grimassen und langem Besinnen sagte er endlich: „Sie — recht haben! Ich nicht sterben muß! Rauchen Zigaretten!" Der bezopfte kleine Prinz mußte noch viele Schmerzen aushalten, bis er von all der Munition befreit war. Nach seiner Wiederherstellung wurde er sofort von der chinesischen Gesandtschaft abgeholt und nach dem Reiche der Mitte zurückgebracht. Hoffentlich hat er sich in seiner Heimat vollständig von seinem Kieler Herzenskummer erholt.

Unsere Ausbildung war nun schon einigermaßen vollendet. Das Heizerpersonal kam nunmehr an Bord der „Arcona", welches seine Probe auf See bestehen sollte. Kohlen wurden übergenommen, Dampf aufgemacht, und bald ging es aus dem Kieler Hafen hinaus. Für die meisten Vierjährigen und das Heizerpersonal war es die erste Seefahrt. Solange die Ufer der Kieler Föhrde die Blicke mit ihren wechselvollen Bildern unterhielten, ging alles gut. Als aber der Bülker Leuchtturm passiert war, wurden auf dem Vorderdeck Balgen und Pützen (Eimer) aufgestellt. Denn es war vorauszusehen, daß die zahlreichen Neulinge jetzt auf offener See die ersten Folgen der Seekrankheit zu erleben haben würden. Die „Arcona" dampfte nach der Insel Fehmarn, wo eine im Schlepptau mitgeführte Boje ausgelegt werden sollte.

In meiner Korporalschaft befand sich ein Berliner Junge, schnoddrig und lustig, wo es nur immer ihm möglich war. Er hieß Kienscherf. Keiner von den Landratten hatte einen so lebhaften Mut geäußert wie er. Bei Friedrichsort noch meinte er: „Ach wat, von wejen Seekrankheit! Is nich bei mir! Paßt uff, wenn wir man erst uff de See sind!" Schnell fiel ich ihm ins Wort: „Ja, paß man up! Denn spuckst du woll toierst in de Pütz!" — „Nee, Männeken," erwiderte er, „da irrste dir!" Haste schon mal een Berliner uff See spucken sehn? Un ieberhaupt ick! Det jiebt's nich. Ick habe mir denn doch schonst zu ville Wind bei't Sejeln uff'n Müggel um de Neese wehn lassen. Wellen — so hoch, sage ick dir. Un et is ja ooch jar keene Spur von Wind heite hier!" „Komm du man ierst wieder rut, Berliner!" dachte ich schadenfroh. Als wir nach dem Vorderdeck gingen, wo die Balgen und Pützen aufgestellt standen, fragte er verwundert: „Du, wir hab'n doch keen Zeugwaschen! Wozu sind denn die Dinger hier uffjestellt?" — „Dat warste woll noch to seihn kriegen!" Draußen kam mehr Brise auf. Da wir gegen den Wind dampften, fing die „Arcona" merklich zu stampfen an. Mir machte das natürlich nicht das geringste Unbehagen. Ich hatte in meiner Schiffsjungenzeit doch schon ganz andere Schütteleien durchgemacht.

Nach und nach kam von den jungen Matrosen einer nach dem andern mit bleichem Gesicht nach dem Vorderdeck gewankt. Auch Kienscherf steuerte den Balgen und Pützen zu. „Nanu", fragte ich

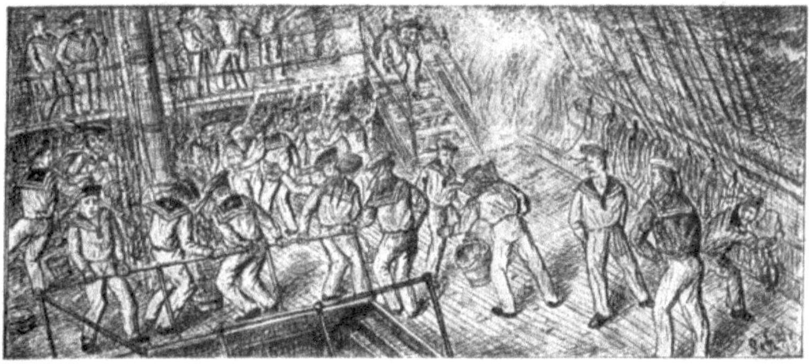

ihn, „Mensch, du sühst jo so witt ut? Hest doch woll nich dien Priemche verschluckt?" — „Jotte doch", stammelte er und hielt die beiden Hände vor den Magen, „mir wird ja so schlecht. Mir is janz schauderhaft iebel!" „Sühst du", lachte ich, „ok een Berliner möt den Meergott sienen Tribut entrichten!"

Dicht vor uns lag die Insel Fehmarn, in deren nächster Umgebung das Ostseewasser für größere Schiffe zu flach ist. Trotz aller Vorsicht war die „Arcona" doch schon zu weit vorgedrungen. Es gab einen heftigen Ruck. Bums! saßen wir fest. Menschliches Zureden, und wenn es auch in den kräftigsten Ausrufen geschieht, pflegt da nichts zu helfen. Auch die Anstrengungen der Maschine, die mit Volldampf rückwärts arbeitete, erwiesen sich als ganz vergebliche. Zu tief hatte sich der Kiel der „Arcona" in die Sandbank hineingeschoben. Sie rührte sich nicht von der Stelle. Da blieb also nichts weiter übrig, als geduldig auf Hülfe zu warten. Für unsere Seekranken, deren Zustand im Augenblick des Auflaufens den Höhepunkt des Elends erreicht hatte, bedeutete die plötzlich eingetretene Ruhe des Schiffes eine wunderbar schnelle Erholung. Kienscherf kalauerte schon wieder, als ob ihm nichts geschehen wäre. Mit unschuldsvollstem Augenaufschlag beteuerte er: „Ick bin ja ieberhaupt nich seekrank jewesen!"

Mehrere Schlepper dampften gegen Abend an die „Arcona" heran, um sie wieder flott machen zu helfen. Sie legten sich kräftig ins Zeug, während unsere Maschine mit Volldampf rückwärts auch das ihre tat. So kam das Schiff endlich los, ohne weiteren Schaden von dem Stoß erlitten zu haben. Wir gingen bei Fehmarn vor Anker. Nach einigen Tagen ging es wieder nach Kiel zurück. Der Chef der Admiralität erschien mit seinem Stabe, um die „Arcona" eingehend zu inspizieren.

Untergang S. M. S. „Großer Kurfürst".

Rekrutenfreud' und -leid ging mit den rauhen Wintertagen dahin. Während dann die lieben Vöglein als Boten des Frühlings sich wieder aus dem fernen Süden einstellten und uns gegenüber im Düsterbrooker Holz ihre ersten Lieder ertönen ließen, flogen unsere Gedanken nach den sonnigen Gestaden des blauen Mittelmeers.

„Weeßte schon, Mensch, wat hier als Allerneistes jemunkelt wird?" wandte sich eines Abends Kienscherf mit schlau lächelnder Miene an mich.

„Wat's denn los, Berliner?" „Det will ick dir sagen. Wir werd'n alle Mann umquartiert uff S. M. S. „Preußen". — „Na, dat is nich schlecht, Jung! Denn kamen wi jo up de Art ok mit na't Mittelländ'sche Meer". — Kienscherf rieb sich vergnügt die Hände. „Fein, Maxe! Die Appelsin'jejend is ja immer schon meine Sehnsucht jewesen! Man wird doch ooch woll mal, hoffe ick, da unten in Jenua oder Neapel een bisken an't Land bummeln könn'!"

Kienscherfs Verlangen sollte anscheinend erfüllt werden. Ein stattliches Geschwader, bestehend aus den Schiffen „Preußen", „König Wilhelm" und „Großer Kurfürst" sollte in Dienst gestellt werden für die Ausreise nach dem Mittelmeer. Es dauerte auch nicht lange, so vollzog sich unsere Übersiedelung auf S. M. S. „Preußen". Die stattliche, mit Geschützturm bewehrte Panzerfregatte lag noch auf der Werft, um hier durch die letzten Zurüstungsarbeiten für die Reise bereit zu werden. Zu jener Zeit führten ja noch alle Kriegsschiffe die volle Takelage. Ach, was war das für des Seemanns Auge ein prachtvoller Anblick, wenn der stolze, luftige Aufbau mit peinlichster Sorgfalt zu Ende geführt worden war. Der moderne Seekrieg hat das alles als unbrauchbar abgeschafft, und das Schönheitsprinzip des Seemanns spielt dann keine Rolle, wenn die Kriegstüchtigkeit dadurch in Frage kommt. Es ist wirklich schade, und mancher Matrose hat es bedauert. Aber damals auf der „Preußen" machten wir uns mit besonderem Vergnügen an die Auftakelung, und wir waren nicht wenig stolz auf unser Werk.

Gewaltige Mengen von Kohlen und Munition wurden an Bord genommen. Von der Werft bewegte sich unser Schiff nach der Mitte des Hafens. Hier wurde an der Boje für eine Nacht festgemacht. Nächsten Morgen stiegen Flaggen und Wimpel hoch, als Zeichen, daß das Schiff in Dienst gestellt sei. Unter schmetternden Klängen der Musikkapellen, von den Abschiedsrufen einer großen Menschenmenge begleitet, dampften wir zur Kieler Föhrde hinaus.

Mit ganz anderen Gefühlen wie damals als heimfahrender Kajütsjunge sah ich Kap Skagen im Morgengrauen liegen. In schneller Fahrt ging es nach Wilhelmshaven. Dort lagen die beiden anderen Schiffe, die sich mit uns zum Geschwader vereinigen sollten.

Es war ein lachender Maientag, als wir von der Wilhelmshavener Reede die gemeinsame Fahrt begannen. Der „König Wilhelm" lief als Flaggschiff voran. „Preußen" und „Großer Kurfürst" dampften hinterher. Wer konnte in diesem freudigen Augenblicke des feierlich festlichen Abschieds vom deutschen Heimatstrande ahnen, welch ein grausiges Unglück unserem Geschwader zustoßen sollte! Dem Weserleuchtturm winkten wir unsere letzten Heimatsgrüße zu.

In flotter Fahrt ging es bei wunderschönem Wetter durch die Nordsee. So unruhig war sie diesmal nicht, als ich sie früher zweimal durchquerte. Auch im englischen Kanal schimmerten die leicht gekräuselten Wogen im Glanz der Maiensonne.

Es war gegen 9 Uhr des Morgens. Da ging auf dem Flaggschiff das Signal hoch zum Generalmarsch für alle drei Schiffe. Sofort wirbelten die Trommeln. Beim Generalmarsch wird das Schiff klar gemacht zum Gefecht. Da werden die Geschütze geladen und zahlreiche andere Dienstverrichtungen ausgeführt. Während dieser Zeit herrscht ein Höllenlärm auf dem Schiff. Jeder einzelne Mann hat seine bestimmte Arbeit. Jeder ist eifrig bemüht, diese Arbeit so glatt und doch so schnell als möglich zu erledigen. Dann wird „Alles klar!" gemeldet. Hierauf macht der Kommandant und der erste Offizier die Runde durch das ganze Schiff. Wehe, wenn etwas nicht in Ordnung ist! Da gibt es Strafexerzieren und ähnliches.

Meine Station war die Pulverkammer. Dort hatten wir, mit dicken Filzschuhen an den Füßen bekleidet, alle Eingänge mit wollenen Decken zu behängen, damit nicht etwa Funken in die Pulverkammer springen konnten. Der Feuerwerksmaat brachte die Lampen außerhalb der Kammern hinter großen Vergrößerungsgläsern an. Gerade waren wir emsig dabei, einzelne der riesigen Kartuschen zu verstauen, als plötzlich der Generalmarsch abgeschlagen wurde. Was hatte das nur zu bedeuten? Erstaunt hielten wir einen Augenblick inne. Da erscholl das Signal „Alle Mann auf!" Wir stürmten an Deck. Hier ging es wie ein Lauffeuer von Mund zu Mund: „Der „Große Kurfürst" vom „König Wilhelm" angerannt!"

Kommando über Kommando wurde gegeben. „Klar zum Ankern!" hieß es. „Boote aussetzen!" — Von unserm Schiff konnten wir beobachten, wie der „König Wilhelm" sich langsam vom „Großen Kurfürst" entfernte. Dieser legte sich etwas auf die Seite. Aber ungeheure Wassermengen drangen immer rauschender und schneller in den sinkenden Schiffskörper ein. Keine Macht der Erde konnte das allzu schwer beschädigte Schiff über Wasser halten. Bis zum letzten möglichen Augenblick hielt der Kommandant des „Großen Kurfürst" das schreckliche Wort der Verzweiflung zurück. Dann aber hieß es: „Rette sich, wer kann!" Ein grauenvoller Anblick bot sich nun unseren Blicken dar. Der eiserne Bann, der sie bis dahin festgehalten, war gelöst, und Hunderte von Matrosen rutschten auf dem Rumpf des sinkenden Kolosses ins Wasser, um sich durch Schwimmen zu retten. Viele hatten Rettungsgürtel und andere vielleicht dazu taugliche Gegenstände mitgenommen, weil doch jeder die Hoffnung hatte, sich damit über Wasser zu halten. Da plötzlich rauschte eine furchtbare Wassersäule empor, vermischt mit Rauch, und ein alles übertönendes Brausen und Zischen verkündete das Versinken des stolzen Fahrzeugs. Ein einziger Schrei aus unseren Kehlen, ein Jammerruf, der zum Himmel schallte! Wir sahen nur noch die vielen Verunglückten, wie sie mit den Wogen kämpften. Es war noch ein Glück, daß eine große Menge englischer Fischerboote sich nahe der Unglücksstelle aufhielten. Sie kreuzten hin und her, jedes nach Kräften tätig, um die Schwimmer aufzunehmen. Auch unsere Boote taten natürlich ihr äußerstes zum Rettungswerke.

Noch ganz wie verwirrt von diesem entsetzlichen Schauspiel, drängte sich eine andere Sorge in unsere Herzen. Wir glaubten annehmen zu müssen, daß auch der „König Wilhelm" infolge des harten Anpralls verloren sei. Er hatte sich vor Anker gelegt. Aber

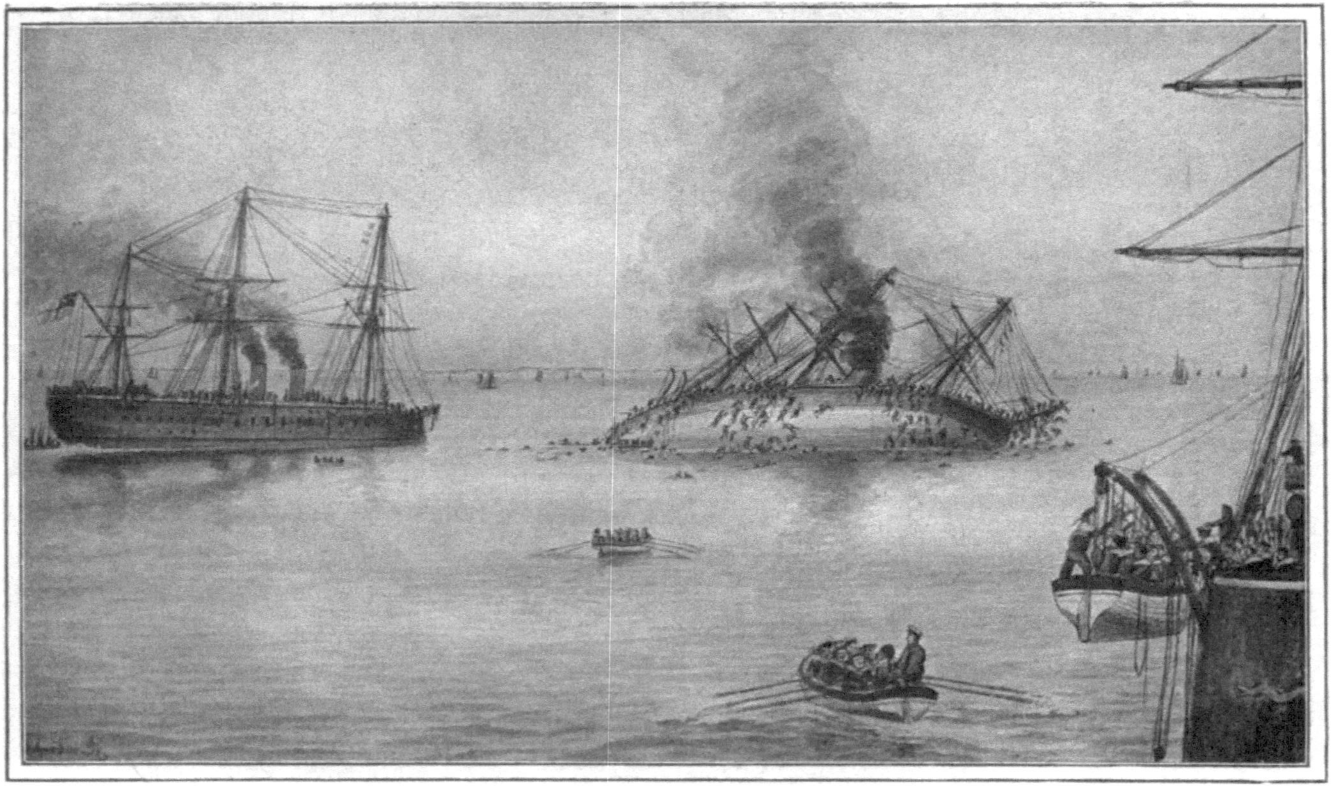

Untergang des „Großen Kurfürsten“.

seine Schotten hielten dicht. Das Sinken des Schiffes wurde dadurch verhindert. Der Sporn war durchgebrochen. Das Wasser drang aber nur in die erste Abteilung.

Unser Schiff verwandelte sich in ein Lazarett und in eine Trauerstätte. Meine Batterie lag voller Kranken. Die meisten hatten bei dem langen Kampf mit den Wogen allzuviel Seewasser verschluckt. Bei manchem sah es recht bedenklich aus, ob er sich wohl völlig wieder erholen würde. Drei Tote wurden an Bord gebracht. Wie viele aber mochten wohl in die Tiefe gesunken sein! Da war einer von den Geretteten, der meiner besonderen Pflege empfohlen wurde. Ich bemühte mich, ihm durch schwarzen Kaffee die Lebensgeister wieder aufzufrischen. Er erzählte mir dabei, wie ihm seine Rettung gelungen war. „Gerade war ich auf dem „Kurfürsten" an der Pumpe im Zwischendeck", sagte er, „und das angerammte Schiff holte schon so über, daß die Treppen an den Luken umstürzten. Wie ich flink in die Batterie kletterte, ging ein vom Koch schön gebratenes Beefsteak über Stag und rutschte in die Batterie nach Lee. Ei, dacht' ich, wenn's nu doch mal ins Wasser gehen soll, will ich mir doch noch 'ne Mahlzeit mitnehmen. So haschte ich nach dem Beefsteak und verstaute es in aller Eile in meinen Magen. Darauf kletterte ich nach oben und sprang vom Bugspriet mit einem weiten Satz ins Wasser. Ich ging auch sofort unter. Als ich wieder an die Oberfläche kam, faßten mich gleich mehrere Matrosen an Arme und Beine. Verzweifelt klammerten sie sich an mich, weil sie nicht so gut schwimmen konnten wie ich. Was konnt' ich anders machen? Ich mußte sie los werden. Wär' sonst mit ihnen Fischfutter geworden. So tauchte ich also schnell wieder unter und schüttelte sie mir ab. Eine Strecke bin ich unter Wasser geschwommen. Als ich wieder hoch kam, war zum Glück ein Boot von der „Preußen" in der Nähe. Mit meiner Kraft war's auch zu Ende, als sie mir die Riemen entgegenhielten und mich zu sich hineinzogen. Ich brauchte wohl 'ne Viertelstunde, ehe ich wieder Luft schnappen konnte."

Drüben an der englischen Küste war die Katastrophe des „Großen Kurfürsten" beobachtet worden. Von da ging die Trauerbotschaft nach Deutschland, wo sie wie ein großes nationales Unglück aufgenommen wurde. Viele englische Dampfer, dicht mit Neugierigen besetzt, und auch ein englisches Panzerschiff suchten die Unglücksstelle auf. Aber da war nichts mehr zu retten. So hieß es denn „Anker auf!" Unser Trauerzug setzte sich in Bewegung.

4

Vorauf dampfte der „König Wilhelm“. Da sein Sporn durchgerissen und die erste Abteilung vollgelaufen war, ging er vorn ganz tief. Hinten ragte das Heck hoch aus dem Wasser heraus. Der englische Panzer und mehrere Bergungsdampfer dampften dem Verwundeten zur Seite. Den Schluß bildete „Preußen“ mit 270 Geretteten von der 500 Mann betragenden Besatzung des „Großen Kurfürsten“. Langsam nur ging diese traurige Fahrt. Gegen Abend erst erreichten wir Portsmouth. Der „König Wilhelm“ ging dort zur Ausbesserung ins Dock, und „Preußen“ legte sich vor Anker.

Am nächsten Tage fand das Begräbnis der drei Kameraden statt, deren Leichen auf der „Preußen“ aufgebahrt waren. Es war ein wehmütiger Anblick, als der Trauerzug in Booten sich nach dem Lande bewegte.

„Preußen“ erhielt durch Depesche den Befehl, mit den Geretteten nach Wilhelmshaven zurückzukehren. Die Ankunft daselbst stellt auch einen jener eindrucksvollsten Augenblicke dar, die man in seinem Leben nicht wieder vergessen kann. Tausende warteten dort an den Molen in ängstlicher Spannung. Denn noch war ja nicht bekannt gegeben, wer gerettet, wer untergegangen sei. Väter, Mütter und Geschwister harrten in höchster Erregung auf den Sohn oder Bruder. Als aber alle Geretteten an Land gekommen waren, da sah man viele in ihren Erwartungen Getäuschte mit Tränen langsam die Stätte verlassen. Und daneben wurden Freudenrufe laut, wenn ein glücklich Entronnener den Seinigen in die Arme stürzte.

Von Wilhelmshaven dampften wir nach Kiel. Einige Übungsfahrten der „Preußen“ wurden bis nach Rügen ausgedehnt. Das malerisch wirkende Saßnitz sah uns einige Tage vor Anker liegen. Kolberg und Stolpmünde wurden darnach besucht. Unser Erscheinen erregte freudiges Interesse. Zahlreiche Vergnügungsdampfer oder auch Boote brachten Fremde, namentlich Badegäste, an Bord des Schiffes. Manchmal führten sie eine Musikkapelle mit sich. Das waren fröhliche Tage. Wir hatten freie Zeit und durften die Fremden durch die Räume unserer Panzerfregatte führen. Da war des Staunens und Bewunderns kein Ende.

Stolpmünder Besuchern ging es übrigens einmal recht fatal. Es waren wieder mehrere kleine Dampfer mit Badegästen gekommen, welche S. M. S. „Preußen“ besichtigen wollten. Bald wanderten sie alle in der Batterie und im Zwischendeck umher. Indes erhob sich eine tüchtige Brise, welche die Stolpmünder Dampfer zur Rückkehr nötigte. Sie legten hastig von uns ab, ohne ihre Fahrgäste an Bord zu nehmen, und steuerten eilig dem Hafen zu. Glücklich hatten sie den schützenden Hafen bereits erreicht, als gegen Abend ein bösartiger Sturm einsetzte. Da war natürlich für unsere Besucher keine Aussicht mehr vorhanden, nach Stolpmünde zurückkehren zu können. Kein Dampfer oder Segler hätte die Fahrt gewagt. Man mußte sich also wohl oder übel in das unerwartete Schicksal ergeben, eine stürmische Nacht auf S. M. S. „Preußen" zu kampieren. Nun gab es bald viel Jammer und unglückliche Gesichter. „Preußen" stampfte ungewöhnlich lebhaft an der Kette. Noch der zweite Anker mußte fallen.

Es waren einige Damen unter der Badegesellschaft, welche durchaus nicht an Bord bleiben wollten, obwohl ihnen die Offiziere

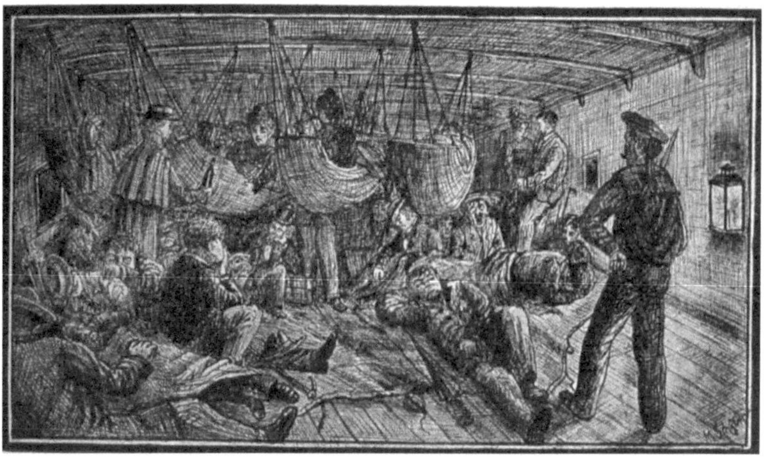

ihre Kabinen zur Verfügung gestellt hatten. Da blieb nichts anderes übrig, als sie mittels Krankenkorbes in einen vom Schiff abliegenden Kutter zu bringen. Die Matrosen der Bootsmannschaft schnallten sich Korkgürtel um und bewerkstelligten die Ausbootung und Übersiedelung der Damen nach dem Kutter. Dieser setzte Segel und begann seine tolle Fahrt nach dem Hafen. Sie verlief denn auch glücklich, obwohl die See vor der Einfahrt mächtig aufbrauste. Bei uns an Bord teilte man die Batterie für die fremden Gäste ab. Sie erhielten zum Abendbrot Kaffee und Schiffszwieback mit Butter. Dann galt es Schlafgelegenheit für die 400 Zivilisten zu schaffen. Viele mußten sich mit einer Decke begnügen und sehen, ob ihre an Federmatratzen gewöhnten Glieder es mal auch auf hartem Boden aushalten könnten. In den Hängematten ließ es sich schon besser

4*

schlafen. Das Einwiegen besorgten in etwas lebhafter Weise die Wogen, und der Sturm sang das Schlummerlied. Bei manchem gelang es ihm auch; die besonders glücklich veranlagten Gäste träumten an Bord S. M. S. „Preußen" manch seligen Traum und ließen sich durch das Stöhnen und Seufzen ihrer Nachbarn, die von der Seekrankheit gequält waren, nicht im geringsten stören. Die Matrosenwache in diesem improvisierten Schlafsaal konnte tiefsinnige Betrachtungen über die Verschiedenheit der menschlichen Natur anstellen.

Einem Pferdehändler ging es vor allem schlimm in dieser Nacht. Er stand am Ausguß und spuckte aus Leibeskräften. Hin und wieder rief er jammernd aus: „All mien schöne Pier! Mien schöne Pier!" Teilnahmsvoll fragten wir Matrosen den Verzagten, was er denn damit meine. Unter fortwährendem Stöhnen berichtete er, daß er mehrere Waggons mit Pferden auf der Bahn zu stehen habe. Sie sollten mit dem Nachtzuge abfahren. Wenn sie nun ohne ihren Besitzer die Reise antreten müßten, so würde er sicherlich große Verluste erleiden.

Die lange Nacht ging herum. Am anderen Morgen bekamen die Gäste Frühstück. Gegen 9 Uhr erschienen die Stolpmünder Dampfer, um die Besucher abzuholen. Der Seegang war noch bedenklich hoch. Unsere Boote mußten wieder helfen. Das waren mühselige Fahrten, da die Landratten fast alle wieder seekrank wurden. Als auch der Pferdehändler aus dem Boot die Treppe zum Stolpmünder Dampfer emporwankte, vernahm ich noch einmal seine verzweifelte Klage: „All mien schöne Pier!"

Als Stewardsmaat bei den Kadetten.

In der Danziger Bucht sollten von S. M. S. „Preußen“ Schießübungen abgehalten werden. Schon waren wir dem Ziele dieser unterhaltsamen Tätigkeit näher gekommen, als bei hereinbrechender Dunkelheit eine stramme Brise aus Nordost sich erhob, die zum Sturme wuchs. „Anker auf! Segel los!“ gingen die Kommandos. In der undurchdringlichen Dunkelheit kletterten die Matrosen wie Katzen nach oben. Da auf einmal übertönte ein gellender Schrei das Brausen der Natur. Ein dumpfer Fall ließ sich unmittelbar darauf hören. Von der Marsraa war ein Unteroffizier herabgestürzt. Der arme Mensch war augenblicklich tot. Daraufhin wurde noch der Befehl „Segel fest!“ ausgeführt. Langsam dampfte die „Preußen“ der Küste zu. Am andern Tage ging wieder ein Trauerzug an Land, um einem braven Seemann das letzte Geleit zu geben.

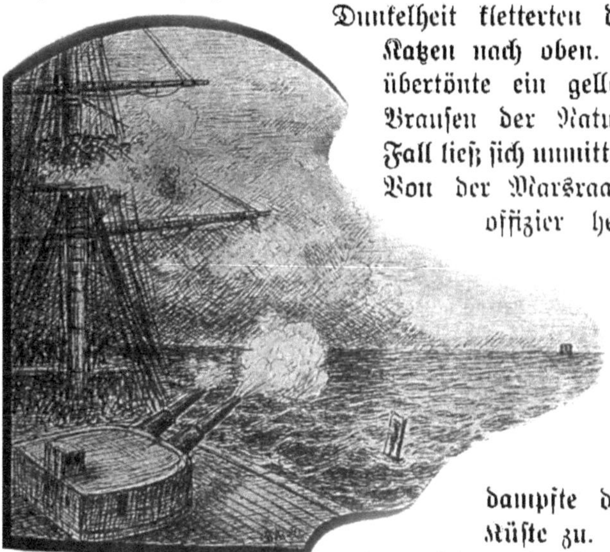

Wir hatten eine ungewöhnlich hohe Zahl von Kadetten an Bord. Es waren nämlich sowohl die Geretteten vom „Großen Kurfürsten“ als auch die vom „König Wilhelm“ zur weiteren Ausbildung zu uns gekommen. Die Kadettenmesse konnte die jungen Herren nicht alle beherbergen. Um Raum für sie zu schaffen, wurde Steuerbord achtern die Batterie abgeteilt. In Danzig war nun der frühere Kadetten-Steward ganz plötzlich entlassen worden. In Ermangelung eines anderen wurde ich als Steward-Maat kommandiert. Es war mir im Grunde damals gar nicht recht. Der Dienst wollte mir zu Anfang durchaus nicht behagen. Meist lag dieses Mißbehagen wohl darin, daß ich nun die Teilnahme an den Schießübungen aufzugeben hatte. Diese Spannung und Erwartung der Mannschaften, wenn die Geschützrohre auf die in weiter Ferne schwimmenden Ziele gerichtet wurden, und das Vergnügen, wenn sich ein besonders glücklicher Treffer herausstellte, das erschien mir in der Tat viel schöner, als der Aufwärterposten bei den Kadetten.

Der Steward muß für alles, was zur Leibesstärkung gehört, sorgen. Er hat die Einkäufe für Küche und Keller zu machen. Zwar ist er von jeglichem Schiffsdienst befreit, und sein nächster Vorgesetzter ist der Messevorstand, der auch Kadettenvater genannt wird.

Wie muß der Steward seine Beine und Arme rühren und seine Gedanken zusammen haben, wenn die Kadetten nach Beendigung des Dienstes in die Messe gestürzt kommen! Es sind alles lebenslustige Leute, mit einem beneidenswerten Appetit nach anstrengender Arbeit gesegnet. Eine Hochflut von Wünschen rauschte mir da immer entgegen. „Steward, schnell ein Glas Bier! — Steward, 'n Likör, — Steward, Zigaretten!" — so wirbelte das durcheinander. Und zwei Beine und zwei Arme hatte man doch bloß und mußte den in diesem Fall als wirklichen Fehler der Natur empfundenen Mangel an mehr Greif- und Laufwerkzeugen durch affenartige Behendigkeit zu ersetzen suchen. Da gab es ein Lärmen, ein Stoßen, ein Schieben und Poltern, daß man in der Pantry kaum ein Wort verstehen konnte. Man bloß fix die jugendlichen Gemüter befriedigen! War erst die Suppe serviert und die einfache, aber kräftige Mahlzeit eingenommen, dann pflegte auch von selbst mehr Ruhe einzutreten.

Arbeit gab es auch für uns Stewards selbst dann noch genug, wenn die Kadetten beim Unterricht, beim Fechten usw. nicht in der Messe sich befanden. Da war zur nächsten Mahlzeit alles herzurichten. Man spielt, so gut es geht, Küchenfee. Teller, Gläser, Tassen, Messer und Gabeln werden abgewaschen. Dann wird Brot und Wurst geschnitten, und wenn kaum für den Abendtisch alles zurechtgestellt ist, so stürzen die Hungrigen schon wieder herein, um mit dem Vorgefundenen aufzuräumen. Nach dem Abendessen ging es meist recht lustig und geräuschvoll zu. Es wurde musiziert und gesungen, und wenn diese Unterhaltung nicht lebendig genug erschien, trat auch wohl ein regelrechter Faustkampf in seine Rechte. Das währte so lange, bis der schrille Pfiff „Ruhe im Schiff!" ertönte. Jeder suchte nun seine Hängematte auf.

An Unterhaltung durch den sprudelnden Frohsinn der jungen Herren hat es also wahrhaftig nicht gefehlt. Da Fröhlichkeit ansteckend wirkt, so wirkte sie natürlich auch auf die Stimmung der Stewards. So war es erklärlich, daß wir einmal ein Glas Rotwein nach dem andern leerten und dann in unserer Pantry sanft einschliefen. Unser lautes Schnarchen hörte die Ronde, welche alle Stunde ihren Rundgang durch das Schiff machte. Heftig wurde an unsere Tür geklopft. Mein Trinkgenosse und Leidensgefährte, ein sonst gemütlicher Dresdner, namens Wolf, erwachte unwirsch aus seinem Schlummer. Hätte er doch nur seine Zunge im Zaume halten können! „Was wollt ihr verflixten Kerls?" schimpfte er los und fügte noch eine Menge zoologischer Bezeichnungen dazu,

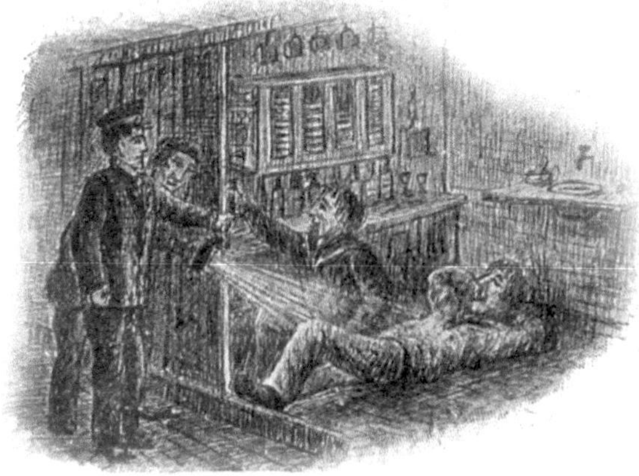

die selbst im weichsten sächsischen Dialekt nicht als Kosenamen wirken können. Die da draußen wurden dienstlich streng. Es wurde uns schroff befohlen, sofort die Türe aufzumachen. Was blieb mir übrig? Ich machte also, vom Schreck ziemlich ernüchtert, auf. Der Seekadett Trommler ließ den Schein der Laterne auf unsere erschreckten Gesichter fallen.

„He, wie kommen Sie dazu, sich hier schlafen zu legen! Scheren Sie sich augenblicklich in Ihre Hängematten! Sie werden morgen zum Rapport gemeldet!"

Wolfs sonstige Zungenfertigkeit ließ ihn jetzt im Stich. Lallend brachte er nur hervor: „Aber, Herr Seekadett, wir hatten noch so spät zu tun und sind vor Müdigkeit umgesunken!"

„Vor Müdigkeit — na, das sieht man ja!" — Am andern Morgen bekamen wir unsere Strafe aufgebrummt: eine Stunde mit der Hängematte an Deck stehen.

Mein Freund Wolf ärgerte sich sehr darüber, daß der Seekadett Trommler uns, die wir seine getreulichen Verpfleger waren, gemeldet hatte. Er wollte sich rächen. „Wenn er morgens zu spät zum Frühstück kommt," verriet er mir, „dann kriegt er nichts mehr. Nee, ich geb' ihm nischt! Da kann er hungrig zum Dienst gehen!"

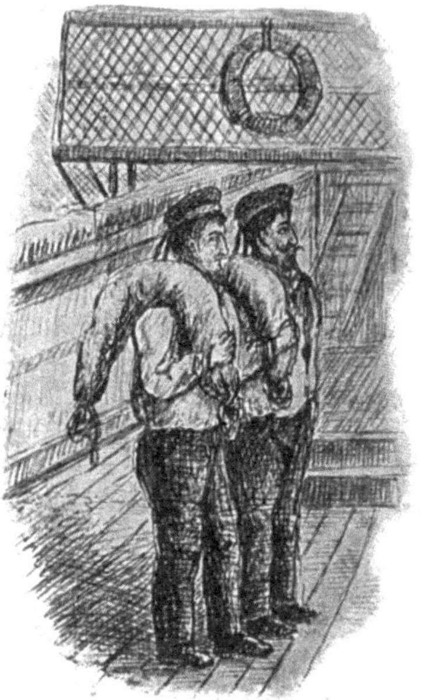

Zwar hatten wir vom Kadettenvater genaue Vorschrift, mit den Zuspätkommenden so zu verfahren. Es kam aber selten oder nie dazu, und ich weiß auch nicht einmal, ob Wolf seinen Racheschwur zur Tat hat werden lassen können.

Vielleicht auch trug das Malheur, das ihm bald darauf begegnete, mit dazu bei, sein Gemüt mit anderen Gedanken zu erfüllen. Wir stachen von Danzig in See, um nach Kiel zu dampfen. Die Mittagstafel stand gedeckt. Da wieder einmal Sturm tobte, mußte in der Messe alles Geschirr mittels Tischlatten und wollenen Decken festgesetzt werden. Wolf ging in die Küche, um das Essen herbeizuholen. Es gab Erbsensuppe, die ihm der Koch im großen Kochtopf verabfolgte. Vorsichtig bewegte sich der Wackere, den riesigen Henkeltopf mit beiden Händen haltend, heran. Da legte sich das Schiff ganz ungewöhnlich über. Wolf verlor das Gleichgewicht und kippte mit der Erbsensuppe nach Lee. In weitem Schwunge ergoß sich die Suppe mitsamt dem darin schwimmenden Speck in den Ausguß. Mit dem leeren Topfe lag Wolf strampelnd am Boden und ächzte: „Ach, Herr Jäses, Herr Jäses! Was speisen wir nu?" Die Kadetten riefen und schrien nach ihrem Essen. Ich brachte ihnen die Hiobspost, daß Wolf das ganze Essen verschüttet habe. Lautes Schimpfen und Schelten über den dummen Kerl brach los. Wir beeilten uns, die erregten Gemüter durch einen Ersatz für das verloren gegangene Mittagbrot einiger-

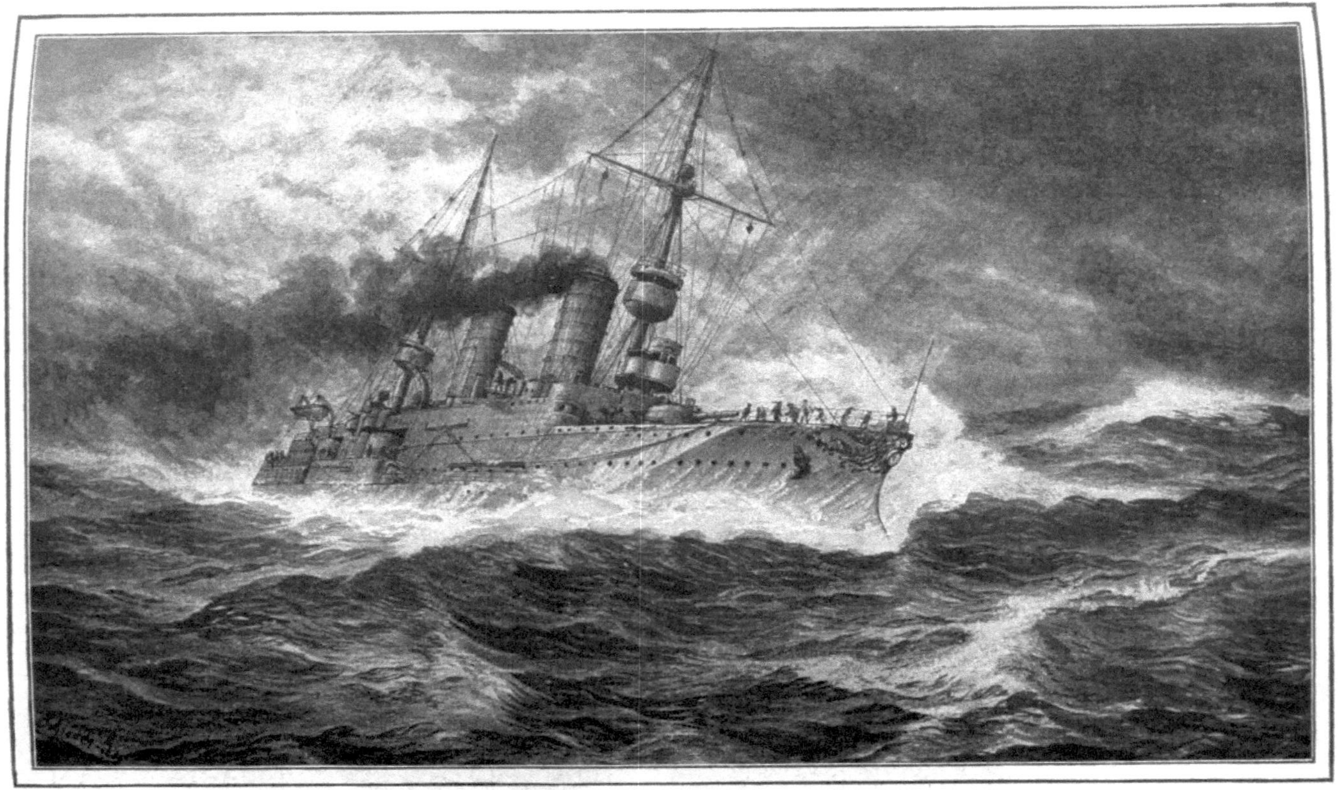

S. M. S. „Prinz Heinrich“, Panzerkreuzer, bei hohem Seegang.

maßen zu besänftigen, und schleppten Brot, Butter, Wurst und Käse herbei.

Wer so gemütlich stets auf dem Lande mit vorgebundener Serviette auf seine Mahlzeit wartet, der kennt nicht des Schicksals böse Tücken auf der See, wenn stürmisches Wetter selbst den Kochtopf in Gefahr bringt.

Bald darauf dampfte S. M. S. „Preußen" in den Hafen von Kiel ein. Es fand eine Inspizierung des Schiffes statt. Dann wurde es außer Dienst gestellt. Welch ein Glück, ich durfte für einige Tage nach Hause auf Urlaub! Viel Vergnügen bereitete es mir, als ich mich meinen Eltern und Geschwistern in Uniform zeigen konnte.

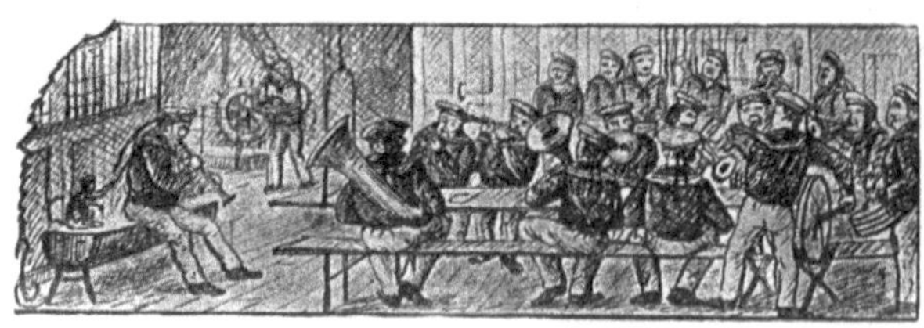

3. Die Reise um die Welt.

Abschied von Kiel. – Paukenschläger Spitzler. – Unsere Blaujacken in St. Vincent.

Wieviel Maßstäbe werden nicht alle von den modernen Menschen angelegt, um an ihnen den Fortschritt der rastlos vorwärtsstrebenden Kultur triumphierend nachzuweisen! Da nun die Vervollkommnung der Verkehrsmittel dabei eine große Rolle spielt, so pflegt namentlich heutzutage jede Nachricht von der gelungenen Verminderung der Reisezeit um unsern Planeten mit Beifall begrüßt zu werden. So verkündeten es vor kurzem alle Zeitungen mit besonderer Genugtuung, daß einem amerikanischen Kapitän die Rundreise in 50 Tagen geglückt sei. Wenn ich nun bedenke, daß in meiner Jugendzeit Phineas Fogg, der Held in der bekannten Erzählung von Jules Verne „Die Reise um die Welt“, den Rekord mit 80 Tagen schlug, so ist das in noch nicht 30 Jahren ein ganz erstaunlicher Fortschritt. Und was ist in den allerletzten Tagen nicht geschehen, den Weltverkehr zu beschleunigen! Da veranstalten Sportsleute Automobilfahrten von Peking nach Paris. Da rüstet sich ein kühner Luftschiffer zu der Entdeckungsfahrt nach dem Nordpol. Da sind die Yankees am Werke, den Panamakanal auszuführen. Da tauchen sogar Tunnelprojekte für den englischen Kanal und für die Behringsstraße auf. Ich würde mich garnicht wundern, wenn nach abermals einem Menschenalter Rundreisebillets von 20tägiger Dauer zu einer Tour um die Erde benutzt werden. Dann kann wohl mancher, wenn er nur das nötige

Kleingeld in der Tasche hat, zu seinem Vergnügen einmal um den Planeten herumschwenken. Denn es ist ein Hochgefühl, aus eigener Anschauung als glaubwürdiger Zeuge für die Kugelgestalt desselben auftreten zu können.

Darum schlägt auch manchem jungen Matrosen das Herz höher, und es glänzen die Augen vor heller Freude, wenn ihm seine Kommandierung auf ein Kriegsschiff bekannt gegeben wird, mit dem er eine zweijährige Reise um die Welt mitmachen soll. Wie schön hat er es nicht auf einer solchen Reise! Er trägt keine Sorgen um Essen und Trinken, um Kleider und Schuh. Reisegeld braucht er auch keines zu zahlen, was für so viele doch eben das größte Reisehindernis ist. Mag es auch hier und da auf dem Globe langweilige Winkel und zum Sterben öde Einsamkeit geben, auf einer Rundreise um die Welt gibt es sicherlich viel Schönes zu schauen. Es bleiben Erinnerungen und Erlebnisse im Gedächtnis haften, die alle kleinen und großen Strapazen doppelt und dreifach aufwiegen.

Ist es da nicht verwunderlich, daß es auch in diesem Fall einzelne Drückeberger gibt, die sich nichts aus einer Weltreise machen? Vielleicht haben sie schon einmal die Sache kennen gelernt und können sich von ihrem Anhängsel in der Heimat nicht trennen. Allerlei Quacksalbereien müssen manchmal solchem Drückeberger helfen, daß er krank und untauglich erscheint. Freilich die Ärzte an Bord kennen den Rummel schon; sie durchschauen diese Kranken und haben Gegenmittelchen, um dieselben von dem selbst beigebrachten Übel schnell zu kurieren.

Als ich von Greifswald nach Kiel zurückgeeilt war, wurden wir Vierjährigen auf S. M. S. „Prinz Adalbert" kommandiert. Wie war aber unsere Freude groß, als wir erfuhren, daß ein königlicher Prinz, ein Enkel unseres kaiserlichen Herrn seine erste Reise um die Welt mit dieser schönen, hochaufgetakelten Korvette machen sollte.

Mit meinem Freunde Wolf zusammen wurde ich als Stewardsmaat in die Offiziersmesse kommandiert. Vor der Abreise hatten wir alle Hände voll zu tun. Schon das Verstauen der Hunderte von Tellern, Tassen, Gläsern, Messern und Gabeln, die in der kleinen Pantry untergebracht wurden, erforderte viele Mühe. Es muß ja auf einem Schiff, das eine so lange Reise vor sich hat, jedes Stück dreifach und vierfach vorhanden sein. Denn kein Porzellangeschäft ist vielleicht in der Nähe, um das Zerbrochene wieder zu ersetzen. Ganze Wagenladungen mit frischem Fleisch, lebendem

Federvieh, Eiern, Zucker, kurz mit allem, was etwa in einem der größten Hotels gebraucht wird, schickte der Steward an Bord unserer Korvette.

Die Besatzung S. M. S. „Prinz Adalbert" betrug 480 Mann. Schon war das Schiff inspiziert und zur Abreise alles in gehöriger Ordnung befunden worden, da gestaltete sich der letzte Tag im Kieler Hafen für uns zu einer unvergeßlichen patriotischen Feier. Alle Mann mußten im Paradeanzug antreten. Es kamen der Kronprinz und die Kronprinzessin mit den beiden ältesten Prinzen an Bord. Mit bewegten Worten an das Offizierkorps und an die Mannschaft übergaben sie dem Kommandanten des Schiffes ihren zweiten Sohn, der nun mit uns die weite, lange Reise antreten sollte. Die hohen Herrschaften nahmen noch an Bord ein Diner ein. Mir wurde dabei die Ehre zuteil, daß ich den beiden zukünftigen Kaisern die Speisen reichen durfte. Nachdem die Fürstlichkeiten bis auf unsern Prinzen Heinrich das Schiff wieder verlassen hatten, hieß es: „Klar zum Ankerlichten! Unsere Kapelle spielte Abschiedslieder. „Muß i denn zum Städtle hinaus" und „Wer weiß, ob wir uns wiedersehn" tönten die Trompetenklänge zu dem Kanonendonner und dem dreifachen Abschiedshurra. Majestätisch schwebte die stolze Korvette zum blauen Meere hinaus. Am Strande zogen tausende von Menschen entlang und winkten uns ihre Grüße zu. Viele dichtbesetzte Dampfer gaben uns das Geleit bis zur nahen See. Erst als der letzte dieser treuen Begleiter unsern Blicken entschwunden war, wurde das Kommando zum Umziehen der Uniform gegeben. Der tägliche Schiffsdienst folgte den festlichen Stunden.

Ja, sie sind mir unvergeßlich geblieben! Wie hat sich währenddessen bis heute so manches gewandelt, sowohl für die große Welt, als auch für meine eigene Lebensstellung! Damals war mein Matrosenherz darüber entzückt, daß Prinz Wilhelm in eben dem Grade wie sein Bruder Heinrich dem Schiffswesen und der Entwickelung der deutschen Seemacht das allergrößte Interesse, ja eine vielverheißende glühende Begeisterung entgegenbrachte. Heute sitze ich mit dem Zeichenstift in der Hand und suche im Bilde darzustellen, wie dasselbe Hohenzollernherz, unser Kaiser Wilhelm II. seinem Volke das hinreißende Vorbild gibt, damit es durch eine immer mehr wachsende Teilnahme am Seewesen, am Welthandel, am Emporblühen unserer Kolonieen die ihm zukommende Stellung im Kreise der Völker erringe und für alle Zeiten behaupte. Jetzt zu dieser Stunde, wenn ich des kaiserlichen Herrn gedenke, rauscht die

Yacht „Hohenzollern" im Schimmer der Mitternachtsonne durch die Fluten der Nordsee. Schon manches Bild und manches Dichterwort hat des Kaisers bedeutsame Vorliebe für Schiffahrt und Meeresnatur geschildert. Beides soll auch in diesem Tagebuche an dieser Stelle seinen Platz finden.

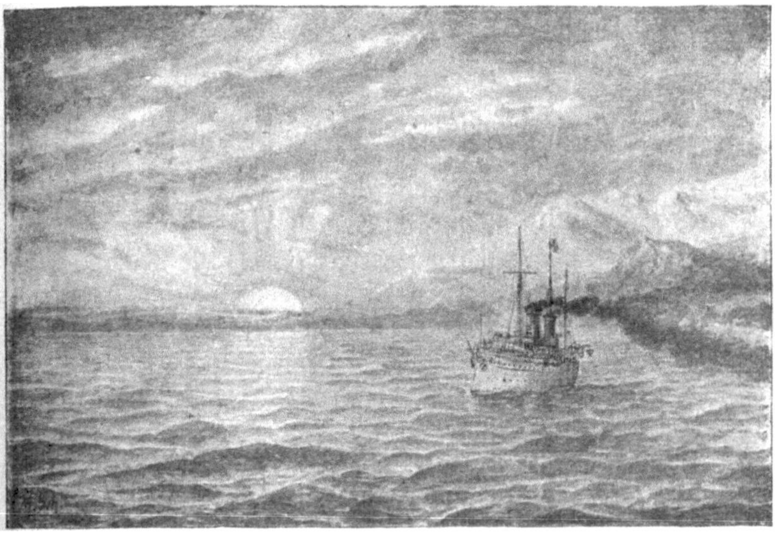

Kaiser Wilhelms Nordlandfahrt.

Durchs wilde Nordmeer, dessen grüne Wogen,
An Felsenriffen der Fjorde branden,
Kommt schwanengleich ein weißes Schiff gezogen,
Ein herrlich schönes Schiff aus deutschen Landen.
Wie auch die See sich sträubt, mit immer voller'n,
Mit rascher'n Stößen bohrt der Schraube Macht.
Wie eine Schwalbe fliegt die Hohenzollern,
Wilhelms II. stolze Kaiseryacht.

Die Mittnachtsonne kreist am Himmelsrande.
Ein duft'ger Nebel lagert auf den Fluten
Und dämpft mit losem, wallendem Gewande
Die wundersamen, matten Purpurgluten.
Der Herr des Schiffs — auf der Kommandobrücke
Steht er, versunken tief, mit ernstem Sinnen,
Schaut auf das Meer hinaus in stillem Glücke
Und läßt im Nebel Bilder sich entspinnen.

Durch diese Fluten sind vor tausend Jahren
Die Wikinger, des Nordlands kühne Recken,
Auf ihren Drachenschiffen hingefahren,
Des Meeres Herrscher und der Völker Schrecken.
Die Eisenschilde glänzten an den Borden,
Das Ruder bog sich in der starken Faust.
So zogen sie hinauf gen Islands Norden,
Wo Geysirs Sprudel durch die Felsen braust.

Durch diese Flut schwamm einst der Hanseaten
Von Lübeck hochgetürmter Schiffe Schar,
Plattdütsch der Seemannsruf der wackern Maaten,
Des Meeres Königin die Hansa war.
Und wie auch rings umher die Wogen grollten,
Die deutsche Kraft ertrug des Meeres Spott,
Und kern'ge deutsche Seemannslieder zollten
Ägir Tribut, dem deutschen Meeresgott.

Einst herrschten wir vor allen Nationen
Auch auf dem Meer, und keine tat's uns gleich.
Heut teilen Britt' und Franzmann sich die Zonen
des Erdballs. — O du großes Deutsches Reich,
Ist denn der Wikinger, der Hansa Geist
Erloschen in dem Volke der Germanen?
Es ist das Meer, wohin die Zukunft weist,
Es soll uns segnen, wie vormals die Ahnen.

Gegrüßet, Ägir, Herr der wilden Wogen!
Die deutsche Flagge sollst du öfter sehn!
Wo nur ein deutsches Schiff kommt hergezogen,
Laß günst'gen Wind dann alle Segel blähn! —
Der Schiffsherr winkt froh über See und Klippen,
Und die Gedanken formen sich zum Lied,
Das leise von den kaiserlichen Lippen
Zum Preise Ägirs übers Meer hinzieht.

Doch zurück aus den Bildern der Gegenwart in jene Tage, da S. M. S. „Prinz Adalbert" die heimischen Gewässer verließ, um die Weiten der Ozeane zu durchschweifen.

Da muß ich zunächst eines braven Münchener Kindls gedenken, das unsere Matrosenmütze trug. Spitzler hatte ohne Zweifel eine starke musikalische Ader. Das Klavier bearbeitete er meisterlich; denn er wollte ja ein Tonkünstler werden und hatte auch schon das Konservatorium besucht. War es da ein Wunder, daß er zu den elf Auserkorenen gehörte, die der Schiffskapellmeister aus den Mannschaften sich erwählte? Nämlich außer dem Musikmeister waren nur noch zwei zünftige Hoboisten an Bord. Durch jene elf Auserkorenen wurde also die Kapelle auf vierzehn gebracht. Im Schweiße seines Angesichts war der Musikmeister nun täglich mehrere Stunden fleißig bemüht, seine Hilfsmusiker zu brauchbaren Mitgliedern der Kapelle zu erziehen. Spitzler bekam das für den Takt wichtigste Instrument, – die Pauke. Aber Paukennoten sind keine Klaviernoten. Deswegen ließ den wackeren Paukenschläger die graue Theorie oft im Stich, und er war genötigt, auf die Winke des Dirigenten zu achten. Durch Kopfnicken und durch schnelles Senken der Klarinette, welche er blies, suchte der Musikmeister den unsicheren Münchener in Takt zu halten. Das fortwährende Hinstarren nach dem Kapellmeister machte den Schüler aber noch unruhiger, als er ohnehin schon war. Mir kam das Mienenspiel der beiden Kunstbeflissenen recht ergötzlich vor, als ich gerade mit einem schönen knusperigen Braten an ihnen vorüberging. Armer Spitzler, das war für seine Nerven zu viel! Der Braten mit seinem Duft wurde ihm verhängnisvoll. Die Lüsternheit, mit der er den

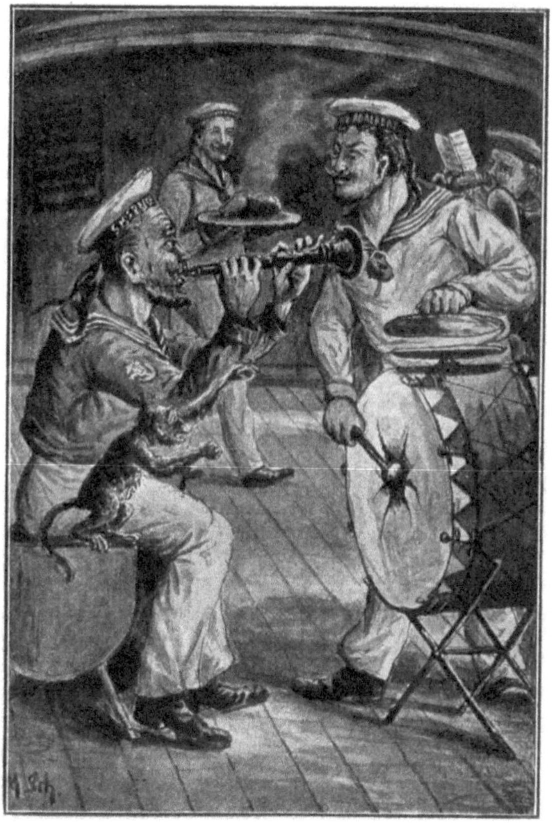

Duft einsog, ließ ihn alles andere vergessen. Seine Augen folgten dem begehrenswerten Gegenstande, er schlug mit wildem Eifer auf die Pauke los. Der Kapellmeister wütete, schimpfte, nickte und nickte, wobei er die komischsten Grimassen schnitt und die Schweißtropfen ihm von Stirn und Nase rannen.

„Sie verflixter Kerl, halten Sie ein!" rief er zornig. Doch Spitzler war wie von einem bösen Dämon besessen. Er schlug immer weiter wie völlig verzaubert auf das Paukenfell los, bis es mit lautem Krach zerplatzte. Nun erst schien der Zauber bei ihm gebrochen zu sein. Sein Gesicht nahm eine zerknirschte Armsündermiene an. Der Kapellmeister übertraf sich in dem schnellen Ersinnen von Schmeicheleien, die er Spitzlern an den Kopf schleuderte. Die zuhörenden Matrosen brüllten vor Freude ein lautes Hurra. Nur mit Widerstreben konnte ich mich von der reizvollen Szene losreißen und trug meinen Braten, der eigentlich die Paukenfell-Katastrophe verursacht hatte, in die Offiziersmesse. „Was ist denn mit der Kapelle los?" wurde ich hier mit Fragen bestürmt. „Spitzler ist mit seiner Pauke durchgegangen; er hat das Fell glücklich durchgearbeitet", gab ich zur Antwort. Ein allgemeines lautes Gelächter erscholl darauf. — Wahrlich, der Kapellmeister hatte es nicht leicht, bis er seine Leute soweit eingefuchst hatte, daß ihre Musik sozusagen ein Genuß für uns wurde.

Belt, Kattegatt und Skagerak hatten wir hinter uns, liefen ohne besondere Vorgänge durch die Nordsee und gelangten im Eng lischen Kanal an die Unglücksstelle, wo der „Große Kurfürst" gesunken lag. Der toten Kameraden gedachten wir durch ein stilles Gebet. Im Hafen von Plymouth gingen wir einige Tage vor Anker. Südamerika war unser Ziel. Bald hieß es wieder „Dampf auf!" — „Anker lichten!" — Musik an Deck!" und fort ging es in den Atlantischen Ozean hinein. Ohne jeglichen Unfall gelangten wir nach einer schönen Fahrt zu der portugiesischen Insel Madeira, Schon aus weiter Ferne wurden in der wunderbar klaren Luft die steilen Linien des Bergkegels sichtbar, der den höchsten Punkt der Insel bildet, welche etwa die Größe Rügens hat. Früher sollen Zedernbäume diese Berghöhen mit dichten Wäldern bekleidet haben. Daraus erklärt sich auch der Name Madeira, was Holzinsel bedeutet. In Europa hat der Name einen guten Klang. Es ist nicht der Wein nur, wodurch sich Madeira so wohltätig erweist. Man hat die Insel das Sanatorium Europas genannt, und in der Tat ist das Klima hier unvergleichlich schön. So ist es kein Wunder, wenn

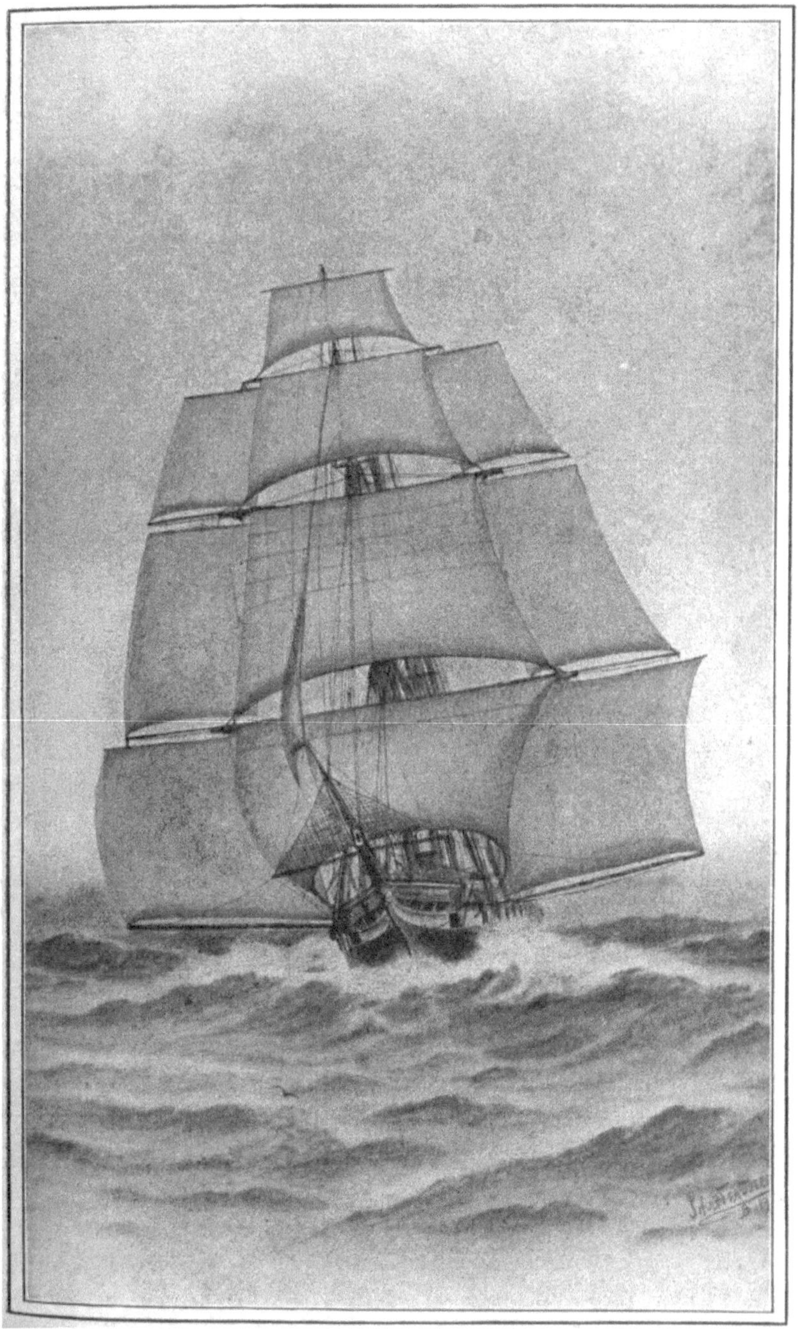

S. M. S. „Arkona“ unter vollen Leesegeln.

die Dichtigkeit der Bevölkerung, die mehr als 150 000 zählt, außerordentlich groß ist. Der fruchtbare Boden läßt in den niederen Teilen alle Gewächse der Tropen gedeihen, während höher hinauf auch Hafer, Gerste und Roggen angebaut werden. In den Straßen der allmählich ansteigenden Hauptstadt Funchal ist bei dem glatten Pflaster, das aus Basaltplatten besteht, für Droschken und Omnibusse kein geeignetes Geschäftsgebiet. Dafür gibt es mit Ochsen und Mauleseln bespannte Holzschlitten. Unsere Leute bekamen einen ganzen Tag für Funchal Urlaub. Zuerst ging die Backbordwache an Land, nächsten Tag die Steuerbordwache. Nachdem sich die Blaujacken gehörig an dem berühmten Madeirawein gelabt hatten,

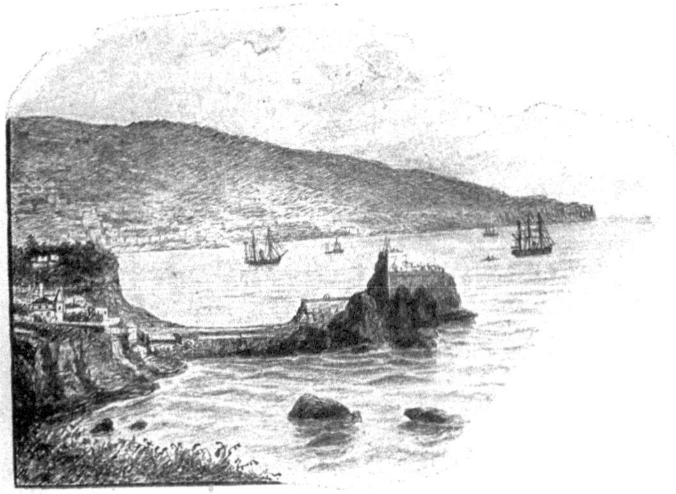

mieteten sie sich solche Schlitten und machten bergauf und bergab vergnügte Rutschpartien durch die Stadt.

Das Innere der vulkanischen Insel, die großartige Naturschönheiten, hochromantische Schluchten und Wasserfälle aufzuweisen hat, blieb uns leider bei der Kürze des Aufenthalts verborgen. Aber an den köstlichen Südfrüchten von mancherlei Art, an den wundervollen Blumen, die an Bord genommen wurden, erkannten wir die Vortrefflichkeit dieser Perle des Atlantischen Ozeans.

Unter den Klängen der Musik, wobei Spitzler trotz des reichlich genossenen Madeiraweins virtuosenhaft die Pauke bediente, nahmen wir Abschied von dem Gestade Funchals und stachen wieder in See. Bald machte sich der so segensvolle Passatwind geltend, der auch

5

uns zustatten kommen sollte. Das Segeln ist und bleibt nun doch einmal unendlich poetischer und reizvoller als die qualmenden Dampfschlote. So wurden denn die Feuer unter den Kesseln ausgemacht, die Schiffsschraube wurde gelichtet, und da der Wind von achtern kam, setzten wir alle Leesegel bei. So rauschten wir fröhlich durch den Ozean. Hunderte von fliegenden Fischen umschwärmten unsere Korvette. Manche verirrten sich auch an unser Deck. Sie lieferten dann einen schönen Braten für die Küche.

Zu unserm Bedauern hatte die Segelfahrt indes schon nach einigen Tagen wieder ihr Ende erreicht. Als wir uns den Kapverdischen Inseln genähert hatten, wurde wieder Dampf aufgemacht. Vor der Stadt Sao Vincente auf der gleichnamigen Insel ging S. M. S. „Prinz Adalbert" vor Anker. Für den Verkehr nach Afrika und Südamerika ist dieser Hafen, der 900 km von der afrikanischen Küste entfernt liegt, von großer Bedeutung. Die meisten Schiffe, die zwischen Europa und den beiden genannten Ländern verkehren, pflegen hier Rast zu machen. Auch für Sao Vincente gab es Urlaub an Land, und dieser Urlaub gestaltete sich ganz besonders heiter. Anders wie in Funchal ist hier das Leben, viel afrikanischer. Besteht doch die Bevölkerung zum größten Teil aus Negern und Mulatten. Unsere Kapelle, die mit jedem Tage sich mehr herausgemustert hatte, mußte verschiedene Male zur allgemeinen Erheiterung der lebenslustigen Bevölkerung aufspielen. Sowie unsere Musiker auf dem freien Rasenplatze erschienen, drängten die mehr oder weniger dunkelhäutigen Leutchen sich herzu und horchten mit Wohlgefallen und Entzücken auf die deutschen Klänge. Aber es blieb nicht bei dem Konzertgenuß. Unsere galanten Matrosen nahmen die Gelegenheit wahr, mit den Negerinnen und Mulattinnen sich lustig im Tanze zu drehen. Da war auch eine recht wohlbeleibte Schwarze, die ein buntgeblümtes, recht luftiges Kattungewand um ihre tintenfarbigen Glieder geschlungen hatte. Diese Dame stand abseits, als ob sie ihrer Gewichtigkeit wegen den Tanz scheute. Kaum aber hatte Kienscherfs spähendes Auge diese Dicke erschaut, so schritt er mit komischer Grandezza auf sie zu. „Dürfte ick mir erlauben?" sagte er mit einem regelrechten Bückling. Die dunkle Holde — sie errötete nicht, weil das ja auch bei einer Afrikanerin nicht gut möglich ist, — öffnete ihre ziemlich umfangreichen Lippen zu dem lieblichsten Lächeln, das ihr möglich war, und ließ zwei Reihen von Zähnen sehen, die an Solidität nichts zu wünschen übrig ließen. Ihr Kauderwelsch nahm der Berliner als Zusage an. „Na, denn man los, Schnuteken, aber nicht aus'n Takt

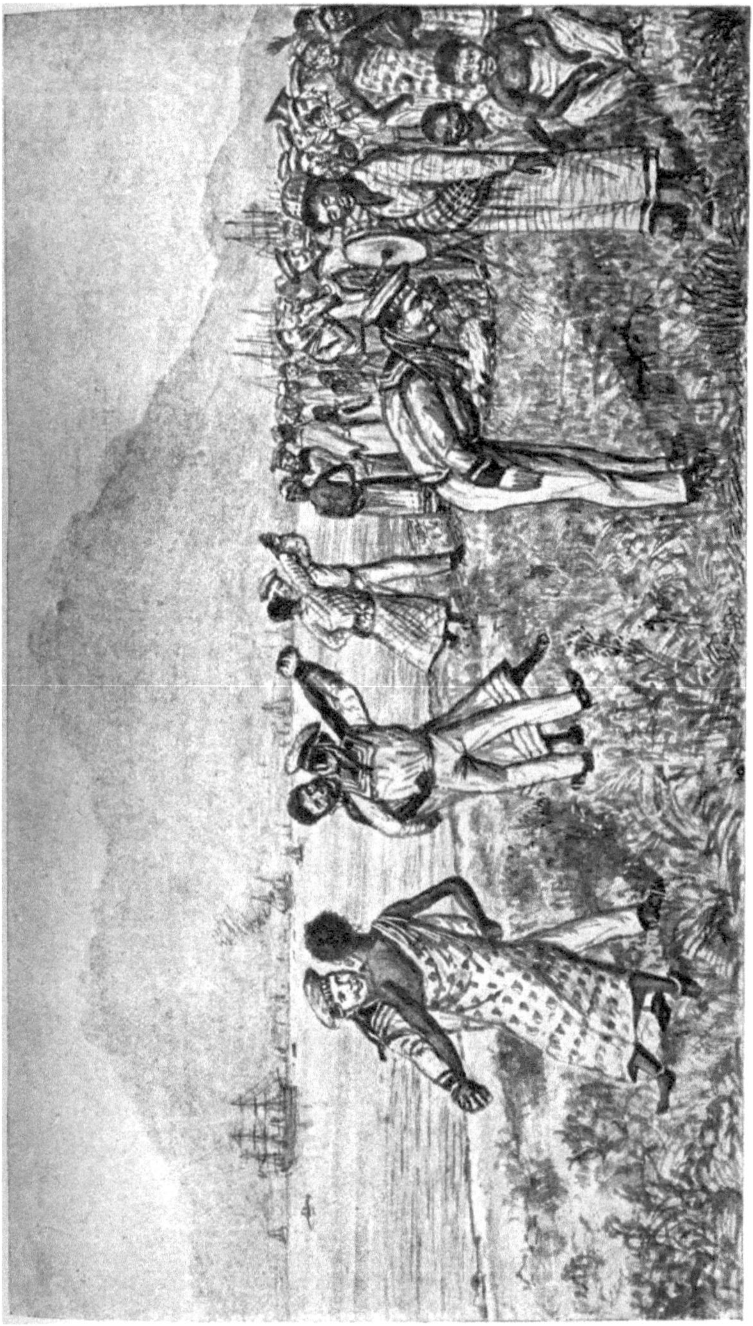

Unsere Blaujacken in St. Vincent.

kommen!“ Er raste mit ihr dahin und suchte ihr die Grundbegriffe der Polka beizubringen, was ihm jedoch nicht recht gelingen wollte. Die Kameraden riefen ihm zu: „Dien Swarte süht all so bissig ut! Lat di man nich de Näs' afbiten!“ Er aber hörte nichts mehr als die Musik, die in einen schnellen Galopp übergesprungen war. Da kam die Katastrophe. Er stürzte mit seiner Tänzerin zu Boden. Diese war ganz außer Luft und Atem gekommen. Kaum aber hatte sie sich pustend emporgekrabbelt, so versetzte sie ihrem tanzwütigen Kavalier einen tüchtigen Puff. Dabei zeigten die schmollenden Züge einen solchen Grad des Unwillens, daß mancher an eine Fortsetzung des Tanzes mit ihr nicht mehr gedacht haben würde. Kienscherf aber streichelte ihr begütigend die vollen Wangen und führte dasselbe Manöver noch einmal aus. Lautes Bravo der Kameraden belohnte den unverwüstlichen Humor des lustigen Berliners.

Ueber den Aequator. – Linientaufe.

So reich gesegnet wie Madeira sind die Kapverdischen Inseln nicht. Trotz der maritimen Lage ist das Klima zu trocken. Der Regen bleibt zuweilen ganz aus, den der aus vulkanischem Schutt bestehende Boden doch so dringend nötig hat. Darum waren in früheren Jahren Hungersnöte hier sehr häufig, die manchmal einen großen Teil der farbigen Bevölkerung hinwegrafften. Aber seit Sao Vincente das Glück hatte, durch seine örtliche Lage begünstigt, von den Seefahrern als Erfrischungs- und Kohlenstation bevorzugt zu werden, schwang es sich durch seinen Handel etwas empor.

Die Vorräte in Küche und Keller waren ergänzt worden. Wir nahmen Abschied von den schwarzen Leutchen, die sich am Strande schreiend und winkend drängten. Stand da nicht auch Kienscherfs rundliche Duenna im rot und gelb geblümten Kattungewande und winkte zärtliche Abschiedsgrüße? Sie hatte also jeglichen Groll aus ihrer Seele verbannt. Der Berliner war darüber anscheinend tief gerührt, denn er legte die Linke aufs Herz und warf Kußfinger nach dem mehr und mehr zurückbleibenden Strand hinüber.

Wir näherten uns dem Äquator. Die meisten von uns sollten zum ersten Mal die Linie passieren. Das bedeutete ein großes Ereignis. Die älteren Unteroffiziere sah man jetzt häufig die Köpfe zusammenstecken. In abgeschlagenen Räumen waren sie geheimnisvoll mit den Vorbereitungen zur Linientaufe tätig. In innerer Erregung flüsterten sich die jüngeren Leute zu: Morgen passieren wir die Linie!

Als es Abend war, wurde „Fallreep“ gepfiffen. Spitzler schleppte seine Pauke an Deck, und der schwitzende Musikmeister winkte mit seiner Klarinette seine Getreuen nach dem Fallreep. „Alle Mann auf!“ — Wir drängten voll brennender Neugierde nach dem Fallreep. Schmetternd und quietschend ertönte der feierliche Willkommengruß der Kapelle: „Siehste nich, da kimmt er, große Schritte nimmt er!“ und dem Meere entstieg des Meergottes Neptun lbgesandter in urkomischer Gestalt. Mit würdevollem Ernst veründete er den Schiffsgenossen, daß der gewaltige Beherrscher des zeans, „Neptun", morgen Nachmittag pünktlich zwei Uhr mit inem gesamten Hofstaat und seinen Trabanten erscheinen werde, m jeden zu taufen, der noch niemals die Linie passiert habe.

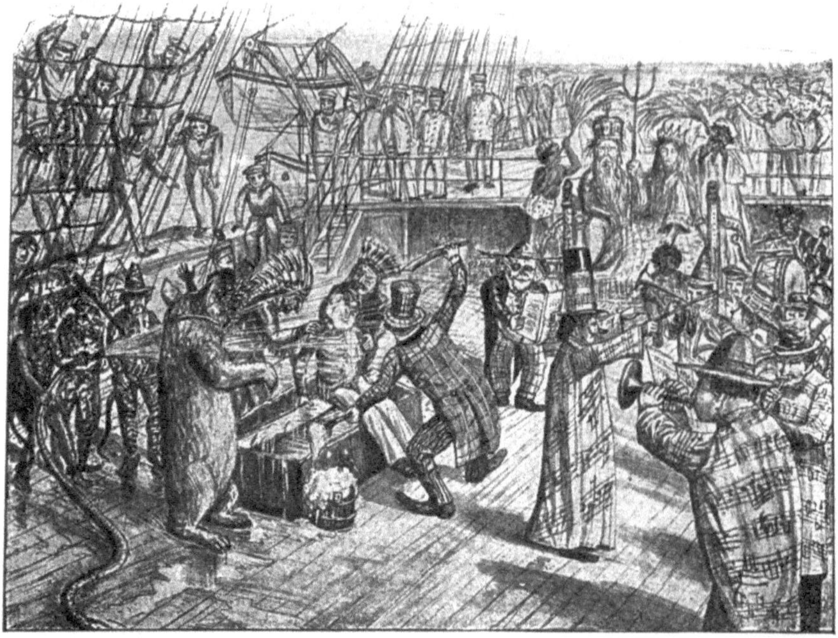

Darauf schwenkte er grüßend zum Abschied seinen Stab und ging die Fallreeptreppe hinunter, um jedenfalls im Meere zu verschwinden.

Welch ein wunderbarer Zug bewegte sich am Festtage um zwei Uhr nachmittags vom Vorderschiff nach dem Achterdeck! Voran schritt die Musikkapelle. Die vierzehn Tonkünstler steckten in wallenden Gewändern, die mit Notenschrift geschmückt waren. Auch die mehr oder minder hohen Zylinderhüte auf ihren Häuptern waren mit musikalischen Schriftzeichen geziert. Der Kapellmeister führte einen Riesentaktstock. Hinter der Kapelle folgte als Bahnbrecher ein Bärenführer. Er zog an der Kette einen mächtigen Eisbären hinter sich, dessen Gebrüll Spitzlers Paukenschläge bei weitem übertönte. Wenn er sich auf den Hinterpranken aufrichtete und mit den Vordertatzen rechts und links fuchtelte, gelang es ihm vollständig, die Gasse für den einziehenden Meeresgott freizuhalten. Neptun thronte auf einem phantastischen Wagen. Zahlreiche Sklaven, Neger und Diener zogen denselben. Der Beherrscher des Meeres trug einen großen, schneeweißen Bart, der ihn ungemein ehrwürdig erscheinen ließ. Die goldene Krone auf seinem Haupte und der mächtige Dreizack in seiner rechten Hand erhöhten den Eindruck dieser majestätischen Erscheinung. Stumm und starr saß neben ihm seine Gemahlin, Frau Amphitrite. Ihr mehlweißes Gesicht mit den silberdurchwirkten Haaren machte einen imposanten Eindruck. Die schöne Amphitrite schien die Äquatorglut auf Deck nicht angenehm zu empfinden. Sie ließ sich beständig von ihren Dienerinnen mit Palmwedeln und riesigen Fächern Stirn und Wangen kühlen. Der Hofstaat des Meeresgottes war buntscheckig ausstaffiert. Der Aktuar mit gewaltiger Hornbrille, langschößigem Frack und großkarierten Hosen, hinter dem Ohr die lange Feder und eine kolossale Urkundenrolle unter dem Arm, führte den Hofstaat an. Ihm folgten der Priester, der Schaumschläger, der Barbier, der Schleifer und der Schwarm von Trabanten.

Als die Musik schwieg, übernahm Neptun vom Kommandanten den Befehl über das Schiff. Alles horchte mäuschenstill, was der Gewaltige nunmehr zu verkünden haben werde. Selbst die See schien ehrfurchtsvoll dem Gebieter zu lauschen. Keine Woge rauschte. Dabei war eine Backofenglut. Aber dafür waren wir ja am Äquator.

Also schallten Neptuns dröhnende Worte: „Ich, Neptun der Starke, Beherrscher des Meeres, bin gekommen, alle diejenigen, die diesen Strich der Erde noch nicht passiert haben, taufen zu lassen. Es wage keiner, sich zu verstecken! Meine Trabanten wissen jeden zu finden, und mein Aktuar hat sie alle auf der Liste!“

Nach dieser Ankündigung ließ Seine meeresgöttliche Majestät „Alle Mann klar zum Manöver!“ pfeifen. Auf sein Kommando wurden mehrere Segelexerzitien ausgeführt. „Alle Segel los!“ befahl er. „Segel fest!“ tönte es darauf. Die Übungen mußten wohl einigermaßen nach seinem Wunsche ausgefallen sein; der Meergott knurrte befriedigt und strich sich den weißen Bart. „Es beginne die Taufe!“ rief seine Donnerstimme.

Sogleich entrollte der Aktuarius seine Urkunde, und die übrigen Würdenträger des Hofstaats machten sich fertig zu ihrem Amt. Auf dem Achterdeck war ein Scheuerprahm aufgestellt, den die Dampfpumpe fortwährend voll Wasser hielt. Ueber diesen Wassertrog war ein Brett gelegt.

Unser Prinz wurde als erster von dem Aktuar aufgerufen. Jeder Täufling ist herzlich froh, wenn er die Sache überstanden hat. Der Beherrscher des Meeres hat eine etwas rauhe Art, und der Seemann muß sich in seine Sitten fügen. Der Täufling mußte sich auf das Brett setzen. Zuerst trat der Schaumschläger in Tätigkeit. Neben ihm stand ein Eimer voll Seifenschaum. Mit einem großen Quast seifte der Schaumschläger nicht eben sehr sanft Gesicht und Kopf des Täuflings tüchtig ein. Dann begann die Arbeit des scheckig kostümierten Barbiers. Sein meterlanges Rasiermesser war von dem Schleifer auf dem entsprechend langen Streichbrett gehörig gewetzt worden. Mit Eleganz machte sich der Barbier an das schwere Stück Arbeit, den Seifenschaum vom Haupte des armen Dulders abzukratzen. Hierbei wurde das Brett unter dem Täufling weggezogen. Kopfüber plumpste derselbe ins Wasser, die Trabanten beeilten sich mehr oder weniger schnell, ihn wieder herauszuziehen. Die Dampfpumpe sandte ihm noch einen tüchtigen Wasserstrahl ins Gesicht, der Eisbär leistete ihm mit seinen plumpen Krallen in recht bärenhafter Weise Hilfe.

Das Prusten und Stöhnen des Täuflings wurde mit schallendem Gelächter beantwortet. So wurde einer nach dem anderen von dem Aktuar aufgerufen. Auch ich machte die Prozedur mit allen ihren Einzelheiten durch. Wer aber erst von den Trabanten gesucht werden mußte, der bekam eine doppelte Lektion.

Nachdem auch der Letzte auf der Liste daran gekommen war, überließen die Getauften es der lieben Äquatorsonne, die nassen Kleider auf dem Leibe zu trocknen. Dies Geschäft verstand sie ausgezeichnet schnell zu besorgen. Der Beherrscher des Meeres übergab das Kommando wieder dem Kommandanten des Schiffes. Ein kräftiger Grog als Festtrunk wurde den Mannschaften gereicht, und überall sah man nur fröhliche Gesichter und hörte Scherzen und Lachen. Wie schlief es sich unter angenehmen Träumen so herrlich in der Hängematte, nachdem das bedeutungsvolle Äquatorfest stimmungsvoll verlaufen war.

Kein Lüftchen regte sich mehrere Tage lang. Es mußte gedampft werden, bis der südliche Passatwind erreicht war. Da begannen wieder schöne Tage. Das Schiff entfaltete wieder seine Segelfittiche. Das Rumoren der Schraube verstummte. Vom

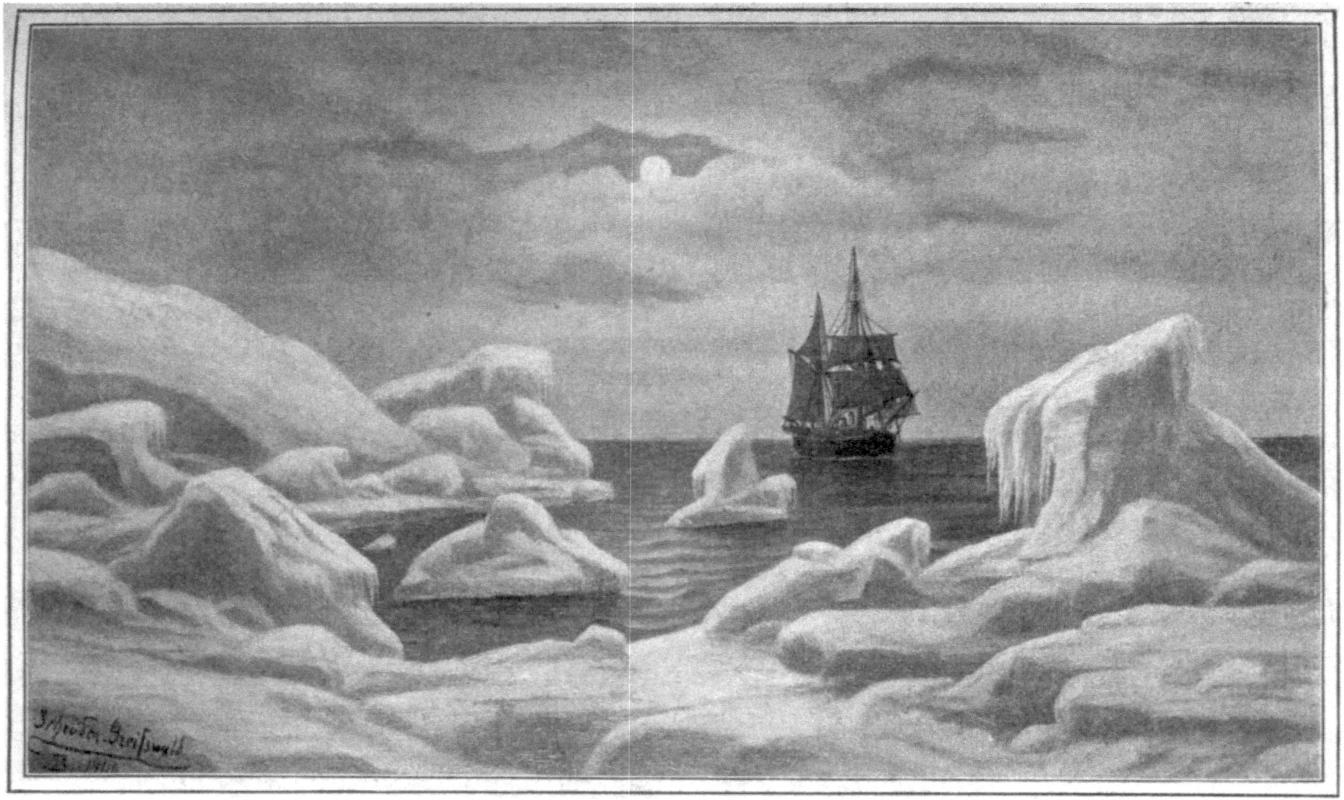

Schwimmende Eisberge.

garstigen Kohlenstaub wurde alles befreit und sauber geputzt. Aus voller Brust atmeten wir die schöne reine Seeluft ein. Erst später, wenn man im Gewühl des stauberfüllten Stadtlebens sich herumtummeln muß, erkennt man seufzend die Schönheit und den Reiz solcher genossenen Stunden. Wie manchmal stand ich damals, wenn nach der Glut der Tropensonne die milde Nacht sich über den Ozean ausbreitete, heiteren Gemüts an der Reling und blickte wohl zu dem schwarzblauen Himmel empor, von welchem die Sternbilder des Südens herniederfunkelten.

Fahrt nach Montevideo. – Hotel zum „Prinzen Adalbert“.

Der erschlaffenden Hitze wegen fanden in den Tropen die Segel- und Geschützübungen nur morgens und abends je eine Stunde lang statt. Während der übrigen Zeit besorgte die Wache nur einzelne kleine Arbeitsverrichtungen. Die Freiwache hatte mit Zeugflicken zu tun. Allerlei Kurzweil wurde getrieben. Stiefel und Strümpfe waren höchst überflüssig. Alles lief barfuß und nur im leichtesten Arbeitsanzug herum. Viele Matrosen huldigten dem Angelsport. Regenwürmer gab es freilich nicht als Köder. Das war auch nicht nötig, denn es genügte ein kleiner weißer Lappen am Angelhaken. Eine Art Schellfisch biß eifrig darauf an. An Fischkost war daher kein Mangel. Auch ich griff manchmal nach diesem Zeitvertreib. Dann dachte ich wohl an die heimatlichen Angelfreuden am Wyk zu Greifswald. „Ob wohl Onkel Angelsachse und oll Peters jetzt draußen beim Eisenhammer sitzen mögen?“ fuhr es mir durch den Kopf. Ach, du liebe Zeit! Es war ja nicht gut möglich für die beiden alten Knaben. Zu Hause verbietet ja die Dezemberkälte das Vergnügen. Höchstwahrscheinlich saßen sie am Kachelofen und spannen Garn.

Für unsere Kadetten boten die Mußestunden Gelegenheit, sich auf die Bälle vorzubereiten, die sicherlich in den südamerikanischen Häfen zu erwarten waren. So hieß es denn häufig: „Antreten zum Kontre!“ Abwechselnd wurde dabei als Herr und Dame getanzt. Die lustigen Klänge der Schiffskapelle veranlaßten dann auch die Matrosen, auf dem Vorderdeck das Tanzbein zu schwingen, daß das ganze Schiff erdröhnte.

Drei bis vier Wochen gehen so unmerklich dahin, und man vergißt es ganz, daß man in dieser Zeit kein Land erblickt hat.

Zweimal in der Woche mußte auch das Zeugwaschen besorgt werden. Auf dem Vorderdeck waren zu dem Zwecke zu Lee Balgen und Eimer aufgestellt. Jede Backschaft bekam einen Eimer frisches Wasser. Jeder Matrose hat seine vier bis sechs Stück Zeug darin zu waschen. Bürsten und Schrubber wurden dabei fleißig zu Hilfe genommen. In kürzester Zeit trocknet und bleicht die Tropensonne die Matrosenwäsche. Bald genug konnte man sie wieder fein säuberlich gerollt im Kasten verstauen.

Wieder war die angenehme Segelfahrt zu Ende. Die Maschine und Schraube traten in ihre Rechte. Es ging nach dem Hafen von Montevideo, der Hauptstadt der Republik Uruguay. Die Ankunft unserer Korvette war für die in der Stadt zahlreich wohnenden deutschen Landsleute ein freudiges Ereignis. Sogleich wurden vom Schiff Besuche an Land gemacht. Der deutsche Konsul erschien an Bord, und die Behörden machten ihre Aufwartung.

Die Besatzung bekam abwechselnd Urlaub, um die Sehenswürdigkeiten der bedeutenden Stadt in Augenschein zu nehmen.

Die weißleuchtenden Farben der terrassenförmig aufsteigenden Häuser geben Montevideo einen prächtigen Charakter. Am westlichen Eingang zur halbkreisförmigen Hafenbucht erhebt sich ein 148 m hoher Hügel, der Monte video. Er hat der Stadt den Namen gegeben und bildet auch den Hauptschutz für dieselbe. Auf seinem Gipfel drohen die Batterien eines starken Forts. Ein Leuchtfeuer sendet von dort seine Signale weit in das Meer hinaus. Am Fuß des Hügels ziehen sich den Strand entlang die berühmten Schlachthäuser hin. Der Wohlstand der Republik Uruguay beruht völlig allein auf den Produkten der Rindviehzucht. Nicht weniger als 97 % der gesamten Ausfuhr bestehen in Fellen, Häuten, Fleisch, Talg, Fleischextrakt und lebendem Vieh. Es ist für einen Deutschen, wenn er das aufstrebende Leben Montevideos betrachtet, auf jeden Fall der Gedanke bemerkenswert, daß es eigentlich ein Triumph deutscher Wissenschaft ist, die hier in der weiten Mündung des La Plata-Stromes solche blühende Kultur schafft. Bis in die sechsziger Jahre des vorigen Jahrhunderts führte Montevideo nur ein kümmerliches Dasein und war ein unbedeutendes Nest. Denn die ungeheuren Rinderherden der flachhügeligen Weiden Uruguays fanden weiter keine Verwendung als durch die Häute. Das Fleisch wurde einfach weggeworfen. Als aber der deutsche Professor Justus von Liebig die Herstellung von Fleischextrakt bekannt gegeben hatte, entstanden die großen Industrien von Montevideo und Fray Bentos, und ein Strom von Auswanderern ergoß sich in diese Gebiete. In keinem Lande Südamerikas leben so viel Fremde als hier. Sie machen wohl ein Drittel der gesamten Bevölkerung aus. Meist sind es Spanier, darunter vor allem Basken. Die deutsche Kolonie ist in starker Zunahme begriffen.

Während man sonst häufig enttäuscht wird, wenn man eine

von außen prachtvoll wirkende Stadt des Südens betritt, ist es in Montevideo anders. Die breiten Straßen sind vollständig regelmäßig angelegt. Mir gefielen die netten, meist zweistöckigen Häuser, nach spanischer Art mit flachen Dächern versehen. Mit ihrem reizenden Blumenschmuck auf den Veranden und ihren gärtnerischen Umgebungen machten sie einen prächtigen Eindruck. An Unterhaltung für unsere Blaujacken war in Montevideo kein Mangel. Theater, Tanzplätze und Singspielhallen, wo baskische Guitarrespieler ihre Volksweisen erklingen ließen, gab es hinreichend. Dem spanischen Geschmack der Einheimischen entsprechend, fanden auch Stiergefechte

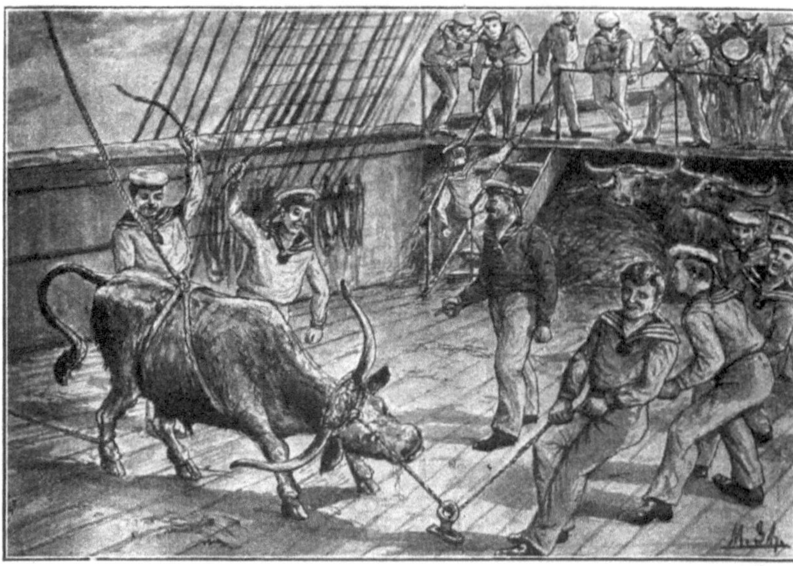

statt. Einmal besuchten wir ein Volksfest, bei welchem eine ungeheure Menge Rindvieh auf einem Platze zusammengetrieben, dort gleich geschlachtet und im Freien am Spieß gebraten wurde. Alle geladenen Gäste konnten zugreifen nach Herzenslust.

Da wir den Brauch beobachteten, in jedem der besuchten Häfen die vorzüglichsten Produkte des betreffenden Landes an Bord zu nehmen, so spielte in Uruguay das Rindvieh bei unserem Einkauf die hervorragendste Rolle. Auf unserer Korvette wurde unter der Back ein Viehstall abgeteilt, geräumig genug, um fünf große, breitgehörnte Stiere aufzunehmen. Mit begeistertem Hallo und Hurra wurden die Hornviecher von der Mannschaft empfangen. Obwohl sie nicht allzu entzückt von ihrer Einschiffung schienen und brüllend nach Kräften widerstrebten, so gelang es doch, sie in ihren Marinestall hineinzubugsieren. Ein genügender Vorrat von Heu war schon zur Stelle, und zum Ochsenwärter wurde ein fachkundiger Matrose ernannt, der in den Rinderauen seiner mecklenburgischen Heimat vertrauten Umgang mit Beefsteaklieferanten genossen hatte. Es ist doch schön, wenn man etwas gelernt hat!

Mit klingendem Spiel dampften wir aus der Bucht von Montevideo. Es war noch einige Tage vor Weihnachten, weshalb wir unsere Mußestunden dazu benutzten, das Schiff so festlich als möglich herzurichten. Es wurde von unten bis oben mit Sand und Steinen gescheuert und abgeputzt. Dann trat der Farbenpinsel in Tätigkeit. Backen und Bänke wurden heruntergeschlagen, und kleine Tannenbäume, mit denen wir uns in Montevideo versorgt hatten, wurden auf das Schönste geschmückt und aufgestellt. Große Transparente wurden an allen Ecken angebracht, im Maschinenraum, im Heizraum wie in der Batterie. Gegen Abend prangte das ganze Schiff im Lichterglanz der Christbäume. Unter jedem Baum lagen kleine Geschenke und Früchte aller Art.

Der Kommandant und die Offiziere machten einen Rundgang durch das Schiff, um sich alles Aufgebaute anzuschauen. Da stand auch auf einer Back ein kleines Häuschen, aus Pappe hergestellt. Es trug über seiner Tür die Inschrift: „Hotel zum Prinzen Adalbert". Vor der Tür stand ein dicker Wirt, der seine Pfeife rauchte. Die Fenster bildeten Transparente mit der Inschrift: Montag Bohnen ohne Kartoffeln mit Salzfleisch, Dienstag Erbsen mit Salzfleisch, Mittwoch Bohnen mit Salzfleisch; dies wiederholte sich für die ganze Woche. Der erste Offizier beschaute sich das niedliche Häuschen von hinten und vorne. Ein leises Lächeln zuckte um seine Lippen, denn er durchschaute den verblümten Sinn. Aber auch nur einen Moment dauerte dies kaum merkliche Lächeln. Er machte eine rasche Handbewegung und befahl mit barscher Stimme: „Schmeißt das Zeug über Bord!"

Aber der Architekt des „Hotels zum Prinzen Adalbert" erreichte nichtsdestoweniger seinen Hauptzweck. Der fromme Weihnachtswunsch, der darin so zart angedeutet war, fand wohlwollende Berücksichtigung. Der Küchenzettel änderte sich wie mit einem Zauberschlage. Wozu hatten wir denn die Prachtochsen aus Montevideo mitgenommen? Doch nicht etwa, daß sie eine Vergnügungsreise zur See machen und bloß unser Heu auffressen sollten? — Der stattlichste der Vierfüßler wurde unserem ewig gesegneten Appetit zum Opfer gebracht. In unglaublich kurzer Zeit war er verspeist. Er reichte für die 480 Mann starke Besatzung gerade zu einer Mahlzeit aus. Hätten wir uns aber solch einen Genuß jeden Tag leisten wollen, so wären für die sechs Wochen dauernde Reise nach Valparaiso 42 Ochsen nötig gewesen und S. M. S. „Prinz Adalbert“ sollte doch eigentlich wohl kein Kuhstall sein. Der Raummangel verbot also ganz selbstverständlich eine häufigere Wiederholung des Ochsenschlachtfestes, und Salzfleisch und Konserven mußten immer wieder die Hauptnahrung bilden.

Der erste Weihnachtstag mit seinem Festgottesdienst brachte uns eine wahrhaft erhebende Feier. Statt des Orgelklangs ertönte die Choralmusik unserer Kapelle. Andachtsvoller Weihnachtsgesang erschallte dazu. Die Festpredigt des Marinepfarrers ließ uns ganz vergessen, daß wir so fern dem Heimatlande waren. Nach der Feier konnte sich jedermann, die Wache ausgenommen, nach seiner Art belustigen. Man konnte aber deutlich sehen, wie fast bei allen der Gedanke an Heimat und Elternhaus sich geltend machte. Sie saßen und schrieben Briefe und fanden in der Erfüllung der Herzenspflicht am Weihnachtstage die innigste Befriedigung. In der Offiziersmesse fand ein großes Diner statt. Für mich war also reichlich genug zu tun, und erst spät abends fand ich ein Stündchen Zeit, meinen Brief in die Heimat zu schreiben, der mit der nächsten Post abgehen sollte.

Als wir Sylvester und Neujahr auf unserem Schiffe feierten, waren wir schon eine hübsche Strecke höher nach Süden gelangt. Je weiter wir hier unsern Kurs verfolgten, desto mehr nahmen Wind und Kühle zu. Auf Deck wurde es schon mitunter recht ungemütlich kalt. Kleine schwimmende Eisberge zeigten sich und verkündeten uns, daß wir der Einfahrt in die Magelhaensstraße nicht mehr allzufern sein könnten. Nun verschwanden wiederum die Segel. Dampf wurde aufgemacht, und wir schickten uns an, den östlichen Eingang der berühmten Straße zu passieren.

Durch die Magelhaens-Straße. – Bei den Feuerländern.

Um das Kap Horn, fern im Süden des Feuerlandes, wo greuliche Südweststürme jahrein und jahraus toben und eine ungeheuer wilde Brandung 60 m hoch über die Felsklippen schlägt, fährt kein Seemann gern herum. Es galt für ein besonderes Glück und auch für einen hohen Grad von Geschicklichkeit, wenn einem Kapitän diese Fahrt mehrmals ohne Unfall gelungen war. Früher durften beispielsweise dänische Segelschiffe, die diese gefährliche Reise dreimal ausgeführt hatten, als Auszeichnung die Kriegsflagge führen. Dampfer fahren grundsätzlich nur durch die Magelhaens-Straße. Wieviel Fahrzeuge mögen diese schon passiert haben, seit Ferdinand Magelhaens Schiff 1520 den Reigen der Weltumsegelungen eröffnete! –

Die immerhin nicht ungefährliche Reise durch die Straße kann für fremde Schiffe nur mit Hilfe erfahrener Lotsen unternommen werden. Auch wir hatten einen solchen in Montevideo an Bord genommen. Dicht vor der Einfahrt geschah ein Ungemach: die Vormarsraa brach herunter. Zum Glück wurde keiner von den herabpolternden Holzstücken verletzt. Der Schaden war bald kuriert, da eine Reserveraa angebracht werden konnte.

Wir dampften eine ziemliche Strecke in die Straße hinein, die bis auf einige Engen in ihrer östlichen Hälfte durchschnittlich 40 km breit ist. In der Nähe des patagonischen Ufers gingen wir beim Hereinbrechen der Dämmerung vor Anker. In jenen menschenleeren Einöden gibt es keine Leuchtfeuer, und die Nachtfahrt ist bedenklich. Doch ging es in aller Frühe des Morgens weiter. Meist zeigten sich die Ufer als niedrige, wellige Grassteppen ohne jeglichen Baumwuchs. Dann gab es wieder Strecken mit Steilhängen von 300 bis 400 m, die mit Buschwerk bewachsen waren. Die elenden Hütten von eingeborenen Fischern waren nur selten zu erblicken. Nur vorwärts mit Volldampf, um aus diesem langweiligen Einerlei fortzukommen! Gegen Nachmittag erreichten wir Punta Arenas, den südlichsten Ort der chilenischen Republik. Das war damals noch ein elendes Nest. Einzelne Händler kamen zu uns an Bord und boten

Felle, Federn und andere Sachen feil. Mehrere unserer Offiziere gingen an Land, um dem edlen Waidwerk auf Guanakos zu frönen.

Punta Arenas war vordem eine Sträflingskolonie gewesen. Diese wurde aber später aufgelöst, und nun schien der Ort bei seinem rauhen Klima dem völligen Untergange geweiht. Aber schon damals, als S. M. S. „Prinz Adalbert" ihn besuchte, begann ein Wachstum der Kolonie. Es waren wenige Jahre vorher Steinkohlenlager in der Nähe entdeckt worden, ein köstlicher Gewinn für die Zunahme des Dampferverkehrs in der Magelhaens-Straße. Auch Gold soll in der Nachbarschaft gefunden worden sein. Heute, dreißig Jahre fast später, lese ich mit Erstaunen, wie Punta Arenas, die südlichste Stadt der Welt, sich in eine Weltstadt zu verwandeln beginnt. Da gibt es Hotels mit elektrischer Beleuchtung, da wird eine Kanalisation angelegt. Als kürzlich ein deutscher Reisender durch die Straßen der Stadt schritt, bemerkte er einen Arbeiter, der mit seiner Schippe in der Kanalisationsgrube stand. Derselbe zog gerade die Schnapsflasche hervor, um sich durch einen kräftigen Schluck Brandy zu stärken. „Salud!" (Prost!) rief ihm der Reisende zu und fiel gleich darauf beinah vor Erstaunen auf den Rücken, als es ihm aus der Grube im schönsten Hamburger Platt entgegentönte: „Sall ut! Dat stimmt; aber nich in dienen Magen!" Es war ein echter Hamburger Jung, der es vorzog, statt auf die unsichere Suche nach den Goldlagern zu gehen, lieber beim Straßenbau in Punta Arenas sich durch tüchtige Arbeit ehrlich verdientes Gold zu ergraben. Deutsche in allen Winkeln der Welt!

Wie gefährlich trotz der niedrigeren Ufer auch im östlichen Teil der Magelhaens-Straße die Fahrt ist, das bewiesen mehrere Wracks, die als Opfer wütender Stürme am Strande lagen. Kleine scharfe Felsspitzen treten an vielen Stellen aus dem Wasser hervor. Hier hat die Technik der Zukunft noch eine harte Arbeit vor sich, um durch Sprengungen die Fahrten einst ungefährlicher zu machen.

Bald nach unserem Eintreffen in Punta Arenas hatte sich ein Dampfer vor Anker gelegt, der die Post mitbrachte. Der Steward benutzte die Gelegenheit, um sich von dem Dampfer ein großes Stück Eis zu besorgen. Denn wenn auch der Südwinter hier mit sibirischer Strenge auftritt und ziemlich lange dauert, so darf man nicht vergessen, daß Punta Arenas im Monat Januar doch seine Hochsommerhitze hat.

Eis war bei uns an Bord schon lange eine seltene Ware. Das kostbare Stück wurde deshalb auch gleich in zwanzig Teile zerlegt,

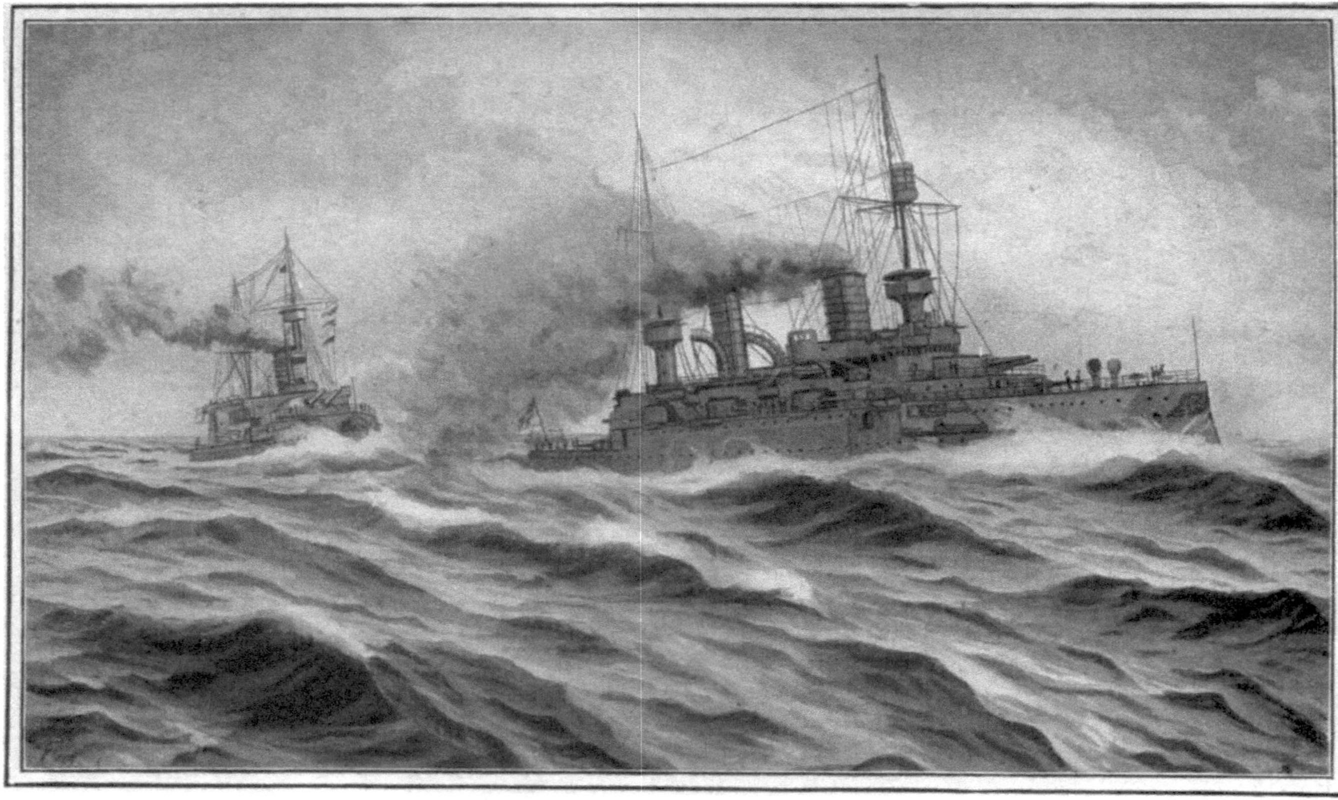

S. M. S. „Kaiser Friedrich III“ (Linienschiff) auf bewegter See.

sodaß jeder Offizier seinen Anteil erhielt. Der Baron von S., der die Ausbildung der Kadetten leitete, war mit auf die Jagd gegangen, hatte mir aber vorher befohlen, ihm sein Stück Eis aufzubewahren.

Die Abwesenheit des Barons wurde von den Kadetten benutzt, um sich in ihrer Messe, zu der auch unser Prinz gehörte, eine Bowle zu machen. Die Kadetten hatten es herausgekriegt, daß sich in meiner Verwahrung noch ein Stück Eis befände. Es kam auch bald einer zu mir gesprungen und sagte: „Schröder, Sie möchten Sr. Königlichen Hoheit doch etwas Eis schicken!" — Ich gab auch ein Stück, obwohl sich in der Stewardseele ein leiser Zwiespalt regte. Ich gab auch trotz des wachsenden Zwiespalts in meiner Seele noch ein zweites Stück. Ja, ich gab schließlich, weil es doch unser Prinz war, der es begehrte, das letzte Stück heraus, nachdem man mich wiederholt gebeten hatte. Mit Bangigkeit aber sah ich der Rückkehr des Barons von S. entgegen. Leise nur wagte ich zu hoffen, daß er vielleicht das Eis vergessen haben werde. Aber bei großer Hitze vergißt man so etwas nie. Er kam und verlangte eine Flasche Markobrunner. Herr Gott, sei gedankt, er verlangte sie ohne Eis! — Doch sollte meine Freude nur von kurzer Dauer sein. Der Baron ließ sich noch eine Flasche bringen — aber das Eis dazu. Ich stand vor ihm wie erstarrt und dachte: „Ach hätten wir doch eine Eismaschine an Bord!" — Zögernd berichtete ich ihm, was geschehen war, daß ich Sr. Königlichen Hoheit das Eis zu einer Bowle gegeben hätte. Na, das Donnerwetter, daß da über mich hereinbrach, werde ich nicht so leicht vergessen. „Wie können Sie sich unterstehen" usw. Während der Baron noch so mit mir plauderte — das heißt, ich sagte nichts — kam wieder auf der Hintertreppe ein Kadett zum Vorschein. „Schröder, Sie möchten Sr. Königlichen Hoheit noch ein Stückchen Eis schicken!" Der Baron hörte es und rief: „Seekadett von B., kommen Sie mal her! — Wie kommen Sie dazu, hier Eis zu verlangen? — Sofort sämtliche Kadetten an Deck antreten!" Da mußten nun die armen jungen Herren über eine Stunde das verschlungene Eis verdauen, und außerdem bekamen sie noch am andern Tage ihre Strafe.

Ich wußte nur zu gut, daß ich durch meine allzugroße Bereitwilligkeit die Sache verschuldet hatte. Deswegen ging ich unserm Prinzen aus dem Wege, so weit das auf einem Schiffe möglich ist. Eines Tages aber lief ich Sr. Königlichen Hoheit direkt in die Hände. Er drohte mir und sagte: „Na, warten Sie, Schröder! Das

6

werde ich Ihnen nie vergessen!" Ich sagte wehleidig: „Ja, Königliche Hoheit, ich konnte doch nichts dafür!" Allmählich kam dieser kleine Zwischenfall in Vergessenheit. Mir selber war die Eisgeschichte zu peinlich gewesen; so wurde ich denn seit der Zeit ähnlichen Forderungen gegenüber immer sehr eisig.

Am selben Abend gab es in der Messe noch ein Abschiedsessen, an welchem der Konsul und einige Einwohner aus Punta Arenas teilnahmen. Am nächsten Morgen ging unsere Fahrt weiter. Zunächst gelangten wir in der Richtung nach Süden zu dem 100 km entfernter liegenden Kap Froward. Kap Froward ist der südlichste Punkt des südamerikanischen Festlandes. Hier wendet sich die Straße im rechten Winkel nach Nordwest. Mit der Fahrtrichtung ist auch das Naturbild von nun an völlig anders geworden. Wie durch einen Zauber fühlt man sich in eine großartige Gebirgswelt versetzt, als ob man aus einer armseligen Heidelandschaft urplötzlich in die nordischen Fjorde gelangt wäre. Die Ufer Patagoniens zur Rechten und die des Feuerlands zur Linken sind oft knapp einen Kilometer nur von einander entfernt, die steilen, vielfach zerklüfteten Hänge mit Buschwerk und dichten Wäldern bedeckt. Darüber erheben sich fern im Hintergrund gewaltige Schneefelder und Gletscher der Anden und der Riesenhöhen des Feuerlandes. Was war das für ein unbeschreiblich großartiges Naturbild, als diese Kristallmassen im Sonnenschein bläuliche und grünliche Farbenspiele zeigten! Hunderte von dunklen, breiten Bändern, Gletschermoränen, zogen sich bis in das graugrüne Wasser der Straße, wo auf den treibenden Seetanginseln Schwärme von Pinguinen ihre Nahrung suchten. Kam unsere Korvette einmal dem Felsenrande etwas näher, so konnte man wohl hier und da einen Kolibri im Sonnenlicht schillern sehen, und ein krächzendes Geschrei verriet, daß selbst eine Papageienart in diesem einsamen Weltwinkel ihre Nester baut. Jene fernen Schneefelder mochte wohl noch niemals eines Menschen Fuß betreten haben. Daß aber die wildromantischen Uferhänge von Menschen besiedelt waren, davon sollten wir uns durch den Augenschein bald überzeugen. Gerade war das Panorama in einer besonders schmalen Enge wieder von einer berückenden Schönheit; Urwald mit undurchdringlichem Gestrüpp und Unterholz, ungeheure Schluchten, die einen Durchblick auf die Eisberge im Hintergrunde gewährten, sahen wir im langsamen Vorüberfahren, als plötzlich ein Kanoe mit Wilden vor dem Bug der Korvette erschien. Sogleich stoppte die Maschine. Alles stürzte nach dem Oberdeck, um den interessanten Anblick dieser Feuerländer zu genießen. Als ich mich mit den Kameraden über die Reeling beugte und die gelbroten Naturmenschen betrachtete — wahrhaftig, von Kultur keine Spur, bloß Natur — da fiel mir unwillkürlich das plattdütsche Lied vom Hambörger Kocksmaat ein, das der Koch auf dem Dreimastschoner „Providentia" zu singen pflegte, wenn ihn ein Glas Grog in gute Laune gebracht hatte:

Up Kap Hoorn, seggt he,
Seeg 'k 'n Wil'n, seggt he,
De ded lud, seggt he,
„Hummel!" brüll'n, seggt he.
„Dunner!" dacht ick, seggt he,
Dat's wat Rar's, seggt he,
Ick föhr af, seggt he,
Röp — hurra!"

In dem Boot saßen drei Männer und ein Mädchen. Nur ein Schurzfell bildete ihre Garderobe. Lange schwarze Haare hingen ihnen in Strähnen herab. Bei ihrem Schreien und Betteln blitzten uns ihre weißen Zähne entgegen. Ihr Verlangen nach Rum und Tabak war von so leidenschaftlichen Bewegungen begleitet, daß das elende Kanoe jeden Augenblick umzuschlagen drohte. Auf einem ebensolchen Fahrzeug kamen noch drei wohlbeleibte Weiber heran, deren Heulen und Schreien alle Xantippen Europas in den Schatten stellte. Aber seltsam! so ungeheuer dreist sie im Fordern und Betteln waren, so scheu wichen sie jeder Berührung aus, als einige von unseren Matrosen den Fuß auf ihre Kanoes setzen wollten. Sie wollten sich absolut nicht ankommen lassen, und die Kleinigkeiten, die sie geschenkt erhielten, mußten ihnen in die Boote geworfen werden.

Der Berliner Kienscherf hatte sich von dem Zahlmeister einen alten Rock geholt, den er den Weibern entgegenhielt. Die blanken Knöpfe am Rock schienen ihnen ungeheuer zu gefallen. Sie streckten gierig die Hände danach aus. Eins der Weiber haschte schließlich mit einem Triumphgekreisch die Beute. „Kiek mal her, Mieze!" rief Kienscherf der Feuerländerin zu; „Kiek mal, so mußt de de Beene durch de Ärmel stechen!" Er machte ihr durch Zeichen begreiflich, was sein Zuruf wollte. Unter dem schallenden Gelächter der Matrosen versuchte die Wilde das Kunststück, ihre Beine in die Ärmel zu zwängen. Dabei machte sie ein so urkomisches Gesicht und verrenkte sich fast die Glieder, daß ein lautes „Hurra!" vom

6*

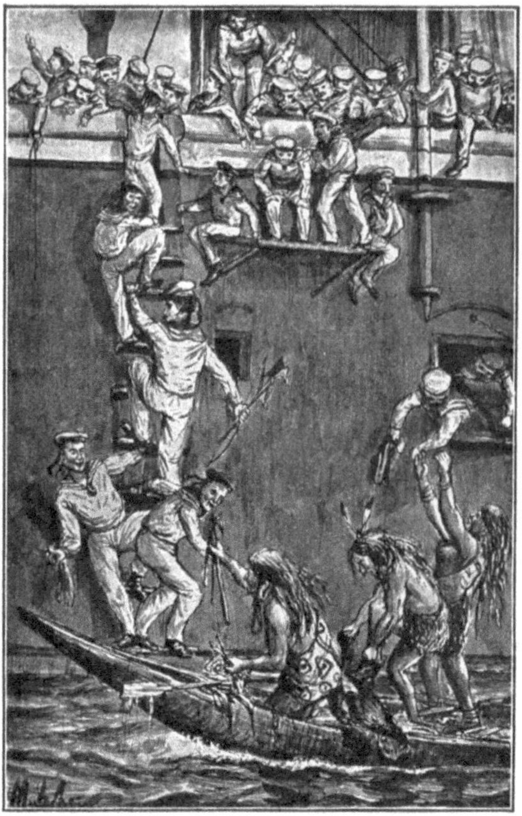

Schiffe erschallte. All ihre Bemühungen, mit ihren plumpen Beinen hineinzukommen, blieben vergeblich. So legte sie schließlich den Rock zu den übrigen Kleinigkeiten.

In Ermangelung von Kleingeld in deutscher Reichsmünze gaben die Wilden ihre Jagdgeräte und Waffen, die meist aus Stein gefertigt waren, in Zahlung. Nachdem das Tauschgeschäft abgeschlossen war, setzte sich unser Schiff wieder in Bewegung. Eine Weile versuchten die Wilden mit uns gleiche Fahrt zu halten, indem sie mit ihren kleinen Bootskellen aus Leibeskräften ins Wasser schlugen. Ihr Geheul und Gebrüll klang uns noch lange in den Ohren, als sie unsern Blicken längst entschwunden waren.

Schon kündete sich die Nähe des Stillen Ozeans durch ein reicheres Tierleben an. Seebären und Walrosse wälzten sich auf den Felsblöcken. Wir fuhren oft durch so enge Stellen, daß wir die Ufer mit einem Steinwurf hätten erreichen können. Mehrfach hatten wir bei der Durchfahrt Tafeln von Seefahrern bemerkt, die hier solch ein Erinnerungszeichen gestiftet hatten. Auch bei uns wurde es beschlossen. Als der Abend nahte, wurde in einer landschaftlich wunderschönen Bucht geankert. Ein Boot wurde herabgelassen, um unsere große Tafel an einem uralten Baumriesen am Ufer anzubringen. Die Tafel enthielt die Inschrift, daß S. M. S. „Prinz Adalbert“ an diesem Tage und Jahre die Straße passierte. Möge unser Zeichen in jeder deutschen Seemannsbrust das schöne Heimatsgefühl an diesem Ort aufglühen lassen!

Der dichte Urwald rings umher war viel zu verlockend, al daß unsere Offiziere nicht einmal nach den Jagdgewehren hätte greifen sollen. Mehrere Matrosen fuhren mit Netzen und Fischerei gerätschaften auf den Fang aus. Der Matrose Rätke, ein Danzige Fischer, war der sachkundige Leiter. So fehlte es denn auch nich an reicher Beute. Unter anderem war auch ein großer Lachs in Garn gelaufen, der eine schöne Mahlzeit für die Offiziersmesse lieferte

Vom Kap Tamar an wird die Straße wieder breiter. Si wird nun die „Seestrecke" genannt. Nach Norden zweigt sich de wegen seiner großen Naturschönheit berühmte Smith-Kanal ab

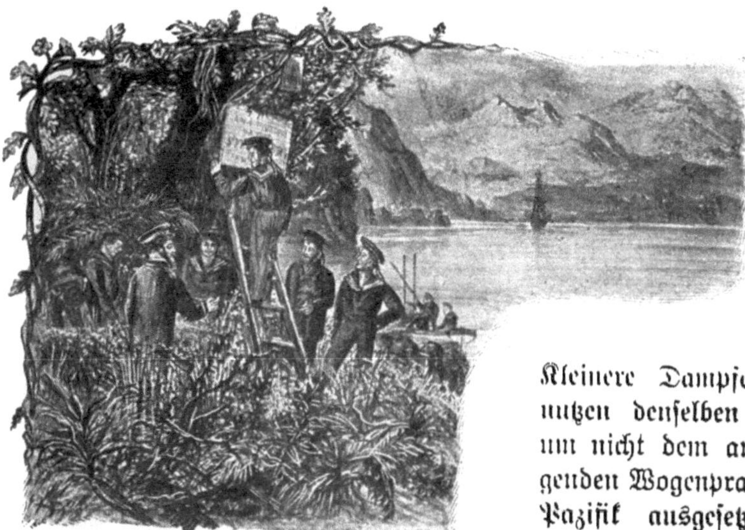

Kleinere Dampfer be nutzen denselben gern um nicht dem andrän genden Wogenprall de Pazifik ausgesetzt z sein, der bei der Aus fahrt aus der Straße schon manches Schiff verschlungen hat. Auch wi hätten den Kanal benutzt, aber es lagerte über seinem Eingang ei dichter Nebel, und ein heftiger Sturm nötigte uns, mit Volldampf au allen Kesseln die Seestrecke der Magelhaens-Straße weiter zu verfolgen Die Fahrt gestaltete sich wenig amüsant. Wie ein Gummiball wurd S. M. S. „Prinz Adalbert" von den großen Seeen auf und niede geschleudert. Immer weiter gingen die Bergkulissen der Straße aus einander. Undurchdringliche Nebelmassen umhüllten sie. Nur die von Eis und Schnee starrenden Spitzen glitzerten bis hoch in die Wolken.

Lächerlich kam es uns vor, daß dieser Ozean, der sich nun heulend vor uns auftat, den sanften Namen des Pazifischen erhalten konnte. Wir setzten bei starkem Winde alle Segel und fuhren die Westküste Südamerikas gen Norden entlang.

Wie de Kock den Kranken ehr Beefsteak upeten deiht un davon kuriert ward.

Ein jedes Tierchen hat sein Pläsierchen. Auf einer langen Schiffsreise kann man hinreichend Gelegenheit finden und beobachten, wie die verschiedensten Talente und Neigungen sich betätigen. Unser Marineochsenwärter bemühte sich seine musikalischen Anlagen auf der Ziehharmonika zu entwickeln, Rätzke aus Danzig schnitzte Boote, Spitzler komponierte, Wolf drehte Zigaretten, und ich, ich widmete mich als verflossener Lithograph der göttlichen Kunst Raffaels! Ich machte mich daran, mit Bleistift ein Bild der Maria Stuart, das ich auf einem Blatt der „Gartenlaube" fand, strichweise zu kopieren. Als ich just damit fertig war, überraschte mich der Messevorstand und nahm meine Zeichnung mit in die Messe, wo sie allgemeinen Beifall fand. Die Unteroffiziere hatten auch bald mein Maltalent entdeckt. So kam denn eines Tages mein Freund, der Feuerwerksmaat Teßmer, mit der Bitte zu mir: „Künnen Sei nich mal den Mannschaftskock uptekeu, wie hei de Kranken ehr Beefsteak upeten deiht? Denn ick heww dat seihn, dat hei för de Kranken man ümmer Soltfleisch gifft, un sick von dat frisch Fleisch en Beefsteak brad un sülvst vertehrt het. Dat Tekenmaterial will ick dato besorgen!" — „Versöken will ick't woll, äwer denn müßt' ick ierst den Kock sien Kombüs' un sien Schapp afteken", sagte ich. Teßmer wollte mir dazu Gelegenheit geben und darauf achten, daß man mich nicht beim Abzeichnen überraschen könnte. „Dor war ick schon vör uppassen, dat laten Sei man mien Sak sin!" versprach er. Bald darauf konnte ich auch die Kombüse zeichnen mit dem offenstehenden Spind, worin ein Teller mit dampfendem Beefsteak sich befand. Vor dem Spind stand der alte bärbeißige Koch, ein Oberbootsmannsmaat mit langem Backenbart, wie er auf einer Gabel ein Stück Fleisch zum Munde führt.

Eben war ich mit meiner Zeichnung fertig, als der Stabsarzt in meine kleine Pantry eintrat, um etwas zum Trinken zu bestellen. Hastig suchte ich das Bild zu bedecken. Aber es entging seinem forschenden Blick nicht. „Was haben Sie denn da wieder Schönes gezeichnet, Schröder?" fragte er. Ich gab eine ausweichende Antwort, die ihn nur noch neugieriger machte. „Na, zeigen Sie mir es doch mal!" Wohl oder übel mußte ich den über die Zeichnung gelegten Bogen fortnehmen. „Das ist ja der Mannschaftskoch!" rief der Stabsarzt aus. „Was hat er denn auf der Gabel?" — Der Stabsarzt nahm die Zeichnung mit in die Messe. Der erste Offizier und noch mehrere andere befanden sich gerade dort. Kaum hatte der erste Offizier einen Blick auf das Bild getan, so runzelte er die Stirn, sprach leise mit dem Stabsarzt und ließ dann durch den Läufer den Mannschaftskoch herbeiholen. Der Koch erschien mit ganz erstauntem Gesicht. Das Bild wurde ihm entgegengehalten. „Wer soll denn das wohl sein?" Ein lautes Gelächter der Offiziere ertönte, als er verdutzt antwortete: „Herr Kapitän, das soll ich wohl sein!"

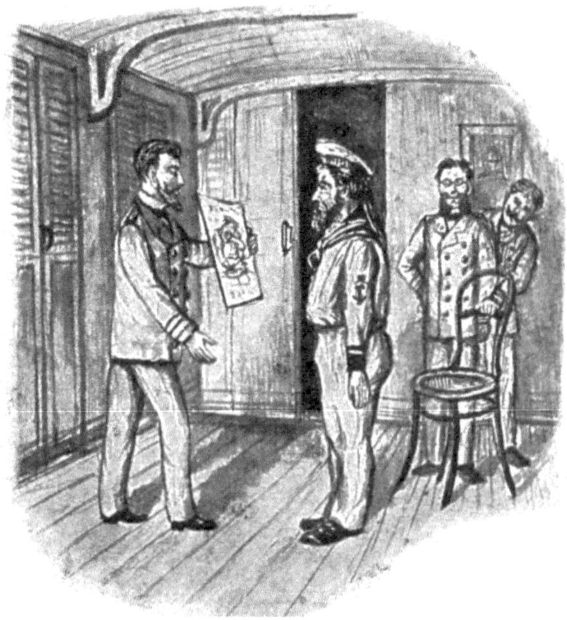

„Obermaat", befahl nun der erste Offizier, „Sie geben von jetzt ab die Krankenküche an den Kadettenkoch ab!"

„Dat hewwn Sei äver mal schön mokt!" sagte Teßmer an diesem Abend zu mir, bevor ich in meine Hängematte kroch. Er lachte schadenfroh und nahm mir das Versprechen ab, ihm mal wieder etwas zu zeichnen, wenn es nötig sein sollte, eine delikate Sache in Ordnung zu bringen. In der Tat ist solch ein kleines Bild ein wirksames Mittel, die Aufmerksamkeit auf irgend welche Unregelmäßigkeit zu lenken, ohne daß man als direkter Angeber zu gelten braucht.

Festtage in Valparaiso.

Acht Tage waren wir mit schöner Brise nordwärts gesegelt. Da wir im nächsten Hafen auf einen großen Empfang hoffen durften, so lag uns viel daran, dem Schiff ein sauberes Aussehen zu geben. So wurde denn wieder fleißig geputzt, gestrichen und geordnet, und alle Hände hatten damit vollauf zu tun. Dann machten wir Dampf auf. Bei herrlichem Wetter ging S. M. S. „Prinz Adalbert" vor Valparaiso vor Anker. Zahlreich kamen die Bumboote nach unserer Korvette, um uns die mannigfaltigsten Produkte Chiles anzubieten. Valparaiso — Paradiestal — nun, der Name ist sicherlich etwas sehr kühn gewählt. An Gehängen steiler, rotbrauner, kahler Berge liegt diese Stadt in einer recht unfruchtbaren Gegend. Valparaiso ist eine reine Handelsstadt, das verrieten auf den ersten Blick die Zollhäuser, die Warenschuppen, die Hafenbilder, das lebhafte Treiben überall und der rege Geschäftsgeist an diesem mächtig aufstrebenden Platz. Ja, vom geschäftlichen Standpunkt betrachtet, mag es mit dem Tal des Paradieses schon seine Richtigkeit haben. Deutsche Landsleute sind hervorragend am Handel Chiles beteiligt, und welche Rolle sie hier spielen, davon sollten wir Gelegenheit haben, uns zu überzeugen.

Der Empfang, den uns die deutschen Kaufleute in Valparaiso bereiteten, übertraf unsere höchsten Erwartungen. Nachdem Besuch an Land und Gegenbesuch fast aller Deutschen an Bord stattgefunden hatte, veranstaltete der deutsche Sängerbund einen großartigen Unterhaltungsabend. Alle unsere Offiziere waren anwesend. Auch der deutsche Minister-Resident für Chile war zugegen. Die fröhlichste Stimmung entfaltete sich, denn die Gäste nahmen das ihnen Gebotene freudigen Herzens auf. Nach dem Trinkspruch auf Seine Majestät erklang ein solcher auf die Gäste, den unser erster Offizier mit warmen, zu Herzen gehenden Worten beantwortete. Als darauf der Minister-Resident das Wort ergriff, um seine deutschen Landsleute in äußerst liebenswürdiger und freundlicher Weise zu feiern, da drängte sich alles an ihn heran, um mit dem Träger so vortrefflicher Gesinnungen sein Glas zu leeren. Das

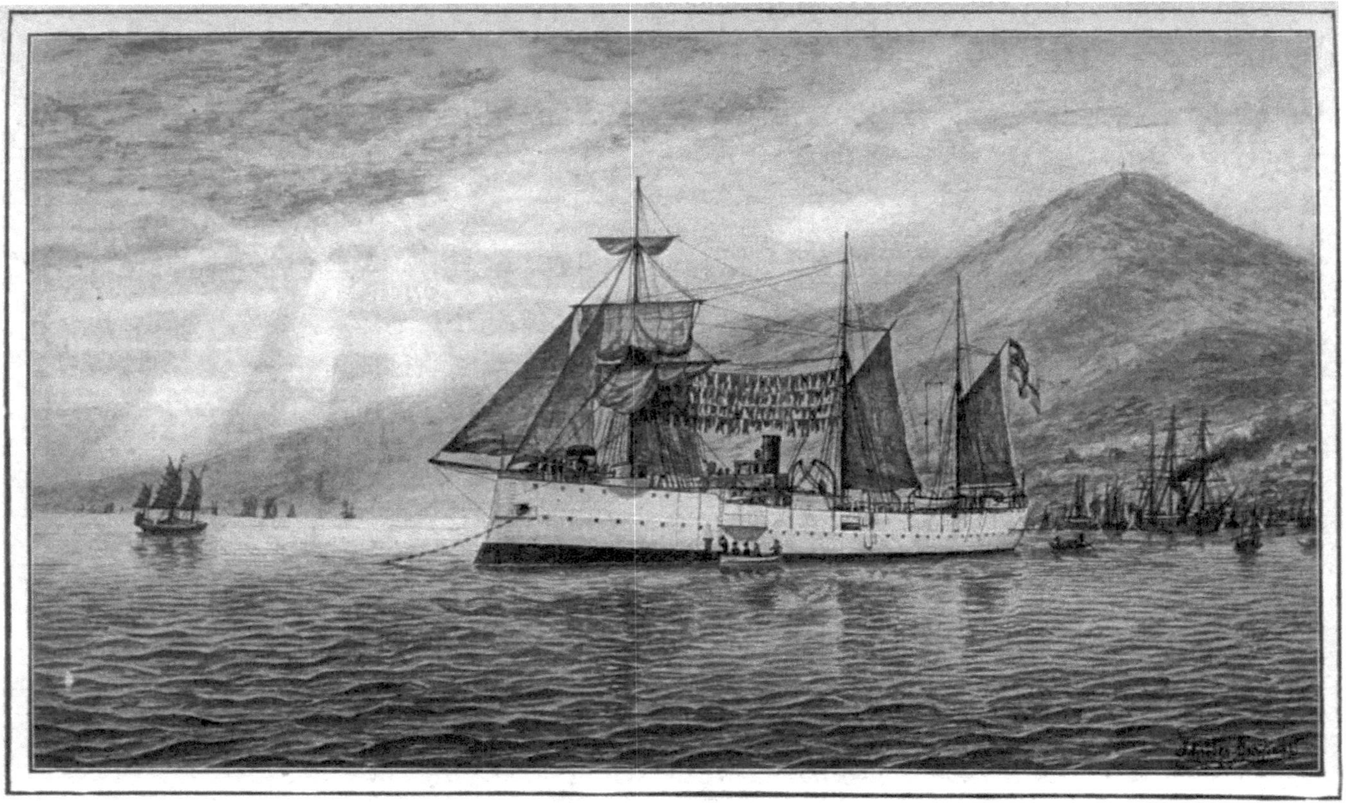

S. M. S. „Falke“ vor Hongkong.

selten schöne Fest gehört mit zu den erhebensten unserer Reiseerinnerungen.

In allen deutschen und chilenischen Zeitungen stand ein Willkommengedicht, mit welchem S. M. S. „Prinz Adalbert" begrüßt wurde. Es gibt ein Bild von dem herrlichen deutschen Geiste, der unsere Landsleute im fernen Südamerika mit uns so innig vereint.

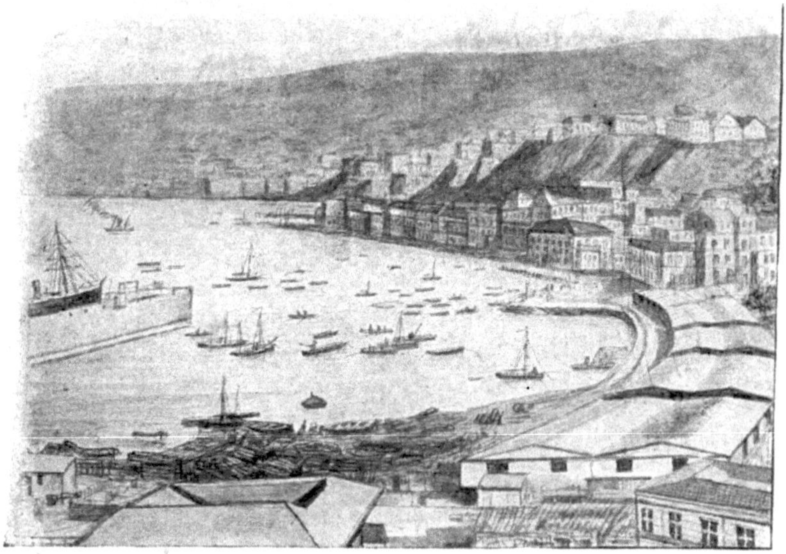

Jahrzehnte sind's, als hier ein Anker fiel
Von deutschen Flaggenschiffes starkem Kiel.
Und als zum erstenmal an dieser Küste
Ein donnernd deutsch Geschütz vom Bord uns grüßte,
War das ein Tag für uns voll stolzer Lust.
Wie klopfte laut das Herz uns in der Brust!
Es reichte über's Meer das Vaterland
Zum erstenmal uns Fernen seine Hand.
Als schwarzweißrot vom Mast der Wimpel flog,
Ein froher Geist in unsere Herzen zog,
Uns grüßte ja, — o freudenvoller Tag! —
Ein lockend' Zukunftsbild in dieser Flagg'.

Damals gelobten wir voll Dankbarkeit
Der lieben Heimat Treu' für alle Zeit,

Für immer! Ob auch mancher nie von hier
Zurücke wiederkehren kann zu ihr,
Doch hält er treu zu deutscher Sitt' und Art,
Und jedesmal, wenn er ein Schiff gewahrt,
Von dessen Mast die deutschen Farben weh'n,
Läßt er durch seinen Sinn die Bilder geh'n
Der großen Zeit, wo Schlachtenlärm erklang
Und Deutschland Sieg und Einheit sich errang.

So heute auch. Es sendet mit den Söhnen
Die Heimat Grüße uns! Vom Schiffe dröhnen
Die Salven, Wimpel flattern stolz vom Maste.
Jetzt, Brüder, huldigt einem lieben Gaste!
Der ihn gesendet hat, ist unser greiser
Erhab'ner Held, ist Wilhelm, unser Kaiser.

Wohl mancher saß auf hohem Fürstenthrone
Und blieb doch klein, trotz Purpur, Szepter, Krone.
Doch wer wie er gezeigt hat seinem Land,
Wie treu sein Herz, wie stark auch seine Hand,
Wer so wie er erfüllte seine Pflicht,
Im höchsten Alter selbst mag rasten nicht,
Nur seines Volkes Glück als Ziel begehrt,
Ist aller Liebe und Verehrung wert.

Käm irgend einer nur in unser Land,
Mit kaiserlichem Gruß von ihm entsandt,
Sei, wer es sei, des Kaisers Bote wär'
Stets hochwillkommen uns wie keiner mehr.
Doch wie? — Zum Boten wählt er hochgesinnt
Sein Fleisch und Blut, sein eigen Enkelkind.
Er sprach zu ihm: „Geh, Kind, tritt an die Fahrt!
Gott segne dich! Du bist von guter Art!

Geh, zeig' dich unserm Volk in ferner Welt!
Bring' meinen Kaisergruß in ihr Gezelt
Und sage allen unserer Nation,
Daß Hohenzollerngeist wacht auf dem Thron,
Erfüllt stets von der Pflicht, das Reich zu schützen,
Daß unser Ruhm heißt: schaffen! fördern! nützen!

Nun Gott befohlen! Er lenk' deine Schritte,
Führ' glücklich heim dich einst in uns're Mitte
Und gebe, daß ich dir noch einmal dann,
Mein wack'rer Sohn, die Stirne küssen kann!"

O deutsches Blut, wenn solch ein hoher Gast
Von deinem großen Kaiser so dich grüßt,
Wie wird dein Herz von freud'gem Stolz erfaßt,
Von heil'gem Stolz, daß du ein Deutscher bist.
Es flammt in dir bei solchem Kaisergruß
In reiner Glut der deutsche Genius.

Dieser echt vaterländischen Gesinnung entsprach die großartige Gastfreundschaft, die uns manchmal durch ihre zartgefühlten Aufmerksamkeiten wirklich rührte.

Ein Glanzpunkt der festlichen Veranstaltungen zu Ehren unseres Prinzen war der große Ball im Saal der Philharmonie zu Valparaiso. Mit köstlichen Blumen und Blattpflanzen war der schöne Saal schon vor Beginn des Festes herrlich geschmückt. Blendend aber wurde der Anblick, als ein reicher Flor kostbar geschmückter Damen, meist aus chilenischen Häusern, sich eingefunden hatte. Gegen 10 Uhr betrat der Prinz nebst Gefolge den Festraum, wo er von dem Minister-Residenten und dem Festkomitee empfangen wurde. Der Prinz, welcher die Uniform eines Leutnants zur See mit Schärpe und Orden trug, begrüßte die ihm vorgestellten Herrschaften und unterhielt sich darauf längere Zeit mit der Gemahlin des deutschen Generalkonsuls. Don Anibal Pinto, der Präsident der Republik Chile wurde nunmehr gemeldet. Unser Prinz ging in Begleitung der hohen Militärs und der Herren vom Komitee dem energischen Staatschef entgegen. Die Klänge der chilenischen Nationalhymne ertönten, als sich die Herrschaften zu den Sitzplätzen begaben. Der Ball begann mit einer Quadrille, die sich in zwei Kolonnen bewegte und durchaus modern ausgeführt wurde.

Für die Unterhaltung unserer Mannschaften war durch die festlichen Veranstaltungen der verschiedenen deutschen Vereine gesorgt. Jetzt kam unseren Blaujacken wohl zu statten, daß sie auf der Fahrt durch den Atlantischen Ozean die Tanzkunst gehörig geübt hatten.

Der Abschiedstag rückte näher. Am Vorabend fand noch das Abschiedsfest an Bord S. M. S. „Prinz Adalbert" statt. Das Offizierkorps hatte dazu zahlreiche Einladungen an die Ballbekanntschaften in Valparaiso ergehen lassen. Am Nachmittag wurden die Gäste durch unsere Boote an Bord geholt. Das durch Sonnensegel geschützte Hinterdeck war mit Hilfe von Flaggendekorationen zu einem Festraum hergerichtet worden, der angenehm luftig war. Das Wetter war nämlich sehr warm. Unsere Offiziere boten durch Höflichkeit und Liebenswürdigkeit alles auf, um ihren Gästen den besten Eindruck zu hinterlassen. Für Speise und Trank war ausgezeichnet gesorgt. Begeistert wurde der Trinkspruch unseres Kommandanten auf den Präsidenten der Republik aufgenommen. In jener Stunde ahnte keiner, daß schon wenige Wochen später ein See- und Landkrieg Chiles gegen Peru und Bolivia losbrechen sollte, den Präsident Pinto nach heißen Kämpfen und großen Siegen glücklich zu Ende geführt hat. Der Abschied nach dem Fest war überaus herzlich. Die Gäste wurden wieder an Land gebracht. Bald darauf dampften wir unter den Klängen der chilenischen Nationalhymne in See. Im Hafen von Valparaiso aber stiegen als letzte Grüße Hunderte von Raketen in den Abendhimmel hinauf.

Zum zweiten Mal über den Aequator.

Einige Tage später liefen wir den Hafen an, der in den Kämpfen zwischen Chilenen und Peruanern den heiß umstrittenen Siegespreis der ersteren bilden sollte.

„Wie heeßt det Nest doch jleich?" fragte Kienscherf, als er seine Augen der Stadt zuwandte, die dort mit ihren zum Teil aus Holz gebauten Häusern uns immer näher kam.

„Iquique, Mensch!" erwiderte der besser unterrichtete Kamerad mit der richtigen Aussprache des spanischen Namens.

„Schafskopp!" brummte Kienscherf ärgerlich. „Ick frage dir nach 'n Namen von det Nest. Von't Ankieken erfahr' ick doch 'n Namen nich." — „Hier stimmt's aber, Berliner! Wenn ich dir sage: i kieke! so hast du auch schon den Namen. Verstehst du jetzt?" Kienscherf lachte. „Det is ja jrade so wie bei uns in de Köp'nicker Heide. Da liegt so'n kleenet Nest mitten mang die Fichten. So recht idyllisch, verstehste! Wunderste dir ieber det Nest un machst die andern Brieder daruff uffmerksam „Kieke mal!" denn haste ooch jleich den Namen. Et heeß nämlich Kiekemal." —

Wir wurden in Iquique recht herzlich empfangen. Die vielen hölzernen Gebäude des Ortes hatten ihre Erklärung in dem furchtbaren Erdbeben, das zwei Jahre vorher einen großen Teil der Steinbauten vernichtete.

Schon am nächsten Tage ging unsere Fahrt nach dem peruanischen Hafen von Mollendo. Wegen der starken Brandung mußte draußen an einer Boje festgemacht werden. Der Konsul besuchte uns an Bord. Wir gingen wieder in See, bekamen gute Brise und liefen mit 8 Knoten Fahrt unter vollen Segeln die Küste Perus entlang, wobei wir manchen prachtvollen Blick auf die majestätischen Höhen der Kordilleren genossen. Auf der Reede von Callao warfen wir die Anker aus. Diese Hafenstadt, in welcher das Zollhaus und die Hafendämme die einzigen Bauten von Bedeutung sind, machte im ganzen einen düsteren, schmutzigen Eindruck. Viele von uns benutzten den erhaltenen Urlaub, um mit der Eisenbahn einen Abstecher nach der nahe gelegenen Hauptstadt Perus zu unternehmen. Ein Prachtgebäude ersten Ranges ist hier die hochragende, zweitürmige Kathedrale, das Wahrzeichen Limas.

Wie in Valparaiso, so wurde auch in Callao ein Ballfest an Bord der Korvette veranstaltet, zu welchem viele Gäste aus Lima kamen und das einen schönen Verlauf nahm.

Unser Vorrat von Kohlen und Proviant wurde im Hafen von Callao gehörig ergänzt. Darauf lichteten wir am Sonntag, den 1. März die Anker und gingen mit Musik und bengalischer Beleuchtung wieder in See. Mit vollen Segeln liefen wir die Küste von Ecuador entlang. Heißer und immer heißer glühte die Luft. Es wurde ja der Äquator passiert. Schwärme von fliegenden

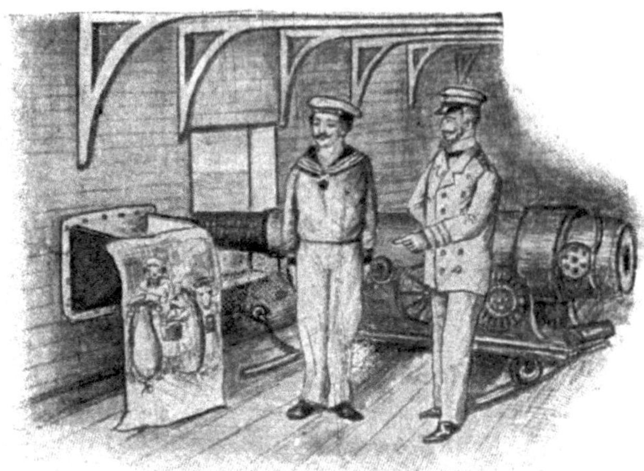

Fischen, ungeheure Seeschildkröten, große Seekrebse und abenteuerlich gestaltete Mollusken gaben Zeugnis von dem reichen Tierleben dieser Meeresstriche.

Unser Mannschaftskoch mochte wohl allzusehr von der doppelten Hitze leiden, die er hier auszustehen hatte. Verschiedene Male kamen Erbsen- und Bohnensuppe schauderhaft angebrannt auf den Tisch. Zwar mußte jeden Mittag dem wachthabenden Offizier ein Teller voll zur Probe gebracht werden. Doch hatte das nichts zu sagen, weil die Proben immer frühzeitig dem Kessel entnommen wurden und das vertrackte Anbrennen erst hinterher geschah. Teßmer hielt diesen Zustand nicht auf die Dauer aus. Er kam wieder zu mir: „Sei möten mal wedder een Bild maken, damit de Kock nich länger de Supp anbrennen lött!" „Teßmer", be gütigte ich, „hewwen Sei ok woll dran dacht, dat dat hier bi de Hitt een swooret Stück is, för vierhunnertföftig Minschen Eten to koken. Well'n Sei sick doch mal sülvst to den Posten!" — Er überlegte und nickte. „Sei hewwen jo recht!" sagte er. „Aber mihr uppassen künn hei doch!" Er brachte mir Papier, Pinsel und Tusche. Ich zeichnete den Koch diesmal vor der Kombüse stehend, wie er mit der großen Schöpfkelle vor ihm stehenden Schweinen in Matrosenkleidung das Essen in die Backen (Näpfe) schüttete, die sie mit dem Maule trugen. Teßmer fand die Zeichnung famos. Am Sonntag vor der Musterung hängte er sie in der Batterie auf. Der erste Offizier bemerkte das Bild. Er rief den Feuerwerksmaat der Wache und fragte, was das für eine Zeichnung sei. „Ueber Bord damit!" befahl er. Da er aber den Sinn verstanden hatte, ging er zu dem Koch und wusch ihm gehörig den Kopf. Noch mehr. Er ließ sich alle Tage eine Essenprobe bringen, aber wie es von den Leuten geholt wurde. „Dat het holpen", meinte Teßmer. „Hei kann ganz got koken, wenn hei man uppaßt!" Die Zeichnung hatte er aber nicht über Bord geworfen. Vielmehr beabsichtigte er, sie dem Koch bei passender Gelegenheit zu Gesicht zu bringen.

An der kolumbischen Küste trat Windstille ein. Mit dem Segeln war's schon wieder einmal vorbei. Daher wurde Dampf aufgemacht und am 14. März gingen wir auf der Reede ungefähr vier englische Meilen von Panama vor Anker. Es war eine höllische Hitze. Man hatte das Gefühl, als wenn unser Schiff in einen Backofen geschoben wäre. Auch nicht ein einziger barmherziger Windhauch war zu spüren. Die Gegend ist berüchtigt wegen ihrer gelben Fieber. Deswegen bekam auch keiner von uns Urlaub, mochte die Natur noch so lockend mit ihrer tropischen Schönheit winken. Nur der Steward fuhr in einem Boot an Land. Aber er hielt sich bloß so lange auf, als nötig war, um den Einkauf von Bananen, Ananas, Melonen und sonstigen Früchten zu besorgen. Auch Blumen zum Ausschmücken der Tafel in der Offiziersmesse brachte er mit, darunter Orchideen von köstlicher Pracht. Vier Tage blieben wir in diesem heißen Winkel liegen, der vielleicht einmal im Weltverkehr die größte Rolle spielen wird, wenn der vielgenannte Kanal von Panama Pacific und Atlantic in Verbindung gebracht hat. Damals schon wurde viel davon geredet. Heute nach 30 Jahren ist das Projekt noch lange nicht zu Ende geführt. Die klimatischen Verhältnisse mögen wohl ein Haupthindernis bei dem Kanalbau sein. Der von den Yankees geplante Kanal von Nicaragua scheint mehr Aussicht auf seine Fertigstellung zu haben, obwohl es auch dort nicht an Schwierigkeiten fehlen soll. Der Abschied von diesem Backofen und Mosquito-Paradies fiel uns nicht schwer. Wir atmeten glücklich auf, als wir wieder in See waren und mit etwas Brise unseren Kurs nach Nord fortsetzen konnten. Alle Segel wurden gesetzt. Voller Lust und Fröhlichkeit machten wir uns wieder daran, mit Sand und Steinen das Schiff zu scheuern und nobel zu machen. Kaisers Geburtstagsfeier war ja nahe. Am 22. März war Musterung im Paradeanzug. Der Kommandant brachte ein dreifaches Hurra auf Seine Majestät Kaiser Wilhelm I. aus. Ergreifend erklang der Choral „Nun danket alle Gott!" Eine solche Feier auf hoher See macht einen erhebenden, unvergeßlichen Eindruck. Die Offiziersmesse gab ein Festdiner, an dem unser Prinz teilnahm. Freizeit, Tanz und Belustigung aller Art gestaltete den Tag für die Mannschaft zu einem Jubeltag erster Ordnung.

Wenige Tage später liefen wir in den mexikanischen Hafen von Acapulco ein. Wir kamen hier eigentlich zu recht ungelegener Zeit an. Es sollte nämlich ein Revolutiönchen, wie sie in Mexiko bis in die neuere Zeit hinein an der Tagesordnung waren, in Szene gesetzt werden. Ein Teil der Garnison von Acapulco war ausgekratzt; der andere wurde eingesperrt gehalten. Aus Respekt vor unserem Kriegsschiff wagten die edlen Sennores mit ihrem Bürgerkrieg nicht anzufangen. Die Salutschüsse unserer Korvette waren ihnen wie ein heilsamer Schreck in die Knochen gefahren. In der Nähe des Hafens gab es in den Lagunen und Schilfdickichten am Strande zahlreiche Alligators; unsere Offiziere hatten aber keinen Erfolg mit ihrer Jagd auf diese unangenehmen Scheusale. Sie brachten nur Papageien und Affen als Beute mit. Außer den Alligatoren machten auch noch andere Bestien die Hafengegend unsicher. Gefräßige Haifische wagten sich bis dicht an den Strand. Der Konsul von Acapulco erzählte unserem Kommandanten, daß schon manches Negerlein seine Lust an einem Bade mit dem Tode habe büßen müssen, da er von einem Haifisch aufgefressen worden sei. Diese Warnung genügte vollkommen, um den „Prinz Adalbert" Leuten die Sehnsucht nach einem Seebade zu vertreiben. Hingegen beschlossen sie aber zu versuchen, ob nicht die Negerlein von Acapulco einmal, umgekehrt wie sonst, zu einem Haifischschmaus kommen könnten.

Sowie die Absicht zu einer Haifischjagd der Mannschaft bekannt gegeben war, packte sie alle das Jagdfieber. Ein großer,

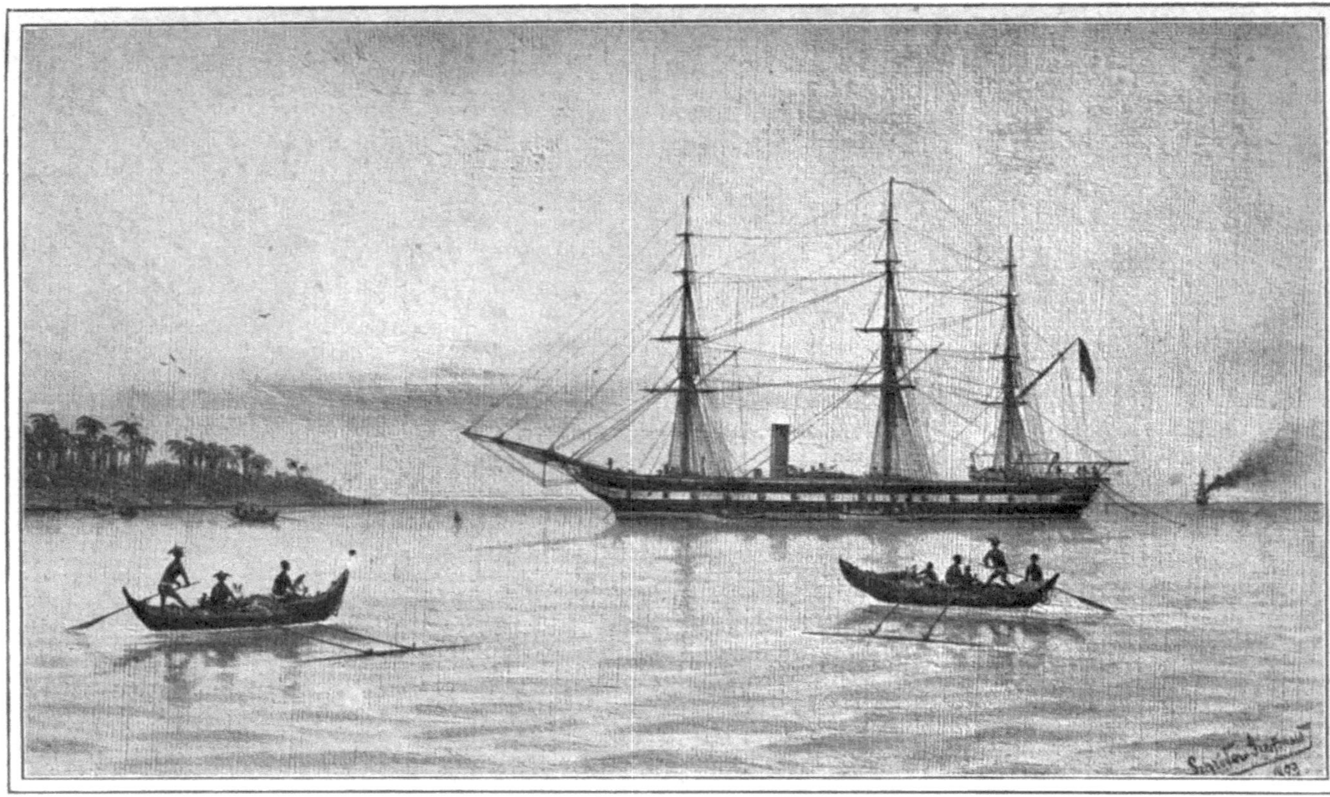

S. M. S. „Elisabeth“ in der Südsee.

starker Haken, der an einer dünnen Kette saß, wurde mit einem Stück verdorbenen Pökelfleisches versehen. Der Köder wurde vom Heck ins Wasser geworfen. Es dauerte auch garnicht lange, so flanierte ein alter Bursch von Hai um das Pökelfleisch herum, legte sich schwupp! auf den Rücken und schnappte zu. Nachdem er durch sein wahnsinniges Zerren sich den Haken noch tiefer hineingerissen hatte und nicht mehr los konnte, wurde er am Heck emporgewunden. An Deck wurde ihm der Bauch aufgeschlitzt. Darauf schleppte ihn unser Kutter an Land. Aber obwohl dem Untier die Eingeweide heraushingen, schlug es bei dieser Fahrt noch so mit dem Schwanz um sich, daß unser Boot Mühe hatte, es an Land zu bringen, wo es den vergnügt grinsenden Schwarzen übergeben wurde. Die

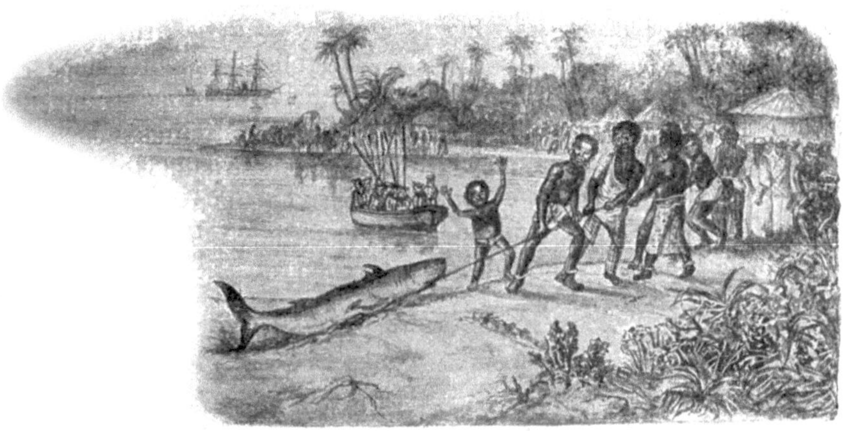

Neger von Acapulco veranstalteten ein großes Haifischessen, bei welchem Pulque, das mexikanische Nationalgetränk aus dem Saft der Agave, höchst wahrscheinlich in Strömen floß.

Nach diesem für die Bewohner Acapulcos so erfreulichen Ereignis konnten wir uns wohl der frommen Hoffnung hingeben, daß die blutigen Revolutionsgedanken der Bürgerschaft verrauscht sein möchten. Mir ist wenigstens später niemals zu Ohren gekommen, daß Acapulco der Schauplatz einer welterschütternden politischen Katastrophe geworden sei.

Übrigens wurden die braven Negerlein bei der Übergabe des Brathais dahin verständigt, daß sie uns den Kopf des Ungeheuers an Bord zu bringen hätten. Schön abgekocht und abgeknabbert

7

brachten sie denselben später auf unser Schiff, wo er als hübsche Trophäe seinen Platz erhielt.

Eine Seereise von vier Wochen stand uns nun bevor. Wir wollten von den gastlichen Gestaden des westlichen Amerika Abschied nehmen. Der Kiel unserer Korvette sollte den Großen Ozean durchqueren. Da galt es denn mit besonderer Sorgfalt Küche und Keller zu füllen. Denn wenn irgend etwas imstande ist, des Seemanns Gemüt in weiter Wasserwüste aufzuhellen, so ist es gute, reichliche Kost und ein hübscher Trunk. Dabei wird manche Unannehmlichkeit vergessen.

War sonst in Acapulco nicht viel los, so fand sich doch in reicher und mannigfaltiger Fülle lebendes und totes Material für die Ausgestaltung und Bereicherung des Speisezettels vor. Zunächst mal kamen sechs große Ochsen — alte spanische Rasse — an Bord. Unser Marineochsenwärter aus dem Lande der Obotriten konnte wieder mit Hochgefühl des trauten Amtes walten so lange es dauerte. Eine Anzahl von feisten Truthühnern, von Hühnern, Tauben usw. ward gleichfalls erworben. Mit Achtung vor der Fruchtbarkeit der mexikanischen Gefilde aber erfüllten uns die Schätze an Ananas, Bananen, Melonen, Kokosnüssen und noch vielen anderen Früchten, die wir befriedigt an Bord nahmen. Und nun — „nach Westen hin, nach Westen hin beflügle dich, mein Kiel."

Bei den Kanaken.

Mit schönem Passat, zuweilen 8 Knoten Segelfahrt, ging es in den pazifischen Ozean hinein. Herden von Tümmlern spielten um den Bug der Korvette. Ihren lustigen Sprüngen zuzusehen, gewährte viel Vergnügen. Es war eine herrliche Fahrt, und das Meer glänzte in den schönsten und tiefsten Farben. Die Mannschaft strotzte von Gesundheit. Im Übermut kamen da auch heimliche Übertretungen der Schiffsordnung vor, die zwar nicht unbestraft bleiben, wenn sie entdeckt werden, die man aber

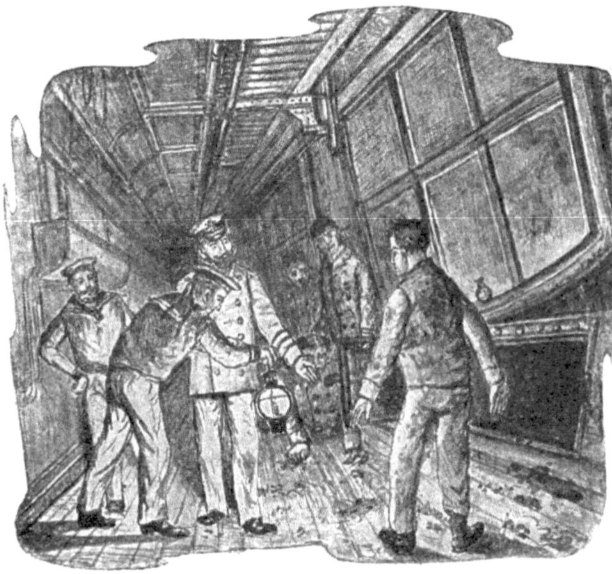

wohl begreiflich finden kann bei lebenslustigen jungen Leuten. So war es einmal gegen 10 Uhr abends. Alles träumt von den fernen Lieben oder von den noch zu erwartenden Wundern auf dieser Weltreise. Da hört der auf der Kommandobrücke auf- und abgehende wachthabende Offizier einen schönen Gesang, so harmonisch, so traut und so gedämpft, als ob er aus der Tiefe der Wellen käme. Es sind liebe alte deutsche Volksweisen. Der erste Offizier kommt hinzu, horcht und fragt: „Was meinen Sie, Herr Kapitänleutnant, ist es nicht

7*

Gesang?" — Mit dem wachthabenden Unteroffizier und einem Laternenmanne wandert er durch die ganze Batterie. Aber alles ist still; man hört nur das Schnarchen der Mannschaften. Beim Maschinenraum stand der erste Offizier still. Er horchte und entdeckte, daß der sphärenhafte Gesang aus den tiefsten Tiefen des Schiffes hervorkam. Doch siehe, auch im Maschinenraum war nichts zu sehen und zu hören. Im Heizraum war ebenfalls nichts. Der erste Offizier fragte den Unteroffizier: „Sie haben doch auch das Singen gehört?" — „Ja wohl, Herr Kapitän!" — Darauf wurden mit der Laterne die Kessel abgeleuchtet. — „Aha! jetzt hab' ich Sie! Kommen Sie mal sofort herunter!" — Ein bleiches Kadettengesicht kam zum Vorschein. Der Kapitän schimpfte und donnerte. Da kam denn einer nach dem andern hervorgekrochen. Man kann sich denken, daß die schönen Leinenanzüge der Kadetten in allen Schattierungen erglänzten. Die Gesichter waren geschwärzt wie bei Schornsteinfegern. Alle Übeltäter mußten an Deck. Hier sagte ihnen der erste Offizier noch einmal seine Meinung und ließ sie dann abtreten. Besorgt, was der andere Tag wohl bringen würde, suchten die armen Kadetten ihre Hängematten auf.

Eine Stunde später kam ich aus meiner Pantry, als der Prinz in angeschwärzten Kleidern an mir vorbeihuschte und mir zuraunte: „Besorgen Sie mir schnell meinen Burschen!" Der war auch flink zur Stelle, half dem Prinzen beim Entkleiden, und letzterer verschwand sogleich in seine Hängematte. Unser Prinz hatte sich versteckt gehalten, daß der erste Offizier ihn nicht entdecken konnte. Erst als alles im Heizraum still geworden war, verließ er den Winkel. Mehrere Kadetten hatten sich nämlich unten im Heizraum zu einem Kneipgelage bei einer Ananasbowle zusammengefunden. Die deutsche Liederlust erwachte in den Jünglingsseelen, nachdem diese so angenehm beträufelt worden waren. Der erste Offizier erst machte dem Vokalkonzert ein Ende. Die Erwischten kriegten Stubenarrest und konnten da über ihr lustiges Abenteuer nachdenken.

Es war am 11. April 1879, als wir glücklich nach Honolulu (auf den Sandwich-Inseln) gelangten. Mit der Flut liefen wir in den Hafen ein und machten am Ufer fest.

Die Sandwich-Insulaner sind ein fideles, nicht unschönes Völkchen. Bei ihrer guten geistigen Veranlagung haben sie überraschend schnell sich europäische Kultur, leider auch die schlechten Eigenschaften derselben, angewöhnt. Damals waren die Kanaken noch politisch selbständig und hatten einen sehr unternehmungslustigen König, Seine Majestät Kalakaua, an ihrer Spitze. Jetzt sind sie bekanntlich freie Bürger der Vereinigten Staaten und können Vergleiche anstellen, was besser für sie wäre. Wie die Engländer haben sie eine Vorliebe für den Pferdesport. Es gewährte uns einen interessanten Anblick, wenn diese braunhäutigen Reiter und Reiterinnen in sausendem Galopp durch die herrlichschönen Gefilde der Insel Oahu dahinjagten. Auch unsere Matrosen mieteten sich zuweilen flinke Kanakengäule oder suchten solche zu besteigen, die von ihrem Reiter verlassen waren. Aber durch drollige Bocksprünge der Tiere wurden sie bald in den Sand geworfen. Die

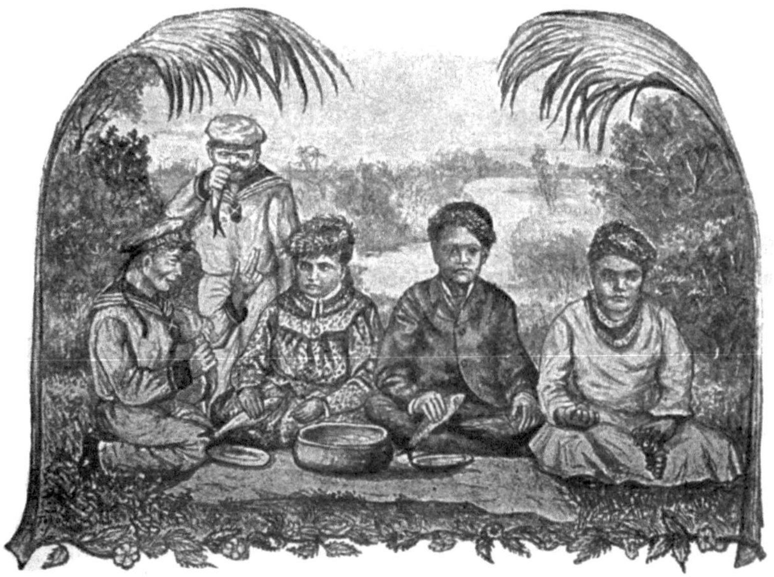

Pferde sind so dressiert, daß sie sofort wieder zu ihrem Herrn eilen, sobald ein Reiter ihrer Dienste nicht mehr bedarf und sie laufen läßt.

Unsere Blaujacken hatten sich bald mit den Kanaken angefreundet. Namentlich der nicht unschönen Weiblichkeit gegenüber zeigten sie sich in ihrer ganzen Liebenswürdigkeit. An manchem Picknick wurde teilgenommen. Die Kanaken-Damen putzten sich dazu mit grellbunten Gewändern und schmückten das glänzend schwarze Haar mit Blumen. Gekochte Fische spielten bei dem Essen eine Rolle. Diese Leckerbissen der Kanaken wurden aus freier Hand auf dem grünen Rasen verzehrt. „Et is wie an de Oberspree so scheen!" behauptete Kienscherf und schaute seine braune, blumengeschmückte Nachbarin mit schmachtendem Blick an, indem er seinen

Fisch zum Munde führte. „Holde Kaleika, bloß eens vermisse ick bei dies Verjnügen. Et fehlt nämlich der Jurkensalat!"

Als wir einige Tage in Honolulu geweilt hatten, kam der König Kalakaua unter Musik und Trommelwirbel mit seinem braunen Hofstaat an Bord S. M. S. „Prinz Adalbert". Unsere Mannschaft hatte in Paradeuniform Aufstellung genommen. Unter Führung des Kommandanten und unseres Prinzen fand eine Besichtigung des Schiffes statt. Nachdem ein kleiner Imbiß eingenommen worden war, König Kalakaua auch einige Orden und Geschenke verteilt hatte, begab sich der Zug unter Kanonendonner und Musik wieder an Land. Die festlich geschmückten Insulaner empfingen ihren Monarchen mit brausenden Jubelrufen. Wirklich, die Tage von Honolulu waren eigenartig schön. Unter Freude und Lust verging dort die Zeit. Dann schlug die Abschiedsstunde.

Als besonders erfreuliche Gabe lieferte die Insel Oahu sechs stattliche Ochsen für unsern Marinestall, denn die sechs Mexikaner waren längst den Weg alles genießbaren Fleisches gegangen. Mit dem Augenblick, wo die Flut im Hafen von Honolulu den höchsten Stand erreicht hatte, wurde unsere Korvette vom Lotsen unter Kanonendonner und Musikklängen in See gelotst. Eine treffliche Brise blähte die Segel des Schiffes. Bald entschwanden die paradiesisch schönen Inseln unsern Blicken. Ein Schwarm von Möven und Albatrossen gab uns das Geleit.

Schon mehrere Tage schleppten wir hinter uns eine lange Leine mit, an deren Ende am Haken ein fettes Stück Fleisch befestigt war. Ein Hai umkreiste den Köder und drückte ihn öfter mit dem Kopfe hoch, schien aber Lunte zu riechen und traute dem Dinge nicht recht. Um ihn hungrig zu machen, wurde so wenig wie möglich Unrat über Bord geworfen. Endlich hatten wir das Vergnügen zu sehen, wie der Nimmersatt den Köder samt dem Haken verschlang. Mit lautem Hurra wurde der Bursch an Bord gezogen und ihm mit einigen Beilhieben der Garaus gemacht. Auch sein Schädel mußte wie der des Haies von Acapulco als Trophäe für unser Schiff dienen.

Die Mitte Mai eingetretene Windstille nötigte uns, das Segeln einzustellen. Am 23. tauchten fern im Westen die hohen Gipfel Japans auf. Doch erst am 4. Juni ließen wir vor Yokohama die Anker nieder.

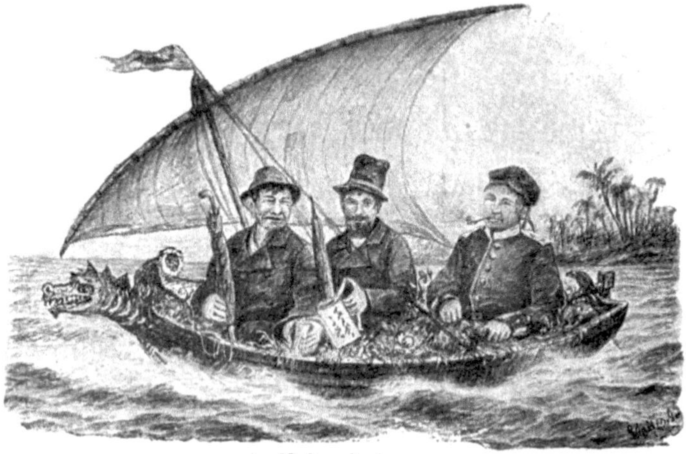

Weltumsegler.

4. Ein Jahr in Japan.

Abenteuer in Jokohama.

In den ostasiatischen Gewässern sollte S. M. S. „Prinz Adalbert" ein ganzes langes Jahr als Stationsschiff verweilen. Mit größter Sehnsucht wartete schon das abzulösende Schiff auf unsere Ankunft.

Ein wundersames Land ist dieses Japan, und nicht weniger eigenartig dieses Volk, das mit unvergleichlicher Energie sich in überraschend kurzer Zeit zu einem modernen Kulturvolke umgewandelt hat. Damals, als unser Schiff im Hafen von Jokohama lag, war schon der Aufschwung ein ersichtlich kraftvoller. Freilich ahnte kein Mensch in Europa, daß dies Mongolenvolk schon so bald fähig werden könnte, auf allen Gebieten mit den Großmächten in Konkurrenz zu treten.

Damals zeigte sich das altjapanische Wesen noch überall in Sitten und Trachten der Bewohner. Es war für uns ein fremdartiger Anblick, die zahllosen phantastisch gebauten Dschunken zu beobachten, welche in allen Größen das Wasser belebten. Die japanischen Bootsleute saßen nicht auf Ruderbänken wie bei uns, sondern sie standen halbnackt, den Kopf mit einem tellerartigen

Strohhut bedeckt oder mit einem Tuche umwunden, an beiden Seiten des Fahrzeugs und wrickten von der Seite mit ziemlicher Schnelligkeit dahin. Dabei suchten sie sich durch die lebhaften Rufe: „Schicki! Schicki!" gegenseitig anzufeuern. Armes, hungriges Volk gab es übrigens da genug. Viele Fischerboote, auf denen ganze Familien meist Tag und Nacht hausten, belagerten unser Schiff. Nach den über Bord geworfenen Bissen haschten sie begierig wie die Haifische.

Auffällig erschien uns die Wißbegierde dieser klugen und strebsamen kleinen gelben Leute. Sie schlossen gern mit unsern Blaujacken Freundschaft und paßten auf, um etwas Neues zu lernen, was ihnen vorteilhaft erschien. Japanischer Besuch war alle Tage auf der Korvette zu sehen. Während der Freizeit mittags und abends glich unser Vorderdeck einem richtigen Jahrmarkt. Da saßen Händler mit Lacksachen, mit Porzellan, Bildern und Photographien, mit Brot, Früchten und japanischen Leckereien. Bescheiden, niemals aufdringlich boten sie ihre Waren zum Kauf an. Waschleute holten die schmutzige Wäsche in Bündeln und Körben ab. Die Matrosen durften ihr Zeug hier am Lande waschen lassen. Nach einigen Tagen kam die Wäsche tadellos sauber wieder an Bord zurück.

Wer sich eine Vorstellung machen wollte von dem raschen Kulturaufschwung, der brauchte sich nur das Bild Jokohamas betrachten und dabei bedenken, daß bis 1860 nur ein kleines Fischerdorf an dieser Stelle war. Gelegenheit dazu, sich das seltsame Leben einer Stadt anzuschauen, die neben der ursprünglichen japanischen Eigenart ihrer nach dem Innern zu gelegenen Häuserviertel eine Hafengegend nach europäischem Muster aufwies, wurde uns reichlich geboten. Die wachfreie Mannschaft bekam alle Tage Urlaub an Land. Kaum hatten wir aus unserm Schiffsboot den Fuß aufs Trockene gesetzt, so drängten sich auch schon Hunderte von kleinen zweiräderigen Karren, Jimikschen genannt, um uns. Da das Vergnügen, sich von so einem halbnackten, von der Sonne verbrannten Karrenführer, der Kutscher und Gaul gleichzeitig spielte, herumkutschieren zu lassen, spottbillig war, so machten wir sehr oft Gebrauch davon. Kaum saß man drin in dem leichten Gefährt, so trabte der Japaner auch schon los. Natürlich lag uns vor allem daran, die echt japanische Stadtgegend kennen zu lernen. Ein Wink mit der Hand nach jener Richtung hin genügte für den Karrenführer, um uns in eine japanische Straße zu schleppen. „Stopp, Jimikscha!" — Der Karren stand still, und wir schauten uns mit Muße die

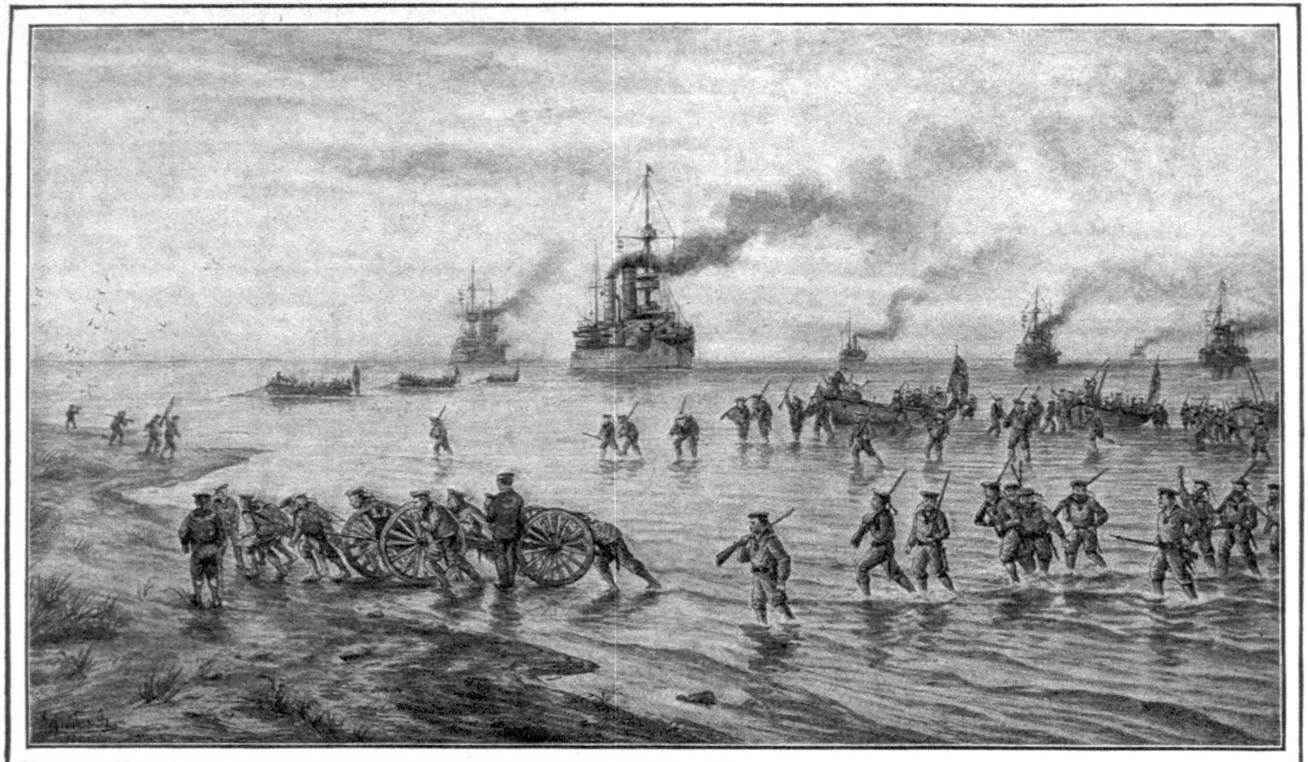

Landungsmanöver.

Sache an. Bei den zu beiden Seiten der Straße liegenden einstöckigen, aus Holz gebauten Häusern konnte man die ganze innere Einrichtung übersehen. Die Fenster waren aus Papier, der Vorraum mit Matten ausgelegt. In der Mitte befand sich ein kleiner Feuerbehälter. Um denselben saß die ganze Familie mit übereinandergeschlagenen Beinen. Die Hausfrau war kenntlich an den schwarzlackierten Zähnen. Die Mädchen trugen ihre tiefschwarzen Haare sorgfältig frisiert und mit Kämmen und Nadeln geschmückt. Eine fröhliche Heiterkeit herrschte in diesem Familienzirkel, und das Plaudern wurde angeregt durch Rauchen aus kleinen Pfeifen. Natürlich waren auch die zierlichen kleinen Teetäßchen stets in Bewegung. Überall wurden wir deutschen Matrosen herzlich und freundlich behandelt. Das ganze Volk schien mir von einem einzigen Geist erfüllt zu sein, es durch rastlosen Bildungseifer den Europäern gleichzutun. Der früher so allgemein in Japan vorwaltende Fremdenhaß, dem noch 1862 der Engländer Richardson in Jokohama zum Opfer fiel, schien mit der Wurzel ausgerottet zu sein. In der Mitte zwischen dem europäischen Hafenviertel und der Japanerstadt erhoben sich schon damals stattliche Amtsgebäude in ziemlicher Zahl, die Präfektur, das Postamt, Zollamt u. s. w.

Wollten wir uns mal in Jokohama durch Speise und Trank extra etwas zugute tun, so mußte natürlich der Karrenmann nach dem europäischen Viertel traben. Man ging am liebsten ins deutsche Hotel von Peter Clausen. Eines guten Tages saß ich hier gemütlich bei einem Glase Rotwein und wollte eben die Hand nach Zeitungen aus der Heimat ausstrecken, da redete mich der mir gegenüber sitzende Herr mit den Worten an: „Sünd Sei nich ut Griebswold?" — „Jo, ick bün ut Griebswold." —

Der Landsmann erzählte mir nun, daß er vor Jahren mit Kapitän Brunkus' Briggschiff vor meines Onkels Fenster gelegen habe. Ein hübsches Greifswalder Mägdelein, mir sehr wohlbekannt, hätte ihm gefallen. Er habe sich nach ihr die Augen ausgesehen, leider aber hätte er sie nicht bekommen. Das war natürlich für uns beide ein triftiger Grund, uns näher zu rücken. „Nu seggen S' bloß, wie sünd Sei denn hier na Jokohama kamen?" fragte ich ihn, als eine neue Flasche vor uns stand. Es war ihm vorher anfänglich schlecht genug im Lande der aufgehenden Sonne ergangen. Sein Schiff war gestrandet. Da die Japaner damals Deutsche mit Vorliebe in ihre Dienste nahmen, so hatte er sich nicht lange besonnen. Er hatte die japanische Sprache erlernt, eine nochmalige

Prüfung als Steuermann gemacht und fuhr nun als solcher auf einem großen japanischen Steamboot. Er behauptete, daß er ein ganz herrliches Leben führe.

Ein Rotspon nach dem andern floß. Unsere Freundschaft wurde immer inniger und die Stimmung immer fideler. Ich lernte von meinem Freunde einen alten Seemannstrinkspruch. Der lief so vom Stapel:

„Ick seh di!" sagte er, indem er sein Glas bis zum Auge hob.

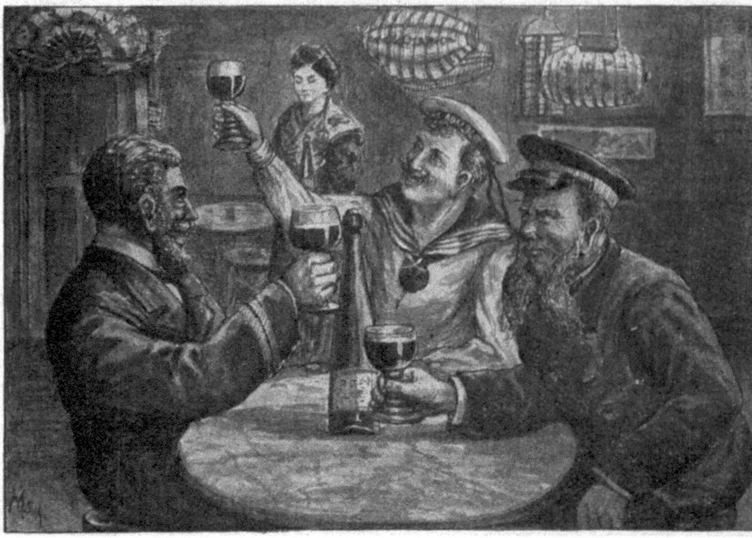

Meine Antwort: „Dat freut mi, dat du olle blinne Hund noch kieken kannst."

„Ick sup di to!" — war er wieder daran.

„Dat do!" klang es von mir zurück.

„Ick heww di tosopen!" —

„Hest den Rechten dropen!"

Darauf wurde das volle Glas mit einem Zuge geleert. Des Landsmanns Kapitän, auch einer von unserer Waterkant, kam schließlich noch dazu. Die feuchtfröhliche Sitzung bei Peter Clausen in Yokohama dauerte bis zum frühen Morgen.

Der Berliner Kienscherf führte einen Streich aus, wie er eben nur seinem erfindungsreichen Schädel entspringen konnte. Er traf am Cricket-Place mitten in der Stadt mit dem Matrosen John zusammen, der so wie er sich auf einer Bierreise befand und den jenigen Grad von lustiger Stimmung erreicht hatte, wo solche Spaßvögel die verrücktesten Einfälle zu haben pflegen. John war es, der damals beim ersten Passieren der Linie die holde Amphitrite, Neptuns erhabene Gemahlin, so reizend schön dargestellt hatte. „Wat machen wir nu, Junge?" war Kienscherfs erster Gedanke, als sein Freund John ihm so unverhofft in die Arme gelaufen war. „Aha, ick weeß schon! Jetzt jehn wir beede zu een japanischen Photojraphen un lassen uns scheeneken photojraphieren, verstehste! Ick als Mikado un du als Mikadöse!" Sie gingen zum nächsten Photographen und brachten ihr Verlangen vor. Der Photograph ging bereitwillig auf ihre Wünsche ein und nahm die nötigen Verwandlungskünste mit beiden vor. John wurde ähnlich einer Japanerin frisiert. Der mongolische Typus wurde durch schräge schwarze Linien an den Augenbrauen glücklich erzielt, und nachdem sie die nackten Füße in Holzschuhe gezwängt hatten, jeder auch mit einem Fächer ausgestattet worden war, ging das Photographieren vor sich. „Nu jehn wir in diese japan'sche Kluft uff de Straße promenieren!" schlug Kienscherf vor und brachte den andern wirklich durch Zureden herum „Ick bin bloß neijierig, ob uns eener von unse Leite erkennen dut!" damit stolperten sie aus dem Atelier des Photographen hinaus auf die Straße.

Ohne Zweifel wäre das Pärchen, als es so Arm in Arm die Straße entlang und dem Hafen zu wanderte, unerkannt geblieben, wenn es eben nicht durch seine schwankenden Bewegungen das Mißtrauen der ihnen begegnenden Japaner erweckt hätte. So aber drehten sich alle Leutchen nach ihnen um und staunten sie an. Dies Aufsehen veranlaßte wohl auch den des Weges kommenden Divisionsoffizier, sich das japanische Ehepaar genauer zu betrachten. Er erkannte sie und befahl: „Machen Sie mal sofort, daß Sie an Bord kommen!" John hatte den Mut, noch 'ne Einrede zu riskieren: „Ich — Japanerin bin!" „Fort, fort! Vorwärts an Bord!" befahl der Leutnant nochmals. Schnell wandte er sich von ihnen ab, denn der Anblick der beiden war von so zwerchfellerschütternder Komik, daß sich der Offizier auf die Lippen beißen mußte, um nicht laut aufzulachen.

Unter dem Gejohle der Bootsleute und dem auf ostasiatische Art geäußerten Beifall der japanischen Zuschauer bestieg das edle Freundespaar ein Boot und wurde an Bord gerudert. Ein gewaltiges Hurra! begrüßte hier ihren Einzug. Am nächsten Tage suchten sie den Photographen wieder auf, um ihre Matrosenkleider von ihm abzuholen und die japanische Gewandung zurückzustellen. Freilich gab es eine kleine Strafe für Kienscherf wie für John. Aber beide vergaßen bald das kleine Ungemach wieder. Hingegen blieb ihr japanisches Abenteuer noch lange bei vielen in fröhlicher

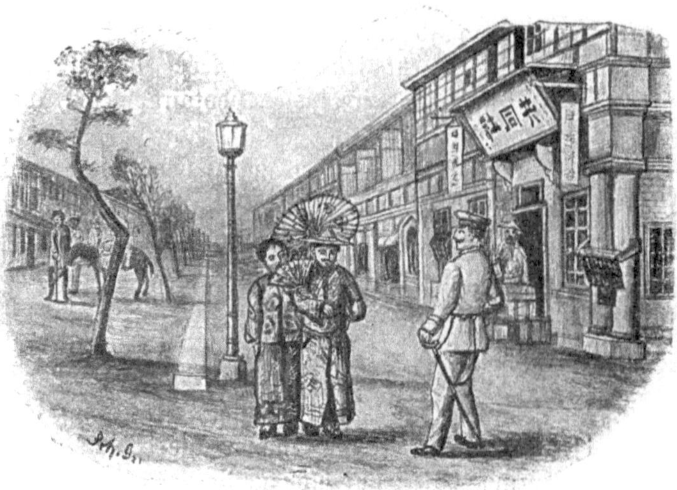

Erinnerung, und man nannte sie geraume Zeit hindurch das Japanesenpaar.

Gern hätte ich wohl mal einen Abstecher nach dem nicht allzufernen Tokio, der Residenzstadt des japanischen Kaisers machen mögen. Nur eine Eisenbahnfahrt von $^3/_4$ Stunden gehörte dazu. Leider wurde nichts daraus. Auch der riesenhohe Vulkan Fusi-jama lag nicht allzu weit entfernt und lockte vergeblich durch seine erhabene Schönheit. Ich mußte mich damit begnügen, ihn aus der Ferne zu betrachten und eine Bleistiftskizze von dem herrlichen Naturbilde anzufertigen.

Auf Jesso.

Wenn sich Ratten im Schiffsraum befinden, so ist das zwar keine angenehme Entdeckung, aber es ist eine viel zu häufige Erscheinung, als daß man darüber sich die Haare ausraufen sollte. Man geht den häßlichen Biestern mit den gebräuchlichsten Mitteln zu Leibe und hält vor allen Dingen die Proviantträume sicher vor ihrem Eindringen. Viel beklagenswerter aber ist es, wenn Diebstähle auf der Schiffsreise festgestellt werden, und es legt sich ein schwerer Druck auf die Gemüter. Kienscherf drückte unsere Stimmung auf seine Art mit dem geflügelten Wort aus: „Et is eener mang uns mang, der nich mang uns mang jehört!"

Auch ich wurde das Opfer der fortgesetzt gemeldeten Spitzbübereien. Als ich eines Morgens mein Portemonnaie öffnete, war das Geld daraus verschwunden, obwohl ich dasselbe in der Hängematte unter meinem Kopfe zu liegen hatte. Sicherer konnte ich es doch in der Nacht nicht verwahren. Nach jeder Meldung eines Diebstahls wurde sofort Kleidermusterung abgehalten. Jedes einzelne Stück wurde genau untersucht, auch das Schiff in allen Ecken und Winkeln durchstöbert. Merkwürdig, es kam nichts heraus.

Wir hatten zwei Kerle an Bord, denen man das Mausen am meisten zutraute. Rinaldini und Daus waren ihre Spitznamen. Sie hatten sich durch ihre scheue Heimlichtuerei verdächtig gemacht und wurden scharf beobachtet. Nun passierte in Jokohama eine Sache, die besonders unangenehm erschien. Einem Seekadetten, es war ein junger Graf, war seine eiserne Kassette mit Geld und Schmucksachen im Werte von mehreren Tausend Mark gestohlen worden. Eine ganz peinlich durchgeführte Durchsuchung blieb erfolglos. Unseren Matrosen behagten natürlich diese öfteren plötzlichen Musterungen durchaus nicht. Sie empfanden es als eine Strafe, als eine schmachvolle Sache. Alle waren deswegen von dem glühenden Wunsche beseelt, daß doch die Entdeckung des Halunken von Spitzbuben bald gelingen möchte. Jeder der wackeren Burschen war eifrig bemüht bei dieser Entdeckung möglichst zu helfen.

Vier Wochen hatten wir in Jokohama zugebracht. Nun verlegten wir unseren Stationsplatz nach Hakodate auf der Insel Jesso, der großen Nordinsel Japans. Auf der Fahrt dahin hatten wir außerordentlich stürmisches Wetter. Unser Schiff holte sehr über. Gegen Abend kam ein Matrose an den Ausguß, durch den aller Unrat und die Asche über Bord geworfen wurde, und fand in demselben — die gesuchte kleine Kassette. Ohne Zweifel hatte jemand sie in den Ausguß gestellt, damit sie beim Überholen des Schiffes ins Meer versinken sollte.

Der Matrose übergab seinen Fund dem wachthabenden Offizier und berichtete, an welchem Ort er die Kassette gefunden habe. Man bemerkte an dem Deckel derselben eine Stelle, wo er etwas aufgebogen zu sein schien. Gewiß hatte der Spitzbube hier irgend ein Instrument angesetzt, um mit Hilfe desselben den Deckel aufzusprengen. Es war ihm nur nicht gelungen. Der junge Graf nahm den Schlüssel der Kassette, fand das Schloß völlig in Ordnung und öffnete. Nichts fehlte von dem Inhalt des Behälters. Doch lag noch eine abgebrochene Messerspitze drin. Dieses corpus delicti wurde sorgsam aufbewahrt. In der Tat führte diese Messerspitze später zur Entdeckung des Schuldigen.

Am 26. Juli gingen wir vor Hakodate auf der Insel Jesso vor Anker. Nach dieser Insel hatten sich die reformfeindlichen Gegner des Kaisers Mutsuhito 1869 zurückgezogen und waren noch jahrelang geschworene Feinde der amerikanischen und europäischen Handelsniederlassungen daselbst. Ein fanatischer Japaner ermordete in Hakodate im Jahre 1874 den deutschen Konsul Faber. Das war das letzte Aufflackern des altjapanischen Fremdenhasses. Seitdem vollzog sich auch auf Jesso ein Wandel. Das ziemlich rauhe Klima begünstigt den Ackerbau nicht, der doch die Haupterwerbsquelle der Japaner bildet. Jessos Bevölkerung ist darum auffällig wenig zahlreich. Während auf Nipon 164 Bewohner auf einen Quadratkilometer gerechnet werden, kommen für Jesso nur 3 heraus. Die im Innern durchweg gebirgige Nordinsel hat viele Wälder. Seit fünfundzwanzig Jahren waren amerikanische Dampfsägewerke hier tätig. Fischerei bildet den Haupterwerb der Bevölkerung, und namentlich die Jessomänner oder Ainos, kleine, bärtige Leute, welche ein Drittel der Einwohner bilden, verstehen den Fischfang meisterlich. Hakodate, damals etwa von 40 000 Japanern bewohnt, hatte außer einigen Tempeln nichts Bemerkenswertes aufzuweisen. Da unser Aufenthalt jedoch einige Zeit dauern sollte, so beschlossen mehrere von unseren Offizieren, eine Bärenjagd in den dichten Wäldern zu veranstalten. In meiner Eigenschaft als Stewardsmaat durfte ich an dem interessanten Ausfluge teilnehmen, um für die Verpflegung der Jagdgesellschaft Sorge zu tragen. Es war vorauszusehen, daß wir in den menschenleeren Bergwäldern wenig Gelegenheit haben würden, gastliche Stätten aufzusuchen. Auch konnte die einfache Kost der Japaner, in Wasser gekochter Reis und an der Sonne gedörrte Fische, nicht besonders verlockend für unsere Offiziere sein.

So wurde denn der Speisekorb aus den Vorräten unseres Schiffes sorgfältig vollgepackt.

Bei herrlichem Wetter brachen wir morgens in aller Frühe von Hakodate auf. Auf kleinen englischen Ponys ritten sechs Offiziere voran. Mein Küchenwagen folgte dahinter. Bald indes sollten wir zu unserm Verdruß wahrnehmen, daß die Straßenverhältnisse auf Jesso noch recht mangelhafte waren. Durch ein Unwetter war die Holzbrücke, die über den Fluß führte, fortgerissen worden. So mußten denn die Offizierspferde mit den Kisten und Paketen beladen werden, und der Fluß wurde durchwatet. Bei großer Hitze, umschwärmt von vielen lästigen Insekten, marschierten wir zu Fuß ein paar Stunden weiter. Zu unserer freudigen Überraschung gelangten wir dann zu einem japanischen Gutsbesitzer, der Wohnhäuser und Ställe nach europäischer Art angelegt hatte. Die Jagdgesellschaft fand die freundlichste Aufnahme. Ein Frühstück wurde gereicht, und der Wirt stellte uns seinen großen Omnibus zur Verfügung, der all unser Gepäck aufnahm, so daß die Offiziere nun die Weiterreise wieder zu Pferde machen konnten. Je weiter wir nun aber in das Innere hineinzogen, desto mehr konnten wir die Wahrnehmung machen, daß die europäische Kultur hier nur noch wenig Anklang gefunden hatte. Immer schmäler und schwieriger wurden die Gebirgswege. Japanische Händler in fantastischer Kleidung, Bärenjäger und allerlei herumziehendes Volk wurden durch unser Erscheinen hergelockt. Ihre Mienen verrieten deutlich das Mißtrauen, das sie den Fremden entgegenbrachten. Ein einzelner und unbewaffneter Europäer hätte jedenfalls die Straße nicht ungeschoren entlang wandern dürfen. Einen sonderbaren Anblick gewährten die langbärtigen Ainos, halbwilde Fischerleute, in ihren armseligen langen Kitteln. Sie trugen an Stangen gedörrte Fische, um sie auf den nächsten Markt zu bringen. Ihre Hütten lagen versteckt unter Bäumen am Ufer eines rauschenden Bergflusses, dessen Fischreichtum ihre einzige Erwerbsquelle bildet. Aus dem Flußtale zog sich jetzt der Fahrweg ziemlich steil die Berge hinauf. Dann ging es an einem jähen Abgrunde entlang. Links sah man die in blauen Dunst gehüllte, undurchdringliche Tiefe, rechts die steil emporgehende Höhe. In den Felsspalten wuchs üppiges Grün, und vereinzelte Zwergbäume wurzelten dort. Ein fatales Hindernis gebot uns Halt. Niederströmendes Wasser hatte eine ziemlich breite Lücke in den Weg gerissen. Unseren Offizieren erschien es bedenklich, den Omnibus des japanischen Gastfreundes diese Stelle passieren zu lassen. Sie wollten das Vehikel nicht in Gefahr bringen. Allein die japanischen Kutscher waren anderer Meinung. Durch Winke gaben sie uns zu verstehen, daß wir absteigen und alle Gepäckstücke aus dem Wagen nehmen möchten. Darauf erfolgte ein lauter Peitschenknall, und die vier schwarzen Vollbluthengste sausten mit dem schweren Omnibus über die heikle Stelle. Die Räder flogen darüber hin, als ob sie gar nicht den Boden berührt hätten. Lauter Beifall der Offiziere belohnte die Kühnheit der japanischen Kutscher, die nicht wenig stolz auf ihren Erfolg waren.

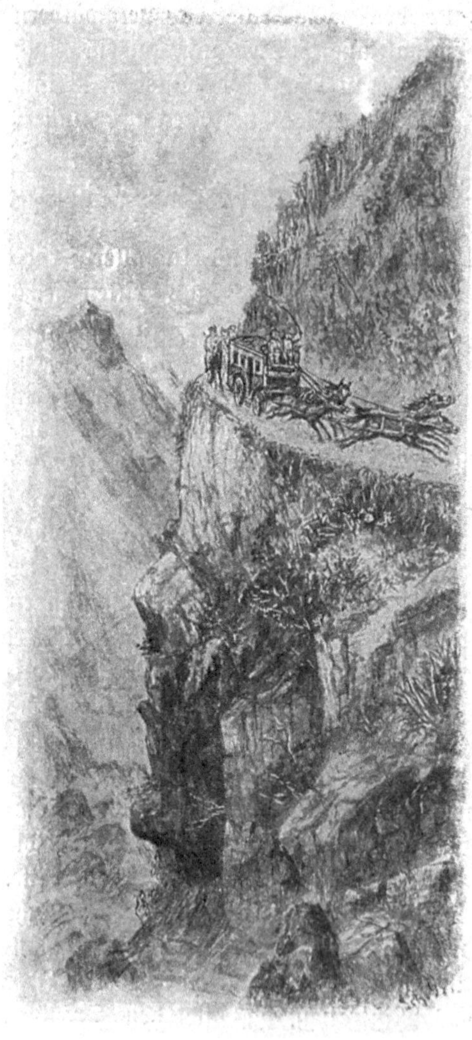

Ehe wir die Kisten und Pakete wieder auf den Wagen verluden, machten wir eine Mittagsrast und stärkten uns durch

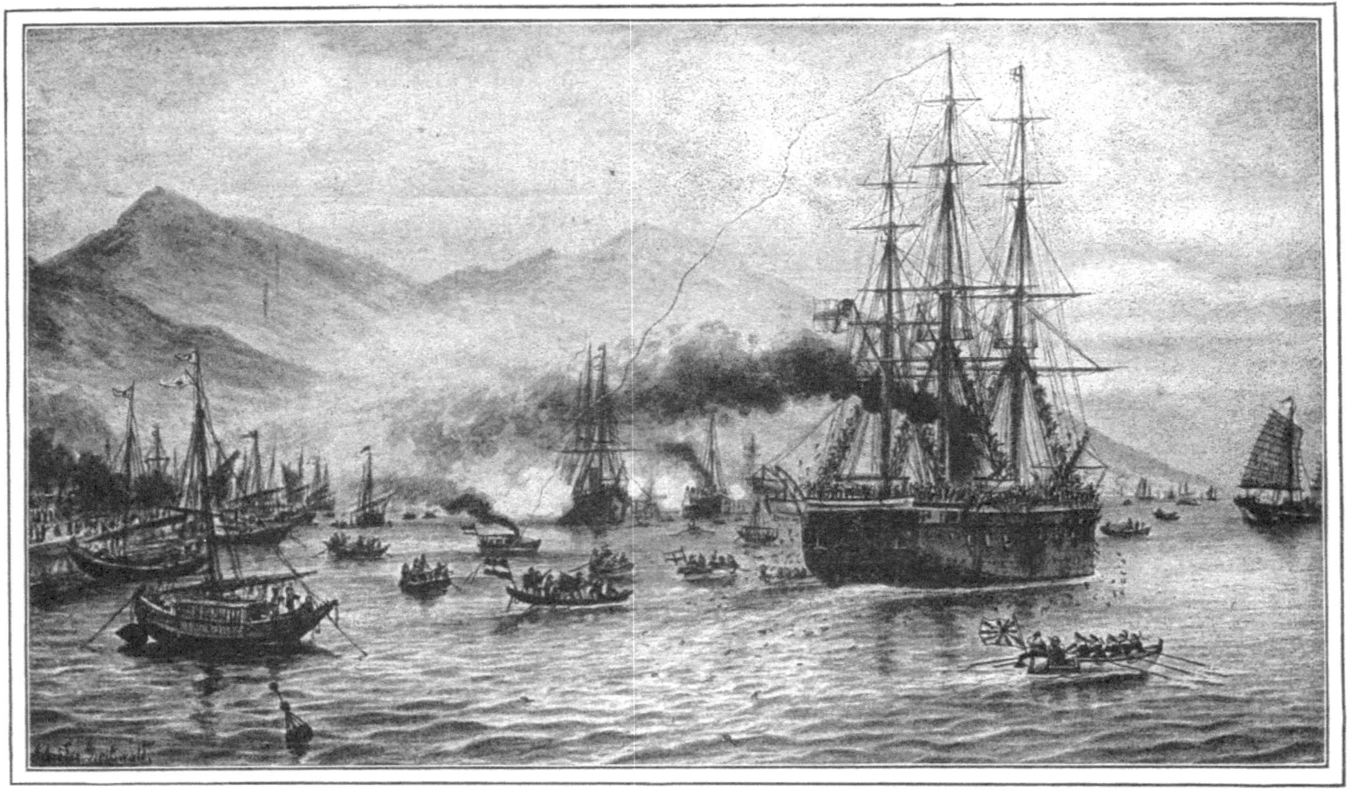

S. M. S. „Prinz Adalbert" Abfahrt von Japan.

Speise und Trank. Die Pferde fanden reichlich saftiges Gras in den Schlüften am Wege. Die japanischen Kutscher wandten hiernach ein sonderbares Mittel an, um die Tiere zu nötigen, daß sie ihre Köpfe immer der steilen Wand zukehrten. Sie banden ihnen mit einem Strick den Unterkiefer nach rechts. Dadurch wurde verhindert, daß die Gäule bei plötzlichem Anhalten, weil Schlangen, große Eidechsen und anderes Getier öfter den Weg versperrten, dem Abgrunde zusteuerten. Sie bogen nun immer bergauf.

Gegen Abend gelangten wir in ein japanisches Wirtshaus, wo wir übernachten wollten. Matten und Decken wurden zum Lager hergerichtet. Doch verzichteten wir auf die Verwendung des halbrunden hölzernen Kopfgestells, das der Japaner beim Schlafen als Kopfkissen benutzt. Ein kleiner See neben dem Wirtshause lud am nächsten Morgen zu einem Bade ein. Nach dem Frühstück gab es eine Kletterpartie nach einem in der Nähe gelegenen Schlammkrater. Es wurde ein Flintenschuß in den Boden kurz vor der Öffnung des Kraters abgefeuert. Leichter Rauch quoll aus dem Schußloch hervor, ein Zeichen, daß die Erddecke hier schon sehr dünn sein mußte. Unsere Herren begaben sich nun in den Bergwald hinein auf die Jagd. Währenddessen nahm ich Gelegenheit, mich mit dem japanischen Wirt und seinen Töchtern zu befreunden. Gern waren sie bereit, mir bei meinen Zurüstungen zum Essenkochen die verschiedensten Handreichungen zu leisten. Mit großer Neugierde beobachteten sie meine Tätigkeit als Koch. Das Schälen von Kartoffeln erlernten sie mit ziemlicher Geschicklichkeit. Zum Dank für ihre freundliche Hilfe goß ich ihnen aus einer Flasche Sherry ein, den sie dann tropfenweise und sehr bedächtig hinuntergleiten ließen.

So lange das Material für meine Kochkunst genügend vorhanden war, machte mir die Sache recht Vergnügen. Aber schon nach einigen Tagen schwanden die mitgebrachten Vorräte dahin. Die graue Sorge pochte an mein Herz: was kochen wir nun? Reis in Wasser, gedörrte Fische mit den Wirtsleuten genießen? Brr! Der Gedanke schon war widerlich.

Wenn doch nur die Herren Offiziere einen saftigen Bärenschinken, einen Hirschrücken, eine Gazelle oder auch nur einen Hasen von ihren Jagdzügen mitgebracht hätten! Genanntes Getier sollte ja doch in den Wäldern Jessos ziemlich zahlreich herumwimmeln. Leider war es damit Essig.

So stand ich, Pläne für ein Mittagsmahl im Kopfe überlegend, vor der Tür des Wirtshauses, als ein alter, runzeliger Japaner mit einer Kiepe auf dem Rücken des Weges daher kam. Er wollte wohl ein Geschäft mit mir machen, denn er gab mir zu verstehen, daß ich mir den Inhalt seiner Kiepe ansehen möchte. „Na, Oller", sagte ich, „denn mak mal up!" Er hob den Deckel, und ich sah zu meinem Entzücken lauter schöne Flundern darin. Eher hätte ich Krokodile oder Schlangen vermutet, als diese schönen, heimatlich anmutenden Fische. Begegnet dir am Ryk in Greifswald ein Kiepenmann oder ein Kiepenweib, so kannst du schon mit ziemlicher Gewißheit auf Flundern raten. Aber hier — auf Jesso? — „Her damit, Oller!" rief ich in seliger Freude und zahlte gerne einige japanische Münzen dafür. Selten in meinem Leben habe ich so vergnügt Fische ausgenommen, geschabt, gesalzen und für die Pfanne zurechtgelegt wie diese unerwartete Himmelsgabe. Aber noch drohten einige Sorgen hinterher. Wo war hier eine Pfanne zu kriegen? — Ich kehrte das ganze Haus um. Endlich fand ich einen Tiegel, der zur Not als Pfanne dienen konnte. An Butter war kein Mangel, und ich ließ es wahrlich nicht daran fehlen. Trotzdem setzten die Flundern doch so an, daß sie nur in zerbröckeltem Zustande auf die Tafel kamen. Es mußte wohl nicht an meiner Kunst, sondern nur an ihrer japanischen Natur gelegen haben. O, ihr köstlichen Ostseeflundern der Heimat, wie habe ich im Herzen eure Vorzüge gepriesen! Indes schmeckten auch die zerbröckelten Flundern von Jesso den von den Jagdstrapazen hungrig gewordenen Herren so vortrefflich, daß sie das Gericht mit lautem Munde priesen. Die letzten Flaschen Sekt mußten heran, um die Fische gehörig schwimmen zu lassen.

Mit Wehmut klagte ich nun dem ersten Offizier, daß es mit unserm mitgenommenen Vorrat von Lebensmitteln zu Ende sei. Da blieb nichts weiter übrig, als die Rückreise anzutreten. Wir nahmen Abschied von unseren liebenswürdigen Wirtsleuten, denen ich die letzten Reste von unserm Weißbrot als köstliche Leckerbissen zurückließ. Sie winkten uns noch lange ihre Abschiedsgrüße nach. Nach japanischer Weise sind dabei die Handflächen dem Fortziehenden zugekehrt. Wollte man bei uns einem Scheidenden auf solche Manier zuwinken, so könnte er das nur so verstehen: machen Sie, daß Sie fortkommen!

Unser Wirt hatte mich vorher in einige kleine Hütten geführt, wo mehrere alte Mütterchen beschäftigt waren, die Puppen der Seidenraupen auseinander zu ziehen, um sie über ein Brettchen, an dessen Ecken kleine Holzstäbe sich befanden, zu spannen. Wenn mehrere übereinander gezogene Puppen genügende Dichtigkeit zeigten, wurden sie zusammengerollt, und die Seidendocken wurden an herumziehende Händler verkauft. Lange habe ich diese mühselige Arbeit bewundert. Ob wohl die feinen Damen, die in prächtigen Seidenroben dahinrauschen, sich davon einen Begriff machen können, wieviel Tausende solcher Püppchen zu einem Kleide gehören und wieviel Schweiß beim Aufhaspeln und Bearbeiten der Seide geflossen ist!

Die Rückfahrt nach Hakodate war herrlich. Allen Respekt vor der Umsicht und Schnelligkeit, mit der schon damals die japanische Verwaltung auch auf Jesso zu arbeiten verstand, wenn es darauf

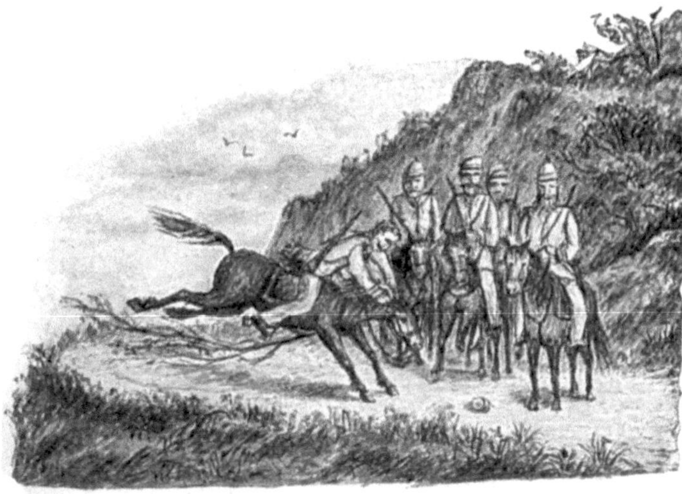

ankam, den Europäern zu imponieren! Alle Brücken und Wege, die wir auf dem Hermarsch zerstört fanden, waren wieder in Ordnung gebracht. So konnten wir wohl alle heiteren Mutes sein. Nur unserem Batterieoffizier begegnete ein Malheur auf der Rückreise. Er machte in seinem weißen Anzuge mit überhängender Flinte auf seinem kleinen englischen Pony einen drolligen Eindruck, weil seine langen dünnen Beine beinahe den Erdboden berührten. Der niederträchtige kleine Gaul war sichtlich bemüht, seinen Reiter den Bergabhang hinunterzuwerfen. Der Offizier mußte deshalb jedesmal schnell abspringen, um das Tier zu beruhigen. Das geschah aber so häufig, daß Roß und Reiter immer wieder hinter uns zurückblieben. Endlich entschwanden sie unseren Augen ganz. Erst nach geraumer Zeit kam der Offizier in vollem Galopp daher gesprengt. Er glaubte ein wirksames Schutzmittel gegen die Kapriolen des kleinen Rackers gefunden zu haben, indem er einen langen abgebrochenen Baumstamm hinter sich herschleifte. Mit lautem Gelächter und Zuruf wurde er von unserem Zuge empfangen. Dies schien den Pony mehr als alles andere zu verdrießen. Er machte einen gewaltigen Bocksprung und warf seinen kühnen Reiter zu Boden. Bei dem japanischen Gutsbesitzer kehrten wir wiederum ein. Auch diesmal bewies er sich als ein liebenswürdiger, gastfreier Herr, der es sich zur Ehre rechnete, Offiziere des deutschen Kaisers bewirten zu dürfen.

Die Bärenjäger trafen gegen Abend — leider ohne Bären — mit gebräunten Gesichtern bei der Landungsstelle ein. Doch konnte manches andere erbeutete Jagdstück bewundert werden. Eifrig lauschten die Kameraden den Erzählungen. Wundervoll schlief es sich nach den Strapazen und mancherlei Entbehrungen wieder in der gewohnten Hängematte.

Besuch von Wladiwostok. – Scherben bringen Glück.

In Hakodate konnten wir noch ein schönes Freudenfest feiern, unseres Prinzen achtzehnten Geburtstag. Bei Grog und Zigarren belustigte sich die Mannschaft, sang fidele Lieder und schwang zur Musik das Tanzbein. Meinem Freunde Wolf passierte es, daß er mit seinen großen Seestiefeln beim Herabsteigen in die Weinlast in einen mit Sektgläsern gefüllten Korb geriet, so daß er mit Glasscherben wie übersät war. An diesem Tage durfte keiner traurig sein. Der große Schreck war schon genug für ihn. Wir legten den Vorfall ihm zum Trost aus: Scherben bringen Glück!

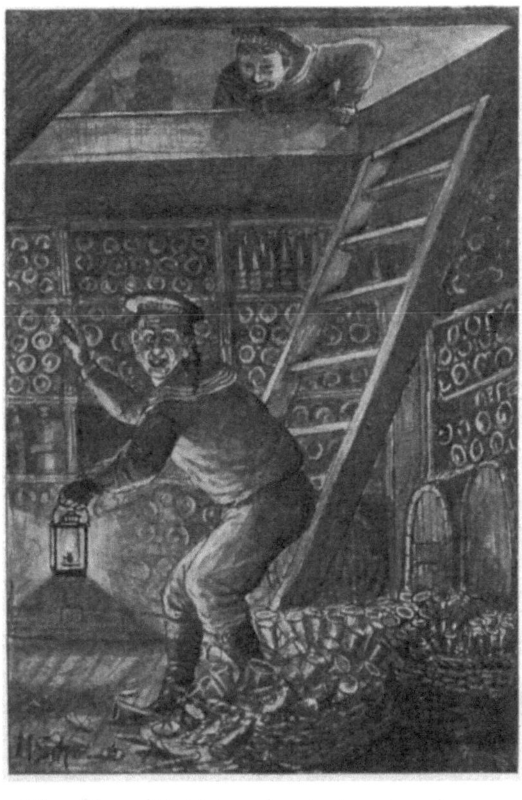

Das hofften wir auch von unserer Fahrt. Also hieß es mit gut Glück „Anker auf!" Es sollte nach Sibirien gehen. Bei guter Brise und mit vollen Segeln durchliefen wir das Japanische Meer.

War es nicht schon ein Glück, daß wir endlich die lange gesuchten Diebe erwischen konnten! Die Mannschaft wurde dadurch wie von einem Alpdruck befreit. Die Entdeckung ging übrigens ziemlich einfach vor sich.

Der Bursche des Kadetten, dem die Geldkassette gemaust worden war, schlängelte sich listig an den Rinaldini genannten Matrosen heran. Es gelang ihm ganz unauffällig, sich das Taschenmesser desselben zu verschaffen. Wie richtig vermutet worden war, fehlte an der Klinge des Messers die Spitze. Die Untersuchung ergab, daß die seinerzeit in der Kasse aufgefundene Messerspitze zu dem abgebrochenen Messer Rinaldinis paßte. Nun wurde dem Kerl der Diebstahl auf den Kopf zugesagt. Er leugnete nicht mehr und lieferte auch seinen Spießgesellen Daus durch sein Geständnis dem Gericht aus. Beide wurden zunächst von der erbitterten Mannschaft ganz gründlich durchgebleut. Am liebsten hätten unsere Leute die beiden Schelme gleich nach Sibirien verbannt, an dessen Küste wir bald darauf mit Pauken und Trompeten vor Wladiwostok vor Anker gingen. Unser Salutfeuer wurde von den dort versammelten russischen und englischen Schiffen erwidert. Eine besondere Freude aber war es für uns, ein deutsches Barkschiff begrüßen zu können; es hatte über die Toppen geflaggt, um seinem Jubel über unsere Ankunft festlichen Ausdruck zu geben. Festlich war auch der Empfang am Lande. Es waren Ehrenpforten aufgebaut. Unser Prinz nahm die Parade über die hier stationierte Garnison, Amurkosaken, sibirische Schützen und Marinesoldaten, ab. Behörden und Einwohnerschaft wetteiferten darin, dem Enkel des „Schaschka Wasiljew" (Onkel Wilhelm), des auch bei den Russen hochverehrten alten kaiserlichen Herrn, ihre Huldigung zu bezeigen. Eine große Illumination schmückte abends Stadt und Hafen. In echt russischer Weise floß der Wutki, an den unsere Blaujacken lange nicht so gewöhnt waren wie die biederen Kosaken von Wladiwostok. Manchen suchte der Jammer heim, der mit den Symptomen der Seekrankheit so verzweifelte Ähnlichkeit hat.

Wladiwostok, das im russisch-japanischen Kriege soviel genannte, war damals noch im ersten Aufblühen begriffen und mochte mit dem Militär 7000 Bewohner haben. Die Russen setzten schon damals große Hoffnung auf diesen Punkt im äußersten Ostasien, weil die Nähe Japans und Koreas sowie des Amurstromes soviel versprach. Der Hafen leidet allerdings sehr darunter, daß er 4 Monate wenigstens mit Eis bedeckt ist. Von großartigen Gebäuden, wie sie später dort entstanden sind, war damals noch keine Rede. Eine Anzahl Blockhäuser und einige Hundert kleinerer Hütten, von Russen, Chinesen, Koreanern bewohnt, das war alles. Alle Lebensmittel mußten von der See her herangeschafft werden, was ein Dutzend große Handelshäuser, darunter auch drei deutsche, besorgten. Außer Kartoffeln, Kohl und schlechtem Rindvieh bringt die Ebene, in welcher Wladiwostok liegt, nichts hervor. Am Rande der Ebene zeigten sich die Gebirge des Hinterlandes. Viele politische und andere Verbrecher wohnen in diesem Bezirk. Sie verstehen es jedoch, sich das Leben durch Wolfsjagden und allerlei Vergnügungen ganz behaglich zu gestalten. Ihre Wohnungen in den meist vereinzelt stehenden Holzhäusern geben Beweis davon. Bei der ärmeren Bevölkerung, welche mit Hühnern und Schweinen in engster Gemeinschaft haust, spielt der Branntwein eine Hauptrolle. Mag der lange sibirische Winter, der das Einheizen zur Lebensbedingung macht, einigermaßen als Entschuldigung gelten! Selbst die Chinesen, die das Schicksal hierher verschlagen hat, frönen dem Wutki, dem Männer und Weiber in edlem Wetteifer zusprechen. Oft genug sahen wir berauschte Weiber ihren Blockhütten zuwanken.

Acht Tage währte unser Aufenthalt in Wladiwostok. Dann lichtete S. M. S. „Prinz Adalbert" die Anker. Unter Hurra! und Musikklängen rauschten wir die Küste entlang. An einer steilen Anhöhe, die unsere Korvette passieren mußte, hatte die russische Garnison Paradeaufstellung genommen, um unserem Prinzen einen Abschiedsgruß zu senden. Bei Trommelwirbel und präsentiertem Gewehr erscholl ein dreifaches Hurra! herüber. Unsere Kapelle ließ dazu die russische Nationalhymne erklingen. Bald entschwanden die russischen Truppen unseren Blicken. Die Küste kam außer Sicht, und unter gesetzten Segeln liefen wir wieder durch das Japanische Meer, um abermals bei der kürzlich verlassenen Stadt Hakodate zu ankern. Zu unserer größten Freude fanden wir Kameraden dort. Unser Kanonenboot „Cyklop" war dort angekommen. Das gab fröhliches Hin- und Hersignalisieren zwischen den beiden Kriegsfahrzeugen. Dann erfolgten größere Beurlaubungen an Land, und bei manchem guten Schoppen wurde die Kameradschaft gefeiert.

Das Kanonenboot „Cyklop" ging demnächst nach Wladiwostok. Wir aber richteten unseren Kiel südwärts, um wiederum dem Hafen von Jokohama zuzusteuern.

Im Taifun.

Mit Kopfschütteln blickte ich schon damals, als wir aus der Magelhaensstraße herauskamen und zum erstenmal den offenen „Stillen" Ozean vor uns sahen, auf diese stürmisch bewegten Wogen, die einen so sanften Namen führen. Der reine Hohn! Und auch hier im Japanischen Meer, also am entgegengesetzten Ende desselben Weltmeeres, mußten wir die traurigsten Erfahrungen machen. Um auch nur einigermaßen dem Namen gerecht zu werden, müßte der Pazifik sich wenigstens einen dämonischen Unhold abschaffen, der wie eine Spottgeburt der Hölle, Haifisch an Gier, Tiger durch leidenschaftliche Wildheit, der Schrecken aller Seefahrer ist, eine wahrhaft entsetzliche Geißel für die Schiffahrt. Dieser tolle Seeteufel ist der „Taifun".

Das chinesische Wort ist Europa recht geläufig geworden; es bedeutet soviel wie „große Winde". Nachdem auch ich das zweifelhafte Vergnügen hatte, des greulichen Unholds persönliche Bekanntschaft zu machen, erschien mir das Wappentier im chinesischen Staatsbanner, der Drache mit der klaffenden Krokodilsschnauze und dem furchtbar gezackten Schwanze wie ein harmloses Lämmchen daneben. An der Küste Japans, wo er im September und Oktober häufig auftritt, packte er unsere Korvette mit seinen erbarmungslosen Klauen. Schon mehrere Tage hatten wir eine recht steife Brise, die es ein wenig zu gut mit unserem Vorwärtskommen meinte. Sie artete schließlich zum Sturme aus, und in der Nacht erkannten wir zu unserm Schrecken, daß wir uns im Wirbel des Taifuns befanden. An Vorbereitungen zu seinem Empfange hatten wir es wahrlich nicht fehlen lassen. Alle Boote und Barrings wurden schon abends gehörig gezurrt, d. h. festgebunden. Die Anker wurden mit doppelter Laschung versehen. Die Geschütze wurden doppelt festgezurrt, die Luken bis auf die hinterste dicht gemacht. Längs Deck wurden Strecktaue gezogen. Bramraen und Stengen, die der Taifun wie Streichhölzer abzuknicken pflegt, wurden an Deck genommen. Alle Segel wurden bis auf Sturmbesan- und Sturmfocksegel festgemacht. Kurz alles geschah, um S. M. S. „Prinz Adalbert" möglichst vor den grimmigen Angriffen des Unholds sicher zu stellen.

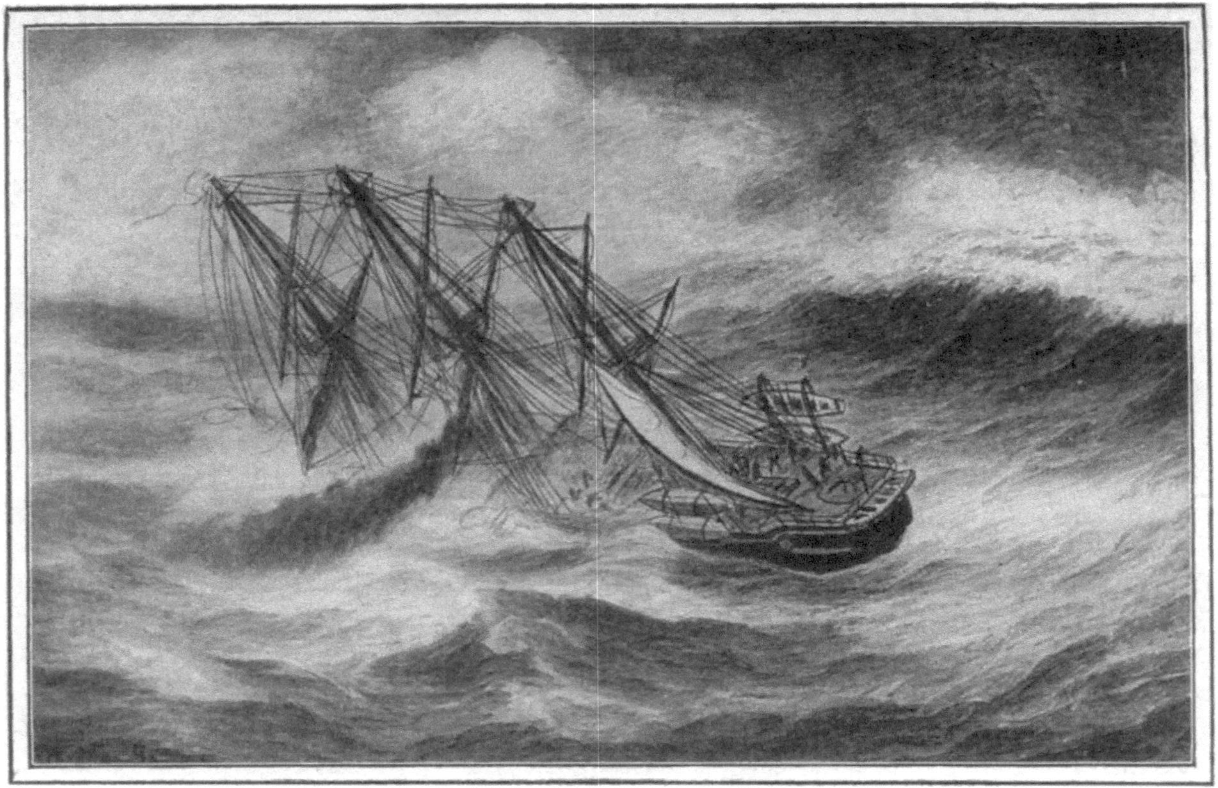

S. M. S. „Prinz Adalbert" im Taifun.

Als ob ein unsichtbarer gewaltiger Drache mit seinem Schweif das schäumende Meer aufpeitschte, so rasten immer schneller und brausender Seen von zwanzig bis dreißig Meter Höhe und zweihundert Meter Länge heran. Sie brachen sich am Heck und entluden sich über das ganze Schiff, wobei das Vorderschiff in einen wilden Gischt gehüllt wurde. Das Schiff stöhnte und ächzte in allen Fugen, als ob es auseinanderplatzen würde. In der Takelage aber war ein Heulen und Toben, als wenn der Satanas seine tausend Musikanten ausgesandt hätte, daß sie uns eine höllische Sterbekantate blasen sollten. Durch die Gewalt des Sturmes wurde der Rauch des Schornsteins nach unten gepreßt und in den Heizraum gedrückt. Die Mannschaft war infolgedessen dem Ersticken nahe.

Ich war in der Pantry sorgenvoll damit beschäftigt, das hin- und herklappernde Geschirr fester zu stauen, als der Ingenieur mit bleichem Gesicht und bekümmerter Miene zu mir hereinstürzte: „Können Sie mir nicht ein paar Flaschen Rotwein nach dem Heizraum bringen? Meine Leute können es kaum noch aushalten." Soviel Rotsponflaschen ich in meinem Hemde unterbringen konnte, faßte ich und eilte Hand über Hand nach dem Maschinenraum. Es war bei dem Hin- und Herschaukeln keine leichte Sache, die eiserne Treppe hinunterzuklettern. Lieber Gott, war das eine Not da unten! Rauch und Flammen machten den Aufenthalt schon in Minuten zu einer Qual. Das Feuer schlug heraus in langen roten Zungen. Viele Heizer waren, völlig verschmachtet und ermattet, durch Matrosen ersetzt worden. Bei meinem Eintritt wurden gerade wieder einige nach oben befördert. Der kühle Rotspon regte die Braven sofort wieder zu neuer Arbeit an. Ich kletterte den beschwerlichen Weg wieder zurück in meine Pantry. Hier begann der Umsturz verschiedener Gegenstände ein richtiges Chaos herbeizuführen. Das schwere Eisspind war über Stag gegangen und drohte die Chronometer einzurennen. Mit Hilfe eines Offiziers machte ich mich daran, den unruhigen Racker von Eisspind festzuzurren. Auf einmal holte das Schiff so furchtbar über, daß Gläser und Tassen polternd aus den Ringen fielen. Noch ein Ruck erfolgte, stärker als vorher. Das Schiff legte sich auf die Seite. „Jetzt ist's aus! Jetzt geht's hinab in den Meeresgrund!" dachte ich erschrocken. Wenigstens noch einen Blick auf den so ungnädig drohenden Himmel wollte ich tun, wenigstens noch einmal die aufgeregte Natur schauen. „Masten klar zum Kappen!" hörte ich die Donnerstimme unseres Kommandanten.

Die Zimmerleute mit den Kappbeilen suchten sich durch die über Deck fegenden Seen Bahn zu brechen, indem sie sich krampfhaft an den Strecktauen festhielten. Nur noch eine See hätte etwas dwars hereingestürzt zu kommen brauchen, und unsere Korvette wäre rettungslos verloren gewesen. Das Kentern war dann unvermeidlich. Das waren die peinlichsten Sekunden! Aber siehe da! „Prinz Adalbert" richtete sich wieder auf. Das Schlimmste war überstanden. Die Gefahr schien vorüber zu sein.

Grausiges Gefühl, in rabenschwarzer, tobender Nacht auf schwankendem Schiffe zu stehen, umtost von heranbrausenden, fürchter-

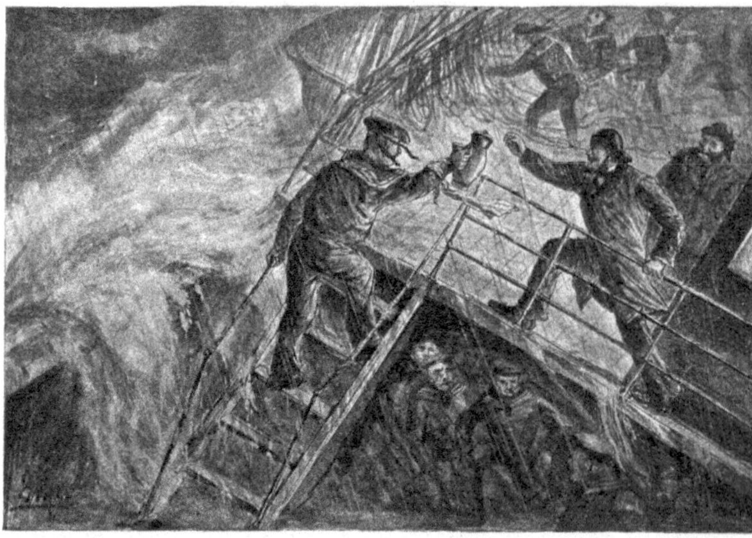

lichen Sturzseen! Wie kostbar erscheint einem das Leben, wenn jeder Augenblick das Herabsinken in die schäumenden Fluten, in das geöffnete Todesgrab bringen kann!

Morgens gegen vier Uhr brachte ich dem ersten Offizier und dem Navigationsoffizier Kaffee nach der Campagne, von wo aus ihre Kommandos für die Rudermannschaft erschallten.

Der Kaffeetransport zu den Herren dort hin war ein beschwerliches Stück Arbeit. Das Schiff tanzte wie ein wildgewordener Kater, der mit gekrümmtem Buckel Sprünge macht, um eine Maus zu haschen. Um den Arm eine Serviette gebunden, die Kaffeekanne in der einen Hand und mich mit der anderen beim fortwährenden Überholen des Schiffes krampfhaft festklammernd, kam ich endlich glücklich an Deck, um den sehnlichst erwarteten stärkenden Trunk zu verabreichen. Noch immer langte die See wie eine Raubtierkralle über Bord, um irgend etwas zu erbeuten. Ich konnte beobachten, wie eine Sturzwelle die starke Marsraa, die dort an der Seitenwand festgemacht war, in zwei Stücke spaltete, damit Fangball spielte und dann die Splitter in die Tiefe verschwinden ließ. „Zahnstocher für Haifische!“ dachte ich. Vormittags um 9 Uhr stand ich am Buffet, vor mir Kaffeekanne, Tassen, Butter und Brot, und reichte den Offizieren, die Seestiefel und Ölanzug trugen, das erste Frühstück.

Gott sei Dank, auch dem stärksten Teufel geht schließlich die Puste aus, wenn er sich zu sehr angestrengt hat. Der Taifun legte sich allmählich. Die Maschine, die ohnmächtig gegen den Wogendruck gearbeitet hatte, schlug mehr und mehr an, und wir kamen, wenn auch langsam, vorwärts. Als dann die Wellenbrecher von Jokohama ihre schützenden Steindämme zwischen uns und die noch immer ungebärdige See schoben, atmeten wir erleichtert auf. Das war eine Fahrt auf Leben und Tod gewesen. So mag den Insassen eines Schlittens zumute sein, wenn sie, verfolgt von einer gierigen, vor Hunger rasenden Wolfsmeute, mit knapper Not die rettenden Häuser der Stadt erreichen konnten. Da sind sie wohl auch von Dank erfüllt gegen die wackeren, ausdauernden, starken Rosse, die durch ihre vortrefflichen Eigenschaften die Rettung bewirkten.

Was aber will die Schnelligkeit eines Schiffes bedeuten gegen die rasende Eile eines Taifuns? Uns rettete etwas anderes, und das war die solide Bauart unserer guten Korvette „Prinz Adalbert“. Unwillkürlich mußten wir aus schwerer Seegefahr Geretteten darum von innigster Dankbarkeit erfüllt sein gegen die Schiffsbaumeister, die solche sturmfesten Schiffe zu bauen verstehen. Je gewaltiger und grauenvoller die überstandene Not war, desto glänzender erprobte sich nun die Erfahrung, die Klugheit und die Umsicht, die bei dem Bau des Schiffes einst gewaltet hatte. Was wollten all die Schrammen, die Risse und Wunden bedeuten, die unser gutes Schiff im schweren Kampf mit den wilden Naturmächten davontragen mußte! O weh, wie sah es mitgenommen aus! Durch die feinsten Löcher war der salzige Wasserstaub gedrungen. Geschütze, Handwaffen, kurz alle Eisenteile waren infolgedessen mit Rost überzogen.

Da gibt es viel Arbeit, um all die Schäden zu beseitigen.

Leid und Freud' in Japan.

Unser Freund Kienscherf, dem der Taifun so bedeutend imponiert hatte, daß er keine Lippe zu riskieren wagte, so lange es mit unserm Schicksal gar kritisch stand, rächte sich nun für das ihm durch die Naturgewalten allzulange auferlegt gewesene Schweigen durch eine gesteigerte Schnoddrigkeit und durch Verdoppelung seiner Leistungen in der Fabrikation von Kalauern.

So erklärte er, daß er sich in Jokohama nächstens mal wieder als Japaner photographieren lassen würde, aber als Karrenführer. „Un nich mit John", meinte er. „Uff den is keen Verlaß, wenn er sich 'n Affen uffjehuckt hat. Mir hätte der Divisionsoffizier, wenn ick alleene als Japaner spazifizieren jegang'n wär', nich erkannt."

„Segg' mal, Kienscherf, worüm wist du di nu grad' as 'n japanes'schen Kutscher affotografiern laten?" fragte ich den Berliner.

„Det will ick dir sagen, Mensch! Ick stell' mir mit de Karre da drieben bei die Zollamtsecke hin un passe uff, bis der Mannschaftskoch mal vorbeigelatscht kommt. Du weeßt, den hab' ick schon lange uff de Riebe von wejen de anjebrannte Bohn'suppe. Loofen dut der olle Knast nich jerne. Also 'rin in die Droschke! Los mit ihm un denn da, wo't Pflaster besonders mulmig is, da schmeiß ick'n um un kratze mit die leere Karre aus." Kienscherf hatte Unternehmungsgeist, wenn es sich um Eulenspiegeleien handelte. Er hätte auch gewiß seinen rabenschwarz niederträchtigen Streich ausgeführt, wenn er Urlaub an Land gekriegt haben würde. Da aber in Jokohama die Cholera ausgebrochen war, lag unser Schiff vorsichtigerweise sehr weit vom Lande ab. Es kriegte keiner Urlaub. Statt dessen wurden Schießübungen abgehalten. Mehrere japanische Prinzen, der deutsche Konsul und einige andere Herren nahmen als Zuschauer daran teil.

Das nur eine Dampfertagereise von Jokohama entfernte Kobe sollte nunmehr von S M. S. „Prinz Adalbert" besucht werden. Auch während dieser kurzen Fahrt zeigte der „Stille" sich in ungnädigster Laune. Es war abscheuliches Wetter und hoher Seegang.

Unterwegs bemerkten wir einen Kutter, der hilflos ein Spiel der Wogen schien. Der Kutter signalisierte uns, daß ihm seine Kohlen ausgegangen seien. Wir sollten ihn ins Schlepptau nehmen. Eigentümer des Schiffes war ein englischer Lord, der eine Reise um die Welt machen wollte. Seine Gemahlin, zwei Kinder und eine Gesellschafterin, Maschinisten, mehrere Heizer und Matrosen von England befanden sich an Bord. Der Kutter war dem Untergang nahe und trieb schon seit längerer Zeit auf den Wellen. Es kostete unsäglich schwere Mühe, bei dem fürchterlichen Seegang eine starke 24 cm-Trosse an dem Kutter zu befestigen. Er tanzte wie eine Nußschale hinter unserm Kriegsschiff her. Manchmal schien sein

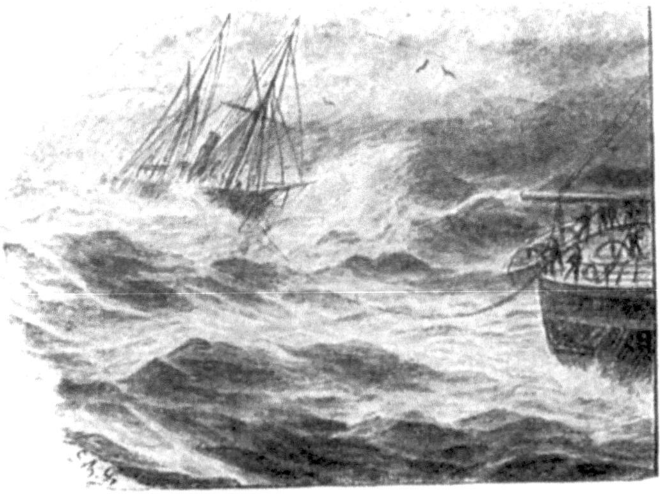

Rumpf völlig von den über Deck fegenden Seen begraben zu sein. Bugspriet und Vordersegel waren ihm schon vom Sturm geraubt worden.

Mehrere Stunden hatten wir das Schiff Seiner Lordschaft schon geschleppt. Beim Hereinbrechen der Dunkelheit wurde der Sturm noch stärker. Die Trosse brach: wir mußten den Engländer seinem Schicksal überlassen. Es wurde ihm noch signalisiert, daß ein paar Stunden nordwestlich ein sicherer Ankerplatz sei, den er zu erreichen suchen sollte.

Wir liefen am nächsten Tage in Kobe ein. Auch hier konnte man die staunenswerte Beobachtung machen, wie eine Stadt in wenigen Jahren sich aus einem unbedeutenden und unbekannten

Nest zu einem Welthafen zu entwickeln vermochte. Eine Doppelstadt breitete sich vor unsern Blicken aus, beide Nachbarorte nur getrennt durch die Mündung eines Flusses. Drüben lag Hiogo, eine der altjapanischen Hauptstädte, mit ihrem unendlich weit sich ausdehnenden Meer von grauen Holzdächern, die hier und dort von Tempeln überragt wurden. Der Fremdenverkehr in Kobe hatte sich so gewaltig entwickelt, daß eine fast ganz europäisch aussehende Stadt mit Hotels und Warenhäusern entstanden war.

Ein merkwürdiges Schauspiel konnte ich in Hiogo einmal betrachten. Es fand eine Leichenverbrennung statt. Die Leiche saß

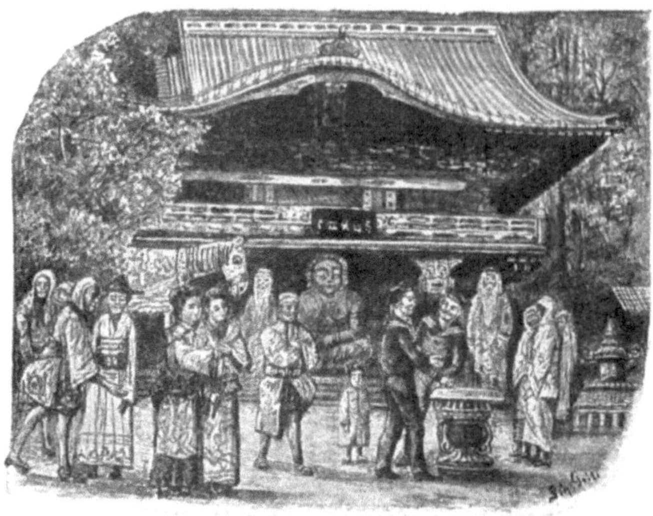

mit an den Leib gezogenen Knien in einer Tonne. Priester mit ehrwürdigen langen weißen Bärten und in grellbuntesten Gewändern salbten sie in einem Tempel ein. Dann wurde der Verstorbene auf den Scheiterhaufen gesetzt, den die Leidtragenden, mit feierlichen Mienen und indem sie Gebete murmelten, anzündeten. Es war grausig anzusehen, als die Bänder der Tonne platzten und die halbverkohlten Gliedmaßen zum Vorschein kamen. Die verbrannten Ueberreste der Leiche wurden in einer Urne beigesetzt.

Diese Szene führte ein echtes Stück altjapanischer Sitte vor Augen, eine barbarische Sitte, die mit den sonst überall zutage tretenden Kulturbestrebungen der kleinen gelben Leute in schroffem Widerspruch stand. Ob es wohl heute noch so gemacht wird? Ich vermute, daß die Japaner, wenn sie schon das Verbrennen der

Leichen beibehalten haben sollten, sich auch auf diesem Gebiete nach den modernen Vorbildern Europas richten werden.

Vielleicht sind schon in Kobe-Hiogo elegante Krematorien erbaut, wo die Leichenverbrennung in elektrischen Öfen vor sich geht. Auch sonst fanden wir, namentlich in den Tempeln, Bräuche und Sitten, die auf die Dauer sich schwerlich mit europäischer Kultur in Einklang bringen lassen werden. Wir staunten die riesigen Bronzefiguren der Götzenbilder an, die allerdings noch zwerghaft klein sein sollen im Vergleich zu dem gewaltigen Buddha im großen Tempel zu Tokio. Am 18. Oktober feierten wir den Geburtstag unseres Kronprinzen mit Grog und Zigarren. Die See lag spiegelglatt. Ein wundervoller Mondschein bestrahlte das Schiff, auf dessen Vorderdeck nach Herzenslust gesungen und getanzt wurde. Leider fand das Vergnügen durch einen beklagenswerten Unglücksfall einen jähen Abschluß. Gerade als die Belustigung ihren Höhepunkt erreicht hatte, erscholl plötzlich der Schreckensruf: „Mann über Bord!"

In solchem Augenblick hat man Gelegenheit, Mannesmut und kameradschaftliche Gesinnung auf einem Schiffe kennen zu lernen. Wie Frösche scharenweis vom Teichrand in ihr feuchtes Element hopsen, wenn eine Gefahr sich drohend nähert, so flogen im Nu fünfzig gute Schwimmer über Bord, um den heruntergestürzten Mann zu retten. Es war eine fatale Sache für manche, da sie dem Grog allzu reichlich zugesprochen hatten. Schleunigst wurden deshalb Boote zu Wasser gelassen, welche die über Bord gegangenen Matrosen auffischen sollten. Bei der abgehaltenen Musterung stellte sich heraus, daß der Ostpreuße Uschkenat fehlte. Seine Mütze hatte einer im Wasser aufgefischt. Dieser Uschkenat war ein Pechvogel. Schon einmal war er auf hoher See über Bord gefallen und hatte sich damals an der Fockrüst ein Loch in den Kopf gestoßen. Ein Offizier, der ihm blitzschnell nachsprang, rettete ihn damals.

Stundenlang wurden Versuche mit Netzen gemacht, um den Ertrunkenen herauszufischen. Alles Suchen blieb vergeblich. Erst nach acht Tagen brachten japanische Fischer die aufgefundene Leiche. Auf dem Seemannsfriedhof bei Kobe wurde der Matrose begraben.

Erst am 1. Dezember verließen wir diesen Hafen, um danach bei verschiedenen kleinen Städten und Dörfern an den Küsten Nipons, Sikoks und Kiusius Anker zu werfen. Manchmal waren die gelben Leutchen noch so scheu, daß sie furchtsam auskniffen, wenn ein Boot unserer Korvette sich ihrem Strande näherte.

Andere fremde Schiffe hatten sich wohl noch niemals diesen Orten genähert. S. M. S. „Prinz Adalbert" aber hatte die Erlaubnis der japanischen Regierung erhalten, in diese Gegend vordringen zu dürfen. Ein junger Japaner, der des Deutschen und Englischen mächtig war und als Sohn eines früheren Fürsten bei seinen Landsleuten Ansehen genoß, vermittelte in den meisten Fällen so glücklich zwischen uns und den Einwohnern, daß sie bald zutraulicher wurden. Außer diesem Dolmetscher hatten wir auch noch vier japanische Lotsen an Bord.

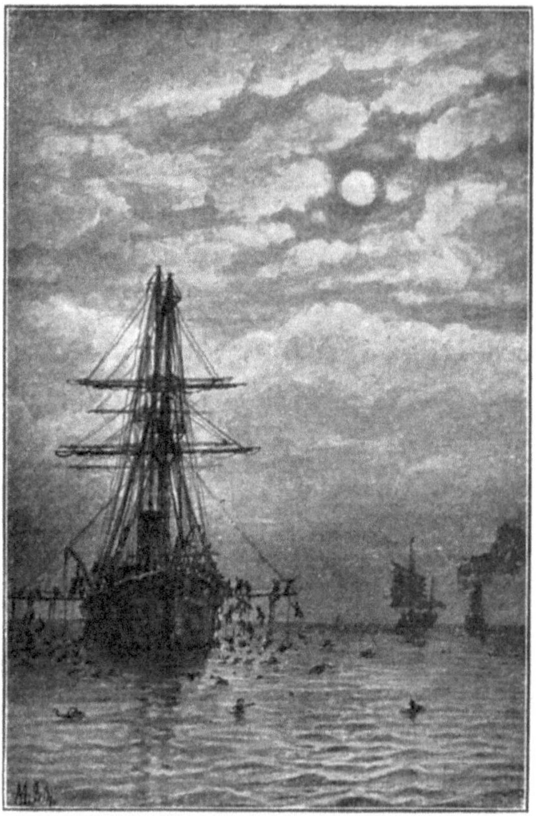

Es war diese Fahrt die schönste und angenehmste, die man sich denken kann. Dazu trug nicht nur das wundervolle Wetter bei, welches die See spiegelglatt ruhen ließ, sondern auch die wechselvollen herrlichen Landschaftsbilder. Oft passierten wir so enge Straßen, daß wir die Ufer bequem mit einem Steinwurf hätten erreichen können. Dabei machte das Fahrwasser die verschiedensten Wendungen, und es boten sich so dem entzückten Auge immer neue wundervolle Naturbilder. In der Magelhaensstraße waren die hohen Berge oben mit Schnee und Eis bedeckt. Hier aber breiteten sich die schönsten, saftig grünen Felder bis in die höchsten Spitzen aus. Diese Wälder von Bambusbäumen und immergrünen Eichen, diese Blütenhaine von mannigfaltigster Färbung, sie geben eine köstliche Farbenpracht. Dabei reiht sich ein Dorf an das andere längs des ganzen Strandes, und man bekam

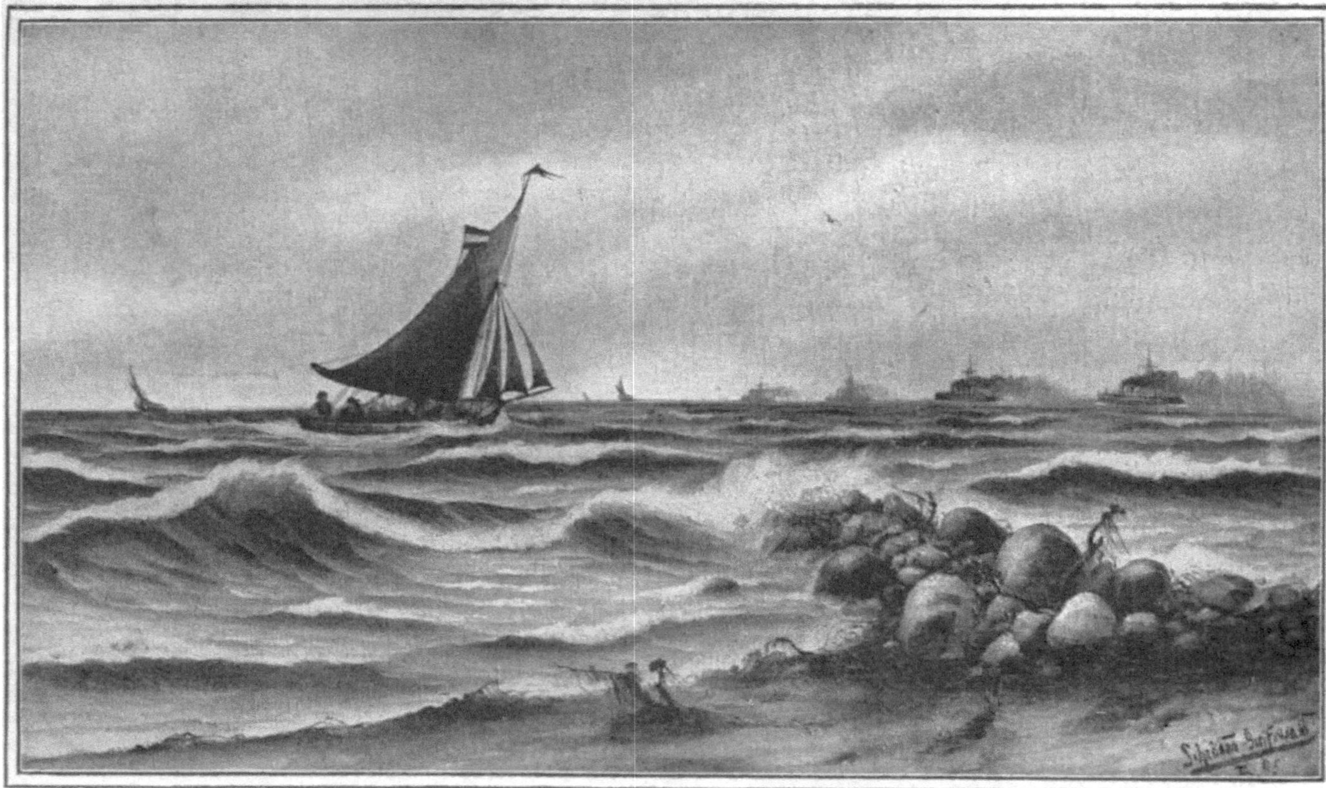

S. M. S. Badenklasse (Kieler Förde).

eine Ahnung davon, wie dicht gedrängt Millionen von fleißigen, geschickten Menschen dies herrliche Inselreich bewohnen. Unter üppigen Palmen und blühenden Zwergbäumen schaute oft die Spitze eines fantastisch gebauten Tempels hervor, welcher dem farbenfrohen Bilde einen besonderen Reiz verlieh.

Spitzler, der Paukenschläger und Tonkünstler, hatte mit mehreren Vierjährigen einen Gesangverein gebildet, der sich redliche Mühe gab, so klassisch wie möglich mehrstimmige Lieder einzuüben. Das paßte auch gar zu schön zu den reizvollen Uferbildern. Wenn wir abends vor Anker lagen und der Gesangverein die schönen deutschen Lieder, z. B. „Das Meer erglänzte weit hinaus“ oder „Ich wollt', meine Liebe ergösse sich“ u. s. w. anstimmte, dann schwelgten unsere Seelen in edelsten Genüssen. Spitzler, der Dirigent, war dann so hingerissen von der Macht des Gesanges, daß er, wie einstmals beim ersten Studium der Paukenkunst, alles um sich her vergaß. Sein Taktstock, ein abgebrochener Schrubberstiel, bewegte sich in weitem Schwunge, so daß es gefährlich war, dem Kunstbegeisterten unversehens näher zu kommen.

Allmählich gingen wir dann aus dem ernsten Konzertteil zu den derblustigen Seemannsliedern über, und dann sangen wir auch oft das folgende Lied. Der Zahlmeister des Schiffes, spätere Geh. Hofrat Kampf hatte es für die Kameraden verfaßt. Nach der Melodie des Volksliedes „O Tannenbaum“ klangen die Verse ins Meer hinaus:

Das Bulleye*) zu!
Das Bulleye zu!
Pampero **) knickt die Masten.
Marsfallen los! Schiff in den Wind!
Die Segel fest! Entert geschwind!
Das Bulleye zu!
Das Bulleye zu!
Dann ist das Schiff geborgen.

Das Bulleye zu!
Die Schotten dicht!
Im Nebel gilt kein Spaßen.
Das Nebelhorn mir nicht geschont,
Langsame Fahrt sich gut belohnt.

*) Ochsenauge, das runde Schiffsfenster.
**) Pampero heißt der gefährliche Südwesten der Magelhaens-Straße.

9

Das Bulleye zu!
Die Schotten dicht!
Und Ohr und Auge offen!

Das Bulleye auf!
Das Bulleye auf!
In Kapstadt woll'n wir ankern.
Der Tafelberg, der ladet ein:
Nun, Jungmann komm! Trink Feuerwein!
Dann machen wir
Das Bulleye auf
Dort bei den Hottentotten.

Das Bulleye auf!
Das Bulleye auf!
In Sicht ist schon Jamaica,
Wo Palmen und Bananen blüh'n,
Kreolins Augen Feuer sprüh'n!
Da machen wir
Das Bulleye auf,
Wie die Flibustier*) taten.

Das Bulleye zu!
Das Bulley zu!
So spricht der Herr da oben.
Aus Segel mir ein Totenhemd,
Auf's Brett gebunden Leib und Händ!
Nun, Bootsmann pfeif!
Das Fallreep auf!
Das ist des Seemanns Ende.

(Ganz leise gesungen)
Lieb' Mutter mein,
Lieb' Mutter mein,
Dein Sohn liegt tief begraben.
Hier unten lieg' ich nicht allein,
Viel Tausend sind Gefährten mein.
Lieb' Mutter mein,
Lieb' Mutter mein,
Die See muß Opfer haben!

*) Flibustier waren westindische Freibeuter.

Aber so zart und wehmütig das Lied auch immer erklang, die lebenslustigen Gemüter der Matrosen hielten sich nicht lange auf bei düsteren Betrachtungen solcher Art. Einer gab das Signal mit einem gellenden Pfiff, und die beliebte Katzenmusik, eine Marine-Janitscharenmusik ließ ihre höllenhaften Harmonien erschallen. Unter Zuhilfenahme von Mund- und Handharmonikas, Topfdeckeln, Kämmen, Besenstielen u. s. w. erzielte sie ein so durchschlagendes Fortissimo, daß drüben die japanischen Bauersleute erstaunt von ihren Matten aufsprangen, daß alle japanischen Hunde sich losrissen.

„Musik wird dann nicht schön empfunden,
Wenn sie mit viel Geräusch verbunden!“

Doch gab es eine Zauberformel auf dem Schiff, die eine blitzschnelle Wirkung erzielte: „Alle Mann Hängematten!“

Der Rest war Schweigen Schnarchen.

Silvesterfeier im Hafen von Nagasaki.

Am 9. Dezember trafen wir im Hafen von Nagasaki ein. Der Eindruck, den man beim ersten Anblick von dem Bilde dieser wunderschön gelegenen japanischen Stadt erhält, ist ein überraschender. Oftmals habe ich in späteren Jahren dies herrliche Hafenbild mir immer wieder vor das geistige Auge gerufen. Die Feder ist zu schwach, die Stimmung wiederzugeben, die jeder Fremde bei der Einfahrt empfinden muß. Unser bekannter Marineschriftsteller, Admiral Reinhold von Werner, schildert Nagasaki in seinem Buche „Reisebriefe über China, Japan, Siam“ in folgender Weise:

„Wir hatten bereits viel von der Schönheit des Hafens gehört; unsere Erwartungen wurden aber bei weitem durch die Wirklichkeit übertroffen, und soviel ich auch in der Welt umhergekommen bin, erinnere ich mich nie, etwas Ähnliches gesehen zu haben. Rio de Janeiro, Lissabon, Konstantinopel werden als die drei schönsten Häfen der Welt gerühmt, und ich habe auch bis jetzt diese Ansicht geteilt. Aber die Einfahrt von Nagasaki übertrifft sie und alle bei weitem. Es scheint, als ob die Natur hier alles konzentriert habe, was sie an romantischer Schönheit, Lieblichkeit und Großartigkeit hervorzubringen vermag, und menschliche Kunst hat, wenn auch unbewußt, die Harmonie des Ganzen vollendet.“

Die Nähe der chinesischen Küste, wohin ja doch Japans Handel, seine ganze Zukunft drängt, hat Nagasakis Aufschwung veranlaßt. Schon damals überflügelte es Kobe und Jokohama. Wir fanden mehrere katholische Kirchen und eine Werft, die einem Deutschen gehörte.

Das Weihnachtsfest wurde hier in üblicher Weise gefeiert. Während im deutschen Vaterlande noch alles in tiefem Schlafe lag, kehrte bei uns im Lande der aufgehenden Sonne das Christkindlein schon 8 Stunden früher ein. Im vergangenen Jahre war es gerade umgekehrt. Als wir die Tannenbäume von Montevideo zu unserer Bescherung schmückten, waren wir gegen Deutschland um 8 Stunden in der Zeitrechnung zurück.

An allen Backen in der Batterie prangten wieder die Christbäume in vollem Lichterglanz. Diesmal aber sah die Beleuchtung doch weit festlicher aus. Hunderte von japanischen Lampions schmückten unser Schiff. Die Offiziere des Kanonenbootes „Cyclop“, das einige Tage vorher hier eingetroffen war, erschienen an Bord und machten mit unserm Kommandanten und unseren Offizieren einen Rundgang durch das Schiff. Die Ausschmückung fand ihren lebhaftesten Beifall. Das Weihnachtsgericht bestand aus geschmortem Rindfleisch. Der Koch hatte sich, der Wahrheit die Ehre, ganz bedeutend angestrengt, um etwas Schmackhaftes zu liefern. Nachher wurde beim Glase Grog tüchtig getanzt. Kienscherf und John führten dabei einen japanischen Nationaltanz auf, den sie in Kobe beobachtet und gelernt haben wollten. Der Berliner hatte natürlich noch eine Salonnummer: er führte uns den Kängurutanz vor, den die braune Maleika in Honolulu ihm beigebracht hatte. Am zweiten Feiertage wurde alles an Land beurlaubt, um sich japanisch die Zeit zu vertreiben.

Nach dem Fest kamen leider weniger schöne Tage. Der Dienst ergriff uns mit seinen eisernen Klauen. Es trat eine miserable Witterung ein. Häufig störten schwere, stoßweise einsetzende Böen. Alle Schiffe mußten noch den zweiten Anker auswerfen. Zum Silvester besann sich das alte Jahr 1879 aber wieder darauf, daß man doch besser daran tut, höflichen Abschied zu nehmen. Es regte sich kein Lüftchen, und der Hafen von Nagasaki glänzte im Sonnenschein; glatt wie ein Spiegel ruhte die See.

Und noch eine Freude kam im alten Jahr mit der Post. Nachmittags nämlich lief ein großer japanischer Raddampfer in den Hafen ein, der die Postflagge im Topp führte. Ein Boot legte bei uns längsseits. Mein Greifswalder Landsmann Giese, den ich in Jokohama getroffen hatte, brachte die langersehnten Briefe an Bord. Giese suchte mich in meiner Pantry auf. Er stellte mir noch einen anderen Greifswalder vor, der auch als zweiter Steuermann in japanischen Diensten stand. Wir feierten unser Wiedersehen bei einigen Flaschen Rotwein, und ich mußte versprechen, die beiden an Bord ihres Dampfers bald zu besuchen.

Die Silvesterfreude auf S. M. S. „Prinz Adalbert“ erreichte deswegen einen besonders hohen Grad, weil sich alles zu einer glücklichen Heimreise beglückwünschen konnte; sie sollte ja demnächst angetreten werden. Das Reservistenlied wurde von der Musik angestimmt, und die berauschten Matrosen gröhlten es in allen Tonarten mit. Zwar wurden um 11 Uhr die Hängematten verausgabt, doch war es nicht ratsam, hineinzuklettern, da man den Schlafenden einfach die Hängegurte durchschnitt. Wer also nicht in unsanfter Weise mit dem Deckboden Bekanntschaft machen wollte, der tat besser daran, das Silvestervergnügen mit den anderen fortzusetzen.

Nach altem Neujahrsbrauch schlug um 12 Uhr die Schiffsglocke die vorschriftsmäßigen 16 Glas, wovon 8 dem alten und 8 dem neuen Jahre galten. Vom Achterdeck her erklangen feierlich die Akkorde des Chorals: „Nun danket alle Gott", dessen ergreifende Weise über die Wasserfläche rauschte und von den Bergen ringsum

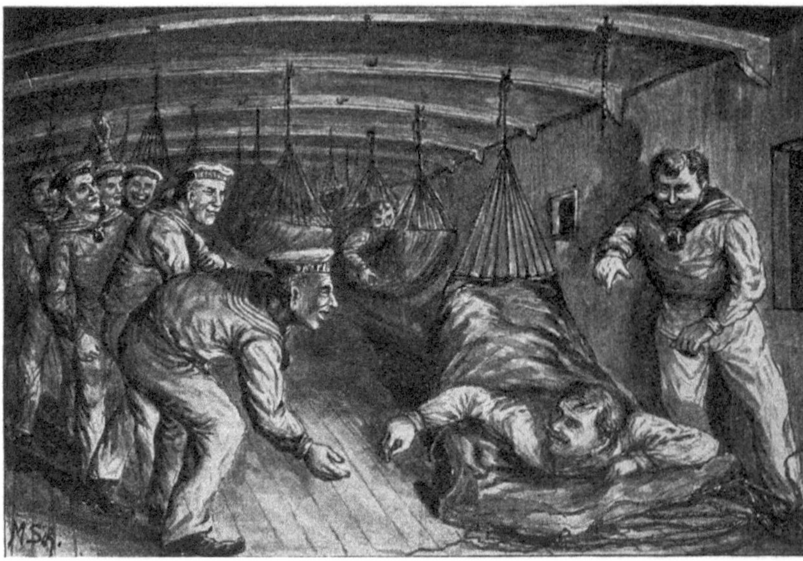

mit leisem Echo wiedertönte. Das gegenseitige Gratulieren wollte kein Ende nehmen.

Es war doch gut, daß man sich nicht in die Hängematte gelegt hatte. Schon der Musik wegen. Die Musikanten hatten den Choral ja noch tadellos richtig gespielt; aber was sie hinterher als Ständchen jedem Offizier vorbliesen, das verriet deutlich ihre Silvesterseligkeit. Spitzler spielte eine besonders komische Figur. Ihm hatte Kienscherf heimlich eine Art Fuchsschwanz an das Hinterteil seiner Unaussprechlichen befestigt, womit er nun stolz und gravitätisch unter dem Gelächter der Matrosen von einem Offizier zum andern paukte.

Der Übermut stieg im wahren Sinne des Wortes immer höher, er ging nämlich in die Takelage. Die tollkühnen Schlingel machten allerlei Kletterversuche, so unter anderem eine Polonaise vom Vorbramstengestag aus. Hängend kletterten sie, Hand über Hand, nach dem Bugspriet an dem dünnen und längsten Tau herunter. Und das in der Nacht und nach all dem Silvesterpunsch. Wahrlich eine schwere und wagehalsige Leistung. Dabei wurde ein brausendes „Prosit Neujahr, Cyclop!“ nach dem Kanonenboot hinübergerufen. Von dort klang es aber nicht minder stürmisch jubelnd zurück.

Mehrere Matrosen ruderten hernach mit der Jolle noch nach dem „Cyclop“ hinüber. Nach altem Seemannsbrauch machten sie dreimal die Runde um das Kanonenboot und stiegen dann an Bord. Hier war es schon bedeutend stiller geworden als auf S. M. S. „Prinz Adalbert“. Die aus 60 Mann bestehende Besatzung hatte sich zum größten Teile schon in die Hängematten begeben. Aber sie wurden herausgeholt; sie mußten mit den Gästen anstoßen. Bei dem herrschenden Nachtnebel hatten unsere Leute Mühe, ihr Schiff wieder zu erreichen. S. M. Kbt. „Cyclop“ verließ am Neujahrstage den Hafen, kam aber bald zurück, da draußen schlechtes Wetter war und die See die Boote stark beschädigt hatte.

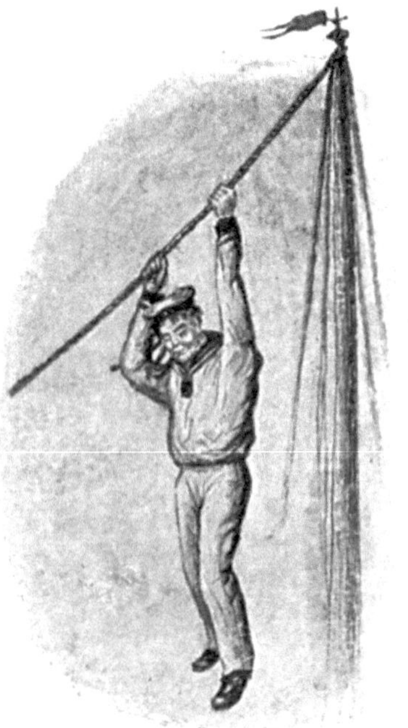

Ich benutzte die nächste beste Gelegenheit, meinem Freunde Giese auf seinem Raddampfer den versprochenen Besuch zu machen. Freundlich nahmen mich die beiden Greifswalder auf. Auch noch ein dritter Deutscher war auf dem Dampfer anwesend, der auch in japanischen Diensten stand. Es war ein Dresdener Ingenieur. Dieser Landsmann hatte große Raritäten gesammelt, kunstvoll gearbeitete japanische Schnitzereien, wertvolle Bronzen, Vasen und Münzen. Sie alle hatten ihr Heim in Jokohama, wo eine treue Japanerin ihnen das Hauswesen führte.

Die Kommandanten der in Nagasaki vor Anker liegenden Kriegsschiffe aller Nationen veranstalteten ein internationales Wettrudern, das sich zu einem großartigen Sportfeste entwickelte. Es verlief für uns sehr glänzend, denn S. M. S. „Prinz Adalbert“

erzielte fünf Preise, „Cyclop" einen Preis, und eine russische Korvette errang ebenfalls einen solchen. Am Hafen spazierte die japanische Bevölkerung in großen Scharen, um das Schauspiel zu genießen. Überall herrschte Feststimmung, und Grog und Vergnügen gab es in reichlichem Maße.

Am 8. Januar morgens machte S. M. S. „Prinz Adalbert" Dampf auf und verließ den Hafen. Es sollte nach Kobe zurückgehen. Wir kamen auf der Reise dicht an dem Riff vorbei, auf welchem im Jahre 1872 die „Vineta" gestrandet war. Das Fahrwasser ist dort wegen der unter Wasser liegenden scharfen Felsklippen sehr gefährlich, die Fahrstraße sehr eng, und die Strömung fließt außerordentlich stark.

In Kobe wurden wir durch den Salut eines englischen Kanonenbootes begrüßt. Des stürmischen Wetters wegen mußten wir zwei Anker niederlassen. Der Sturm richtete im Hafen allerlei Schabernack an. Dem Bumbootsmann, der uns Erfrischungen an Bord bringen wollte, schlug sein Fahrzeug voll Wasser. All die schönen Früchte und Leckerbissen verschwanden vor den schmachtenden Augen unserer Leute in den Fluten. Nur der arme Japaner selber konnte gerettet werden. Ein zweites Malheur geschah dadurch, daß beim Ausfahren des Stromankers der Ankerstock in die Tiefe sauste. Unsere Taucher konnten ihn trotz aller Versuche nicht wiederfinden. Schließlich fiel am andern Tage beim Segelmanöver die Vorbramstenge von oben herunter. Es war ein großes Glück, daß keinem von der Mannschaft der Schädel dabei eingeschlagen wurde.

Am Nachmittag dieses Tages kam ein französisches Barkschiff, dessen Ankerkette gebrochen war, mit voller Wucht auf uns zugetrieben. Es kostete viel Mühe, den Franzmann beiseite zu schieben und freizusetzen.

Das Pech wollte kein Ende nehmen. Als wir gegen Abend wegen der unruhigen Flut unsere großen Boote auf Deck heben und die Dampfpinasse in die Barkaß setzen wollten, zerriß der Heißstropp. Bei dieser Gelegenheit zog sich ein Kadett eine Verletzung zu, und ein Bootsmannsmaat fiel über Bord. Der Mann konnte aber zum Glück gerettet werden.

Die deutsche Kolonie in Kobe veranstaltete für unsere Offiziere und Mannschaften eine Theateraufführung. Gespielt wurde „Guten Morgen, Herr Fischer" und „Aus Liebe zur Kunst."

Eine italienische Korvette rauschte am 17. Januar unter Salutschüssen und Musikklängen in den Hafen. Ein königlicher Prinz,

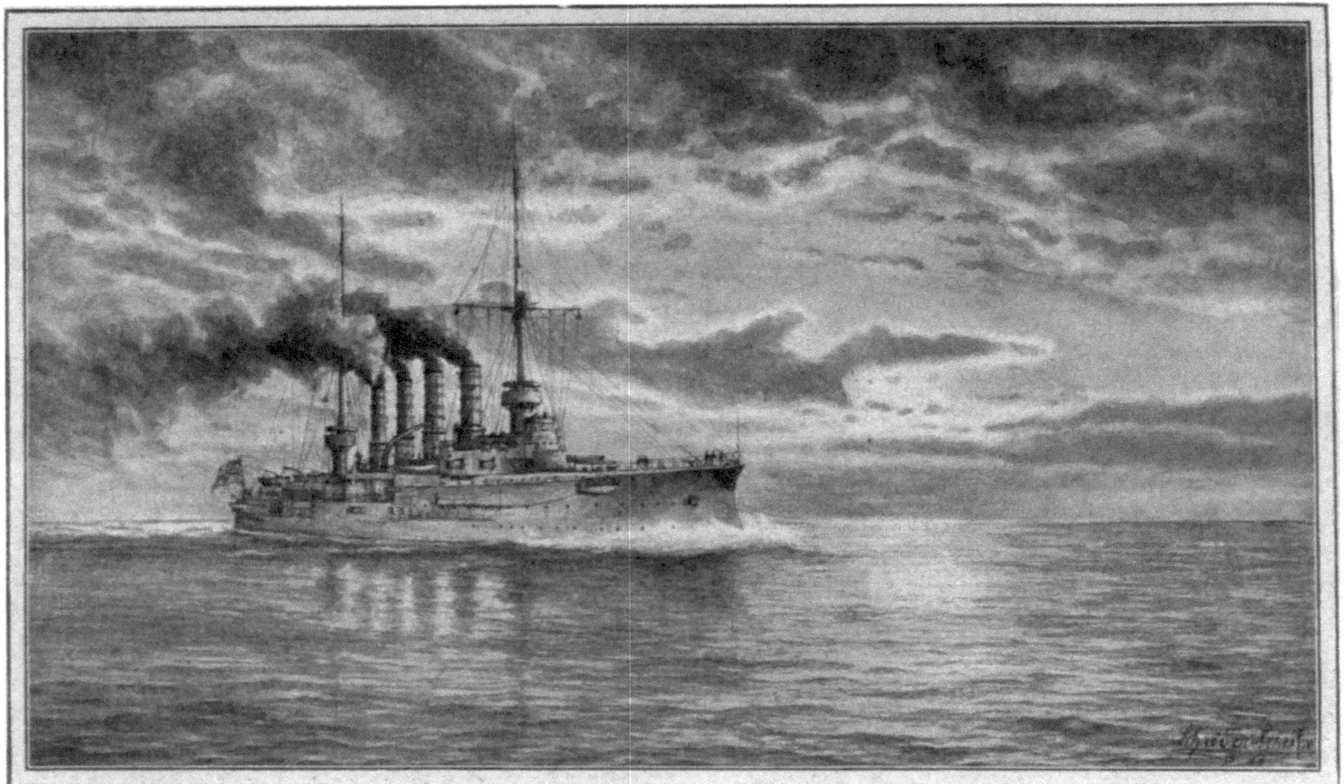

S. M. S. „Roon", Panzerkreuzer, unter Volldampf.

der Herzog von Genua, befand sich an Bord des Kriegsschiffes. Es währte nicht lange, so kam der vielgereiste hohe Herr an Bord S. M. S. „Prinz Adalbert“, um unserem Prinzen seinen Besuch abzustatten und das Schiff zu besichtigen.

Nächsten Tag gab es wieder Sturm mit Regen. Mit lautem Krach brach der Zwischendeckstopper. Aber es ging uns nicht allein so schlimm. Viel mehr zerzaust vom Sturm war ein englisches Kanonenboot, daß mit gestrichenen Stengen und Raaen in den Hafen einlief und noch herzlich froh sein mußte, daß es dem Unwetter da draußen mit genauer Not entrinnen konnte.

Man sieht aus diesem Verzeichnis von Unfällen aller Art, was einem Fahrzeug selbst im Hafen noch passieren kann, wenn die See ungnädig gelaunt ist, und man kann sich gleichzeitig auch davon eine Vorstellung machen, was Japans Küsten von den Fluten des Meeres zu leiden haben, die für das Reich der aufgehenden Sonne zwar vielen reichen Segen, aber auch manches Leid und manches Unheil bedeuten.

Ein Schiffsbrand in Kobe.

Der schrille Pfiff der Maaten weckte uns eines Morgens aus süßem Schlummer. Hastig fuhren wir aus unsern Hängematten. Es mußte wohl etwas Ungewöhnliches geschehen sein. Weit draußen auf der Reede lag das amerikanische Vollschiff „St. Charles" aus New York, das mit Petroleum und Teer beladen war. Auf dem Schiff war Feuer ausgekommen. Schnell wurden zwei unserer Boote bemannt, mit Löschapparaten versehen, und so steuerte die Feuerwehr dem brennenden Amerikaner entgegen.

Es hieß, der Brand sei im Kabelgat ausgebrochen. Ein dichter Qualm drängte sich durch die Nischen und Ritzen der Luks heraus. Man hatte sie mit nassen Segeln verdeckt, um das Feuer zu ersticken. Von unseren sowie von einem englischen Boote aus wurden Druckpumpen an Bord des bedrohten Schiffes geschafft, die mit vereinten Kräften das Wasser durch die Klüsen an Deck pumpten. Doch konnte das Feuer dadurch nicht mehr gedämpft werden. Der amerikanische Kapitän entschloß sich daher, das Schiff zu versenken, um wenigstens die Ladung zu retten. Das Schiff wurde nun von unseren Booten und der inzwischen auch angelangten Dampfpinasse und Barkasse nach dem Strande geschleppt. In der Nähe desselben wurde es verankert und durch Löcher, die man unter der Wasserlinie einschlug, zum Sinken gebracht. Es stellte sich aber heraus, daß die Ankerstelle zu flach war. Das Schiff ragte noch aus dem Wasser heraus, als sein Kiel schon auf dem Grunde lag. Mehrere Explosionen erfolgten. Luks und Decksplanken flogen in die Luft und machten den Aufenthalt in der Nähe gefährlich. Bei dem entstandenen Wirrwarr suchte alles in die Boote zu flüchten, wobei viele über Bord sprangen, um ihr Boot schwimmend zu erreichen. Als nichts mehr zu retten war, bat der amerikanische Kapitän unsern Kapitänleutnant, das Schiff in den Grund zu schießen. Unser erster Offizier schickte auf bezügliche Meldung die Barkasse mit dem Bootsgeschütz. Bevor dies jedoch zum Feuern kam, schlugen schon die hellen Flammen zum Deck des Schiffes hinaus. Jede weitere Hilfe war unmöglich. Mit Blitzesschnelle hatten die Flammen die Segel des Fockmastes erfaßt. Mit rasender Schnelligkeit, als ob Schwefelfäden abgebrannt würden, lief das Feuer über Tauwerk und Raaen. Das schöne Schiff, welches einen Wert von über 100 000 Dollars repräsentierte, mußte seinem Schicksal überlassen werden. Wir kehrten mit unsern Booten an Bord S. M. S. „Prinz Adalbert" zurück. Von hier aus beobachteten wir das schrecklich schöne Schauspiel, das der brennende Koloß bot. Nachmittags 3 Uhr fiel die Vormarsstenge, eine Stunde später die Großmarsstenge. Am Abend glich das Schiff

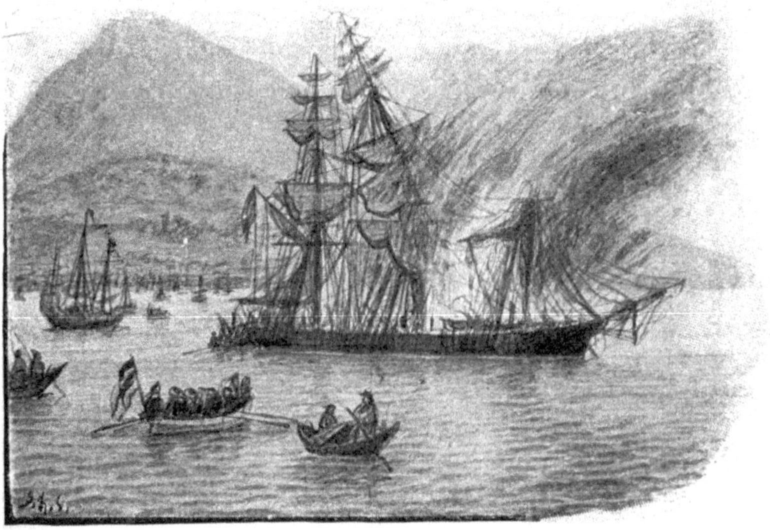

einem riesigen Flammenmeer. Das grausig schöne Bild wurde von Tausenden betrachtet. Der Strand war von Zuschauern dicht besät. Hunderte von Booten und Dschunken umkreisten das Schiff, um den Anblick möglichst nahe zu genießen.

Am andern Tage wurde das brennende Schiff am Lande verauktioniert. Ein Unternehmer, höchstwahrscheinlich ein smarter Yankee, erstand es für 6000 Dollar. Der Unternehmer mietete sofort viele große Dschunken, ließ dieselben mit Kies und Strandsand beladen und denselben in das Flammenmeer schütten. Das mächtige Feuer wurde tatsächlich erstickt und zwar in überraschend kurzer Zeit. Von der gewaltigen Ladung war noch nicht der dritte Teil vernichtet, so daß der kluge Unternehmer einen bedeutenden

Gewinn durch seinen Kauf herausschlug, der manchem wohl recht unsinnig erschienen sein mochte.

Der Brand hatte übrigens noch ein gräßliches Nachspiel. Der zweite Steuermann des verbrannten Schiffes, der mit der übrigen Besatzung an Land bei einem chinesischen Wirt in Quartier lag, wurde in der Nacht von einem der Matrosen ermordet. Der Mörder, ein Schotte von 43 Jahren, schlich sich zu dem Lager des ruhig schlummernden Steuermanns, der ihn der Brandstiftung bezichtigt hatte. Er schnitt dem Ahnungslosen den Hals mit einem einzigen Messerschnitt durch. Darauf weckte er seine Kameraden, indem er brüllte: „Goddam, der Hund wird mir nicht mehr zu nahe kommen!" Der vertierte Schurke leckte noch das bluttriefende Messer ab und sagte: „Rache schmeckt süß!" Sodann überlieferte er sich ruhig der inzwischen herbeigeholten Polizei. Wir sahen den Verbrecher später. Er wurde, an Händen und Füßen mit Ketten geschlossen, auf unser Schiff gebracht. In Jokohama wurde er bald darauf zum Tode verurteilt und hingerichtet.

Abschied von Japan.

Die Ostertage nahten heran. Kurz vor Palmsonntag ankerte S. M. S. „Prinz Adalbert" wieder im Hafen von Jokohama. In üblicher Weise wurde dies Fest gefeiert und am nächsten Tage unseres alten kaiserlichen Herrn 84. Geburtstag. Das Schiff paradierte in Gala. Mittags erdröhnte der Salut von 21 Kanonenschüssen. Offiziere und Mannschaften empfanden an diesem Tage das freudigste Gefühl der Dankbarkeit und Verehrung für den Heldengreis, dessen Enkel in ihrer Mitte weilte. Die deutsche Begeisterung, die Freude an Kaiser und Reich flammte jubelnd empor.

Da war es kein Wunder, daß an diesem Tage das Schiff, so nahe dem herrlich grünenden Lande, für die hochschlagenden Wogen der Festfreude nicht Raum genug bot. Nach dem außerordentlich stimmungsvoll verlaufenen Galadiner machte der Kommandant mit einigen Offizieren einen Ausflug ans Land. Die nötigen Mannschaften zur Bedienung und Bewachung der Boote wurden ausgewählt, und so ging es fröhlich dem Ufer zu. Während die Matrosen es sich unten am Strande bei den Booten bequem machten, bestiegen die Offiziere einen naheliegenden Hügel, auf dem sie sich lagerten. Der freudig erregten Feststimmung wollten sie später einen weithin leuchtenden Ausdruck geben. Die fremden Seeleute auf ihren Schiffen im Hafen von Jokohama, die japanische Einwohnerschaft, sie alle sollten daran erinnert werden, was an diesem Tage das deutsche Freudenfeuer zu bedeuten hätte. Und die Kameraden auf S. M. S. „Prinz Adalbert" vor allem sollten beim Anblick des Flammenzeichens ihres Kommandanten gedenken und den festlichen Gruß jauchzend erwidern.

Das war ja auch ganz prächtig gedacht und war ja auch bald ausgeführt. Die Offiziere suchten Reiser auf dem Hügel zusammen und zündeten den Haufen an, daß die Lohe hell emporflackerte.

Leider aber hatten die in der Nähe wohnenden Japaner auch nicht eine Spur von Verständnis für die Freudenkundgebung der Fremdlinge. Sie hielten dieselbe vielmehr für eine Überschreitung des Gastrechts und für eine Flurschädigung. Der ohnehin damals noch immer in vielen Volkskreisen glimmende Fremdenhaß kam hier in überraschend leidenschaftlicher Weise zum Ausbruch. Höchst wahrscheinlich waren einige erfolgreiche Hetzer tätig gewesen, die den Unwillen der Menge aufzustacheln gewußt hatten. Genug, plötzlich stürmte ein großer Haufe von Japanern mit feindlichen, wütenden Drohungen den Hügel hinauf und umringte schreiend und tobend die Offiziere.

Der Überfall auf die nichtsahnenden Herren geschah so plötzlich, daß diese von der schreienden Menge völlig überrascht wurden. Die Hauptkrakeeler gaben durch drohende Gesten den Offizieren zu verstehen, daß sie sich binden und gefangen nach der Stadt führen lassen müßten. Als die gelben Kerle aber handgreiflich werden wollten, zogen die Deutschen blank, hielten sich die Angreifer mit blanker Klinge vom Leibe und beeilten sich, den Hügel hinab zu den Booten unten an den Strand zu kommen. Johlend und heulend zog der wütende Schwarm hinter ihnen her. Die wildesten Kerle schwangen allerlei Waffen, Messer, Sicheln und Knüppel in ihren Händen. Während dessen hatten die bei den Booten lagernden Matrosen die große Gefahr der Offiziere bemerkt. Sie ergriffen die Ruderpinnen und Riemen und eilten spornstreichs den Bedrohten zu Hilfe. Nur je ein Matrose blieb als Wache bei den Booten am Wasser zurück. Auf dem Hügelabhang entwickelte sich nun eine regelrechte Holzerei, als die kräftigen Fäuste der Matrosen ihre Ruderhölzer auf die Mongolenköpfe niedersausen ließen, daß mancher eine schöne Beule davongetragen haben mag. Doch wurde die Lage immer gefährlicher. Kaum hatten nämlich die Japaner die wenig bewachten Boote bemerkt, als ein Trupp von etwa 100 dem Ufer zurannte, um die deutschen Boote auf den Strand zu ziehen. Die bewaffneten Bootsposten taten aber so gehörig ihre Schuldigkeit, daß mehrere der Angreifer schwere Verletzungen erhielten. Zwei derselben mußten sogar als tot vom Platze getragen werden. Unter einem wahren Höllenlärm wichen die übrigen Angreifer zurück.

An Bord S. M. S. „Prinz Adalbert" war dies ganze Treiben beobachtet worden. Der Stellvertreter des Kommandanten ließ scharfen Generalmarsch schlagen. Die Kanonen wurden mit Granaten geladen. Eine Gig wurde klar gemacht, und fünfzehn Mann der Sicherheitswache, mit Gewehren und scharfen Patronen ausgerüstet, bestiegen dieselbe. Rasch ging es dem Ufer zu, um den bedrängten Kommandanten und die Offiziere zu befreien.

Noch hatte die Gig nicht ganz das Ufer erreicht, so flohen die Angreifer Hals über Kopf nach allen Richtungen auseinander. Auf eine Ladung blauer Bohnen wollten sie es denn doch nicht ankommen lassen. Bald darauf kamen unsere Offiziere, von unten bis oben mit Schmutz bedeckt, bei uns an Bord wieder an. Ein kräftiges Hurra! empfing sie. Bald waren die Spuren dieses eigenartigen Abenteuers, das leicht eine verhängnisvolle Wendung zum Schlimmsten hätte nehmen können, wieder beseitigt, und die Festfreude an Bord wurde fortgesetzt, nachdem sich eine solche am Lande als zu bedenklich erwiesen hatte.

Mit dicht gerefftem Marssegel und Sturmfock liefen wir am andern Tage aus dem Hafen von Jokohama an der Küste entlang. Nach einigen Tagen trat völlige Windstille ein. Am Fuße eines etwa 700 m hohen feuerspeienden Berges gingen wir gegen Abend vor Anker.

Es war ein wunderbarer Anblick, als in der Nacht die blutroten Riesenflammen, die am Tage nur als eine dicke Rauchsäule aus dem Innern des Vulkans aufstiegen, ihren hellen Lichtschein auf die Eis- und Schneemassen warfen, die den Gipfel des Berges noch bedeckten. Abgesehen von der südlichsten der vier großen Inseln Japans, Kin Schin, tragen die Berge bis zum April ihre weißen Schneehauben. Erst dann beginnt die üppige Vegetation die Gipfel mit dichtem Grün zu umspinnen. Doch kommt es auch im April im nördlichen und mittleren Nipon noch vor, daß die hellgrünen Bambushaine an den Berghängen von leichten Schneeschauern überschüttet werden. Nur ein einziger Berg, das sagenumwobene Wahrzeichen Japans, der Fusijama trägt ewigen Schnee auf seinem Scheitel. Übrigens ist das Inselland mit tätigen und erloschenen Kratern reichlich gesegnet. Es gibt wohl mehrere Dutzende derselben. Der Fusijama hat seit fast 200 Jahren sich ruhig verhalten. Der letzte große Ausbruch desselben fand 1708 statt, und die Japaner hoffen von ihm, daß er in Zukunft so friedlich bleiben wird. Erdbeben spielen im Reiche der aufgehenden Sonne eine bedeutende Rolle. Deswegen legten die Japaner ja auch ihre hölzernen Städte und Dörfer dementsprechend einstöckig gebaut an. Wer weiß, ob nicht die steinernen Neubauten in Höhe von mehreren Stockwerken in Kobe und Jokohama sich einmal bei Gelegenheit als unverträglich mit der vulkanischen Natur herausstellen werden!

Früh morgens am 25. März hieß es: „Anker auf!" Es sollte ein gefechtsmäßiges Manöver durchgeführt werden. Zwei große

Scheiben wurden im Wasser aufgestellt, und aus einer Entfernung von verschiedenen Kilometern wurde mit scharfen Granaten darauf gefeuert. Dabei wurde eine Menge von Manövern durchgemacht, wie sie im Seekriege vorkommen. Gegen 2 Uhr am Nachmittag war die Übung beendet. Wir dampften nach Jokohama wieder zurück. Unterwegs dahin frischte der Wind auf. Es konnten gereffte Marssegel gesetzt werden. Wir legten 11 englische Seemeilen in der Stunde zurück und ankerten nachts um halb zwei wieder vor Jokohama. Am Karfreitag wurde das heilige Abendmahl genommen. Als Festessen hatte der Koch aber nur Erbsen mit Salzfleisch.

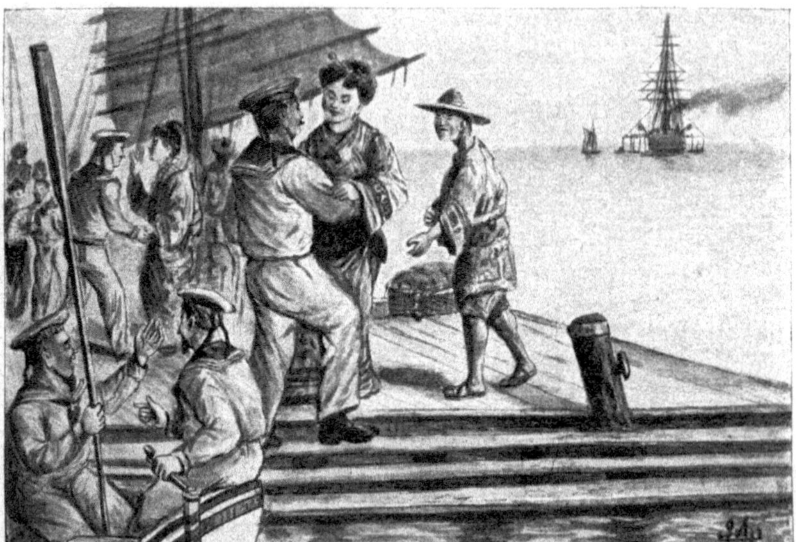

Es galt nunmehr zur Abreise von Japan zu rüsten. Der 2. April wurde dazu benutzt, das Schiff für die Rückreise mit Kohlen zu versorgen. Auch Proviant wurde neu angeschafft.

Abschied von Jokohama! Manche Blaujacke hatte in dem lebensfrohen Hafenort einen gemütlichen Winkel zum Plaudern und Zechen gefunden, auch Bekanntschaften mit Japanern und Japanerinnen angeknüpft. Da galt es nun auf Nimmerwiedersehen sich zu trennen.

Kienscherf kraute sich, ehe er zum letzten Mal nach Jokohama mit kurzem Urlaub an Land ging, hinter dem Ohr. „Wat mach' ick bloß, wat mach' ick bloß! Jck kann doch unmeglich meine kleene

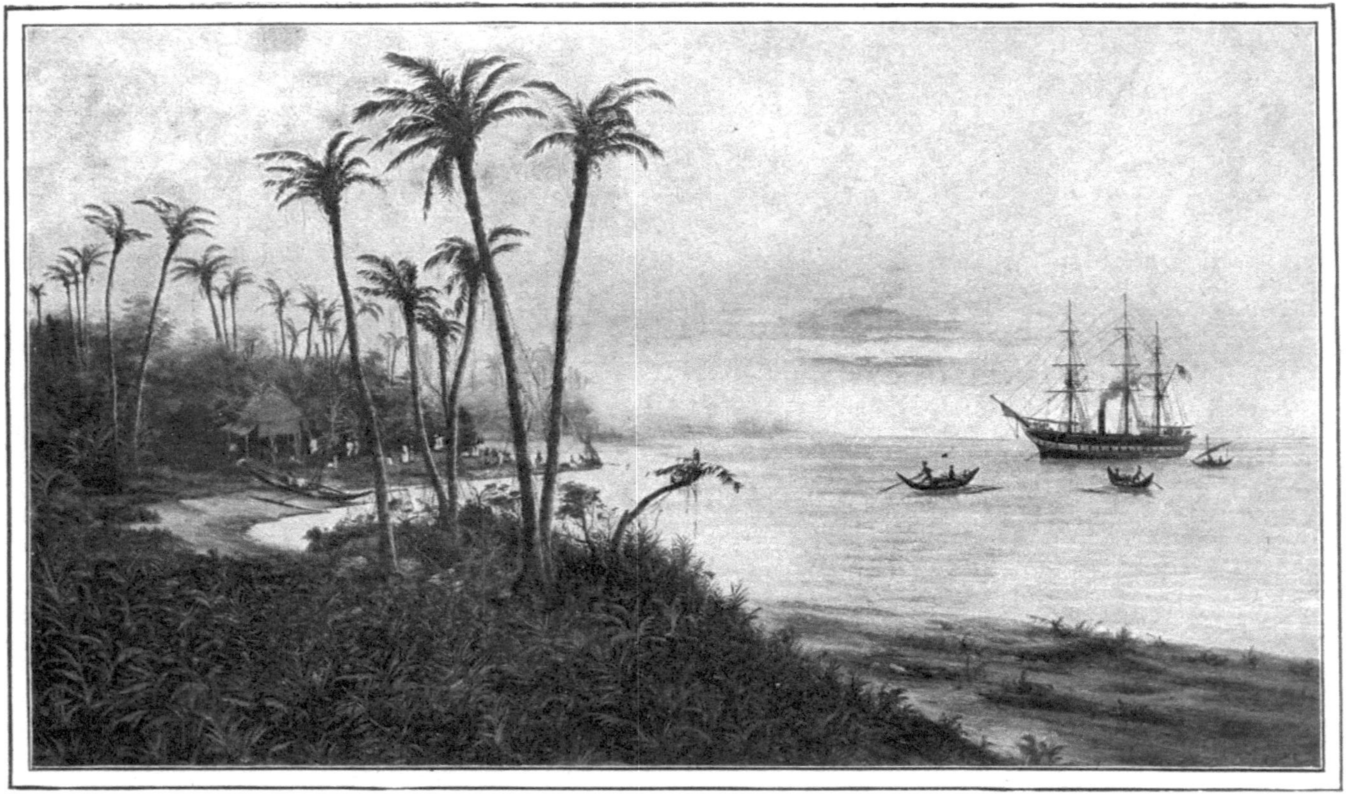

S. M. S. „Vineta“ an der afrikanischen Küste.

Japanerin, die ick mir als Braut anjeschafft habe, alleene zurücklassen? Wenn ick bloß wüßte, wie ick det kleene jelbe Puſſelken mit de schiefen Oogen uff'm Schiff heimlich mitnehmen könnte. Hat mir denn keener keen jeheimen Uffbewahrungsort vorzuschlagen?" wandte er sich an die Kameraden, die mit ihm im Boot saßen, das sie nach dem Lande bringen sollte.

„Ick werd' se am Ende in Kluftkasten verstauen müssen. Wat meent ihr? Ob det woll jeht?" — Spitzler lachte ihn aus. „Im Kleiderkasten? Dös geht nit, Berliner! I stell dir aber meine Pauke für den Zweck zur Verfügung. Da schaut koan Mensch net nach!" Kienscherf fand die Pauke jedoch auch nicht als Aufbewahrungsort für die kleine Geisha geeignet, worauf Fischer Rätzke den Mastkorb als zweifellos sicherstes und dabei lustigstes Versteck empfahl. Man sieht aus dem Humor, mit welchem der Abschied von den Bekannten in Jokohama behandelt wurde, daß die Trennung zwar bedauerlich erschien, daß aber kein Seemannsherz darüber in Stücke brach.

Meine letzte halbe Stunde an Land in Japan gehörte den lieben Greifswalder Landsleuten. Unter vielen herzlichen Händedrücken trennte ich mich von ihnen. Sie trugen mir innige Grüße an die liebe alte Vaterstadt auf.

Als S. M. S. „Prinz Adalbert" den Hafen von Jokohama verließ, um Japan für immer Ade zu sagen, gab uns eine japanische Korvette das Abschiedsgeleit. Ein Prinz und ein Großadmiral befanden sich auf derselben. Zwei Stunden lang dampften beide Kriegsschiffe nebeneinander ins Meer hinaus. Dann hißte die japanische Korvette die deutsche Flagge und feuerte einen Salut von 17 Schuß. Dieser Gruß ward von uns ebenso erwidert. Die Japaner wendeten darauf um und ließen ein dreifaches „Hurra!" ertönen. Sogleich ertönte bei uns das Kommando: „Entert auf!" Da ging es denn hurtig die Wanten hinauf, und von dort ertönte es donnernd über die See: „Hurra! hurra! hurra!"

Unter Volldampf rauschte unser Schiff die Küste entlang. Nochmals wechselten die beiden Schiffe grüßende Signale, und Japan verlor sich unseren Blicken.

5. Nach der Heimat zurück.

Abenteuer in China.

Hurra! Der Heimat ging es zu!

Es war doch eine wundersame Welt, die wir da hinter uns ließen. So manche fröhliche Stunde hatte sie uns geschenkt, hatte uns durch ihre bunte Heiterkeit, ihre Schönheit und Seltsamkeit ergötzt. Soviel war jedem von uns schon damals klar geworden, daß dies kluge, fleißige und strebsame Volk noch etwas zu bedeuten haben werde.

Unsere gedeckte Korvette dampfte mit allen Kesseln rastlos ihren Pfad entlang. Am 6. April gelangten wir zu einer kleinen Insel. Sie bestand aus einem vulkanischen Bergkegel, der sich steil aus den Fluten erhob. Der Gipfel hatte eine mehrfach gespaltene Spitze, und aus den Kratern stiegen mächtige Rauchsäulen, aus welchen das helle Feuer glänzte, zum Himmel hinauf. Staunend betrachteten wir im Vorüberfahren das gewaltige Naturschauspiel. Da wir beim Passieren des großartigen Bildes gerade Segelexerzitien an Bord abhielten, so mochte wohl ein Unteroffizier für einen Moment seine Augen von der Arbeit abgelenkt haben. Er fiel über Bord. Sobald der Ruf erscholl: „Mann über Bord!" stoppte die Maschine, und die Kutter wurden zu Wasser gelassen. Der Unteroffizier war jedoch ein vortrefflicher Schwimmer. Bald hatte er einen ihm zugeworfenen Rettungsring ergriffen und konnte von der Mannschaft im Kutter aufgefischt werden; doch war es ein Glück für den Mann, daß sich keine Haifische in der Nähe zeigten, die sonst immer recht flink zur Stelle waren, wenn irgend ein Gegenstand ins Wasser platschte.

Schon in Südamerika hatten wir einen wunderlichen Gast an Bord bekommen. Es war ein unsicherer Kantonist, der sich der deutschen Heerespflicht entziehen wollte und den uns der deutsche Konsul überwiesen hatte. Der Matrose, welcher den nicht gerade seltenen Namen Schulze führte, hatte schon vorher drei Jahre bei der englischen Marine gedient. Wahrscheinlich hatte er überhaupt ein recht bewegtes, abenteuerliches Leben hinter sich. Mit unserer strengen Schiffsdisziplin konnte sich der junge Mann durchaus nicht befreunden. Alle Mittelarreststrafen hatte er schon absolviert. Nun war er wieder einmal zu strengem Arrest verurteilt worden. An Bord liegt der Arrestant in einer dunklen Zelle auf hartem Lager angeschlossen. Zur Mittagszeit hat er eine Stunde Gelegenheit, die frische Seeluft einzuatmen. Er wird mit geschlossenen Händen nach dem Oberdeck geführt. Unter der Kommandobrücke steht er dann mit hochgebundenen Armen und guckt sich den Himmel an und die Seevögel, die ihre Flügel frei bewegen können.

Schulze war mit allen Hunden gehetzt, wie man so sagt. Er fiel regelmäßig in Ohnmacht, sobald er unter der Kommandobrücke in dieser Stellung stand. Dann mußte er wieder losgebunden werden und wurde zum Doktor geführt. Der Stabsarzt befühlte ihm den Puls, untersuchte ihn auf Herz und Nieren gründlich und erklärte ihn schließlich für einen Simulanten. Da half die ganze Komödie nichts, und Schulze wurde wieder angebunden.

Auf die Dauer behagte dem Schlingel das Aufbaumeln unter der Kommandobrücke denn doch nicht. Er schlug in sich wie der verlorene Sohn. Später wurde er ein Musterknabe, betrug sich durchaus gut und verrichtete seinen Dienst ohne Murren und zur Zufriedenheit seiner Vorgesetzten.

Am 11. April bemerkten wir als erstes Vorzeichen von der Nähe der chinesischen Küste eine Fischerdschunke. Sie sah sehr vom Sturme mitgenommen aus. Die braunen Segel hingen in Fetzen herunter. Das Fahrzeug schien verlassen zu sein, da sich niemand an Bord desselben blicken ließ. Wir dampften deshalb dicht an dasselbe heran. Endlich kam ein bezopfter Chinese zum Vorschein, der uns aber ganz vergnügt angrinste und kein Bedürfnis zu haben schien, von uns irgend eine Hilfe zu empfangen.

Vor uns tauchte die kahle chinesische Küste auf. S. M. S. „Prinz Adalbert“ hißte die Lotsenflagge. Es erschien aber keiner. Bei dem schlechten Fahrwasser war es nicht ratsam, weiter zu fahren. Am Abend warfen wir zwischen den drei kleinen Inseln, die vor Shanghai liegen, den Anker aus. Am andern Morgen ging es nordwärts weiter, der Mündung des Jang-tse-kiang zu. Ein deutscher und bald darauf ein englischer Dampfer kreuzten unsern Kurs. Gegen Mittag kam eine größere Dschunke in Sicht. Wir sahen, wie ein kleines Boot von der Dschunke abstieß. Ein Zopfträger saß

10*

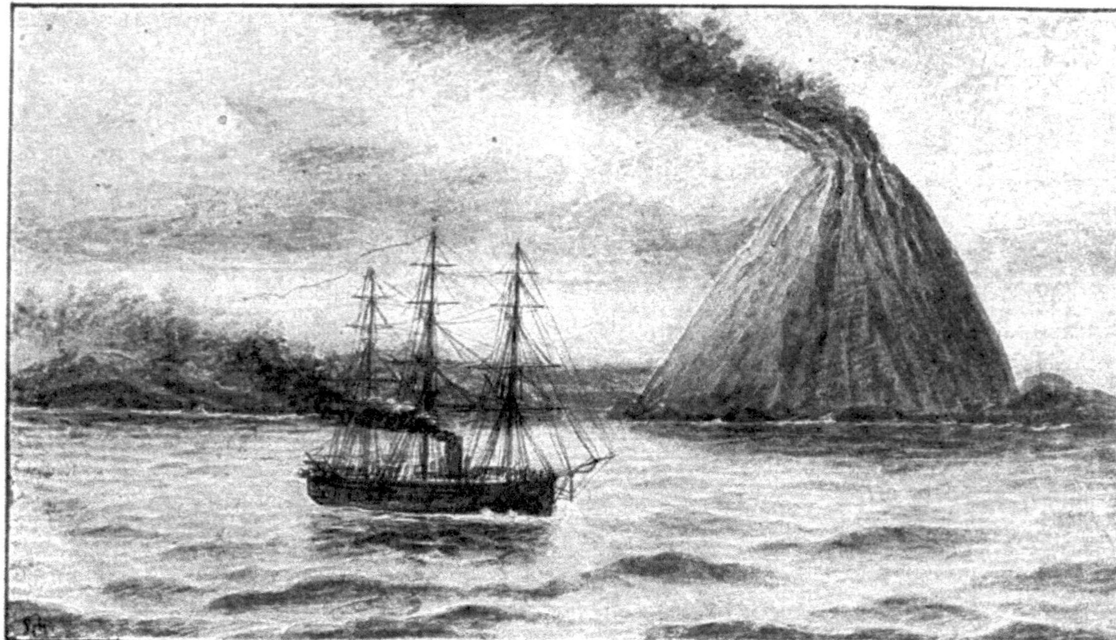

S. M. S. „Prinz Adalbert“ passiert einen feuerspeienden Berg.

darin, der Lotse. Bald darauf stellte er sich in gebrochenem Deutsch unserem Kommandanten vor und übernahm darauf seinen Dienst. Schon lange vorher hatte das Wasser eine gelbliche Färbung angenommen, die immer schlickriger, lehmartiger wurde. Der Sonnenschein ruhte auf diesen Fluten und rief blendend goldige Farbentöne hervor. Wir befanden uns am Ausfluß des großen Jang-tse-kiang. Bei dem Dorfe Fischau gingen wir vor Anker.

Nach einer Fahrt von fünf Meilen am anderen Tage gebot uns eine sehr flache Barre Halt. Am Ufer lag das Dorf Wou-sung, woselbst der Lotse stationiert war. Drei chinesische Kriegsschiffe

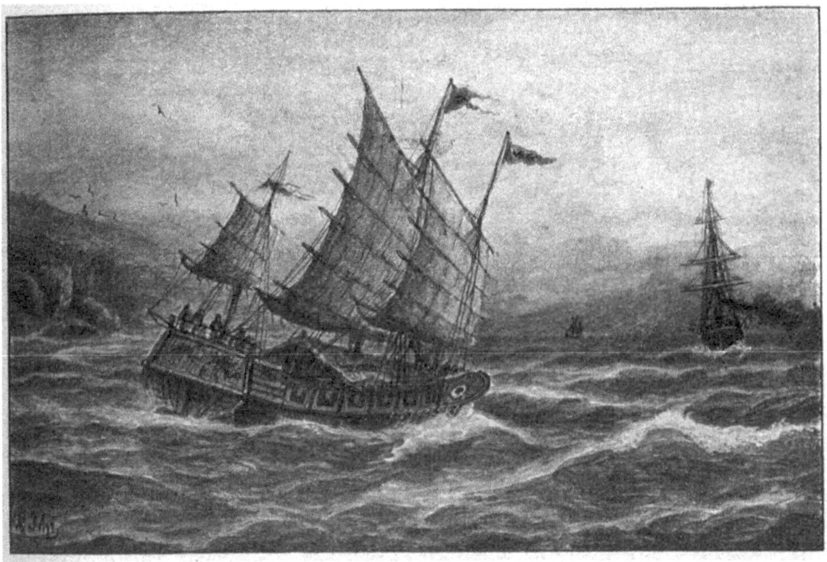

lagen daselbst, sowie unser Kanonenboot „Cyclop", welches kurz vorher eingetroffen war.

Die chinesischen Kriegsschiffe waren sämtlich als Briggs getakelt. Ihr Anblick entlockte uns nur ein stilles Lächeln. Bei einem Kampfe mit unseren Panzerschiffen wären sie wie Seifenblasen in Nichts zerstoben.

Rätzke, der Danziger Fischer, sah drüben am Strande Leutchen von seinem Gewerbe, chinesische Fischer, die mit ihren Netzen hantierten. Er trug ein sehnliches Verlangen, das Handwerk zu begrüßen und vielleicht neue Kunstgriffe kennen zu lernen. Nebenbei zwickte ihn auch wohl die Neugier, wie die Chinesen da drüben bei einer Unterhaltung mit ihnen sich anstellen würden. So ging er denn mit mehreren Bootsleuten ans Land. Es war ein richtiges chinesisches Dorfidyll, das sich den Augen unserer Matrosen darbot. Vor den schmutzigen Lehmhäusern trieb sich eine gräßlich schmierige Jugend herum, die mit den grunzenden Borstentieren an starrendem Schmutz wetteiferte. Rätzke fand diesen Zustand selbst für ein chinesisches Stilleben empörend. Er gab den an ihn heranwatschelnden Schweinen einige leichte Fußtritte. Da aber die nützlichen Speckträger jedenfalls sich der besonderen Liebe der Dorfbewohner erfreuten, so fanden die Chinesen das „Auftreten" des „rotborstigen weißen Teufels" so unerhört unschicklich, daß sie in die größte Aufregung gerieten. Sie bewaffneten sich mit Knütteln und gingen unseren Matrosen mit Wutgeschrei zu Leibe. Diese hatten keine Waffen zur Hand und zogen sich daher zurück, verfolgt von der racheschnaubenden Horde der Zopfträger. Auf ihrem eiligen Rückzug gelangten die Matrosen an einen kleinen See. Da sie hier nicht weiter konnten, mußten sie sich nach Verteidigungsmitteln umsehen. Aber da war keine einzige Kloben Holz in der Nähe. Sie nahmen sich deshalb ihre seidenen Halstücher ab, banden an dem einen Ende Kieselsteine hinein und ließen nun diese wirksamen Schleudern auf die kahlen Köpfe der Chinesen niedersausen. Jedenfalls hatten sie damit das Richtige getroffen. Der Feind machte Kehrt und räumte schreiend das Schlachtfeld. Triumphierend schritten unsere blauen Jungen, in achtungsvoller Entfernung immer noch von den schimpfenden Chinesen verfolgt, ihren Booten zu, um an Bord zu rudern und ihre kriegerischen Erlebnisse zu verkünden.

Unser Prinz benutzte die Fahrt des Kanonenboots „Cyclop" nach Shanghai, um sich die große chinesische Handelsstadt anzuschauen. Der Kommandant S. M. S. „Prinz Adalbert" und mehrere Offiziere gaben ihm das Geleit. Die Rückfahrt von dort geschah auf dem Kanonenboot „Wolf", welches von uns freudig begrüßt wurde und sich dicht neben unserer Korvette verankerte.

Doch nicht allzulange dauerte unsere Rast bei Wousung.

Mit Pauken und Trompeten und dem dreimaligen Abschiedshurra der Mannschaften vom Kanonenboot „Wolf" ging es am 24. April dampfend wieder in See. Es konnten bei günstigem Winde Segel gesetzt werden. Südwärts ging unsere Fahrt. Konträre Winde nötigten uns zu kreuzen. Wir bekamen die Insel Formosa leicht in Sicht, machten wieder Dampf auf und trafen am 30. April vor der englischen Insel Hongkong in dem Hafen Victoria ein, um hier längere Zeit liegen zu bleiben. Gesellschaft aller Art,

Schiffe aller Nationen fanden sich hier zusammen. Auch unsere Glattdeckskorvette „Luise" war anwesend. Zahlreiche englische Kriegsschiffe lagen hier stationiert. Das italienische Kriegsschiff mit dem Herzog von Genua an Bord begrüßte uns durch seine Geschütze.

Ich war begierig, das vielgenannte Hongkong kennen zu lernen. Wenn irgend ein Punkt in der Welt, so ist vor allem Hongkong geeignet, die Meisterschaft der Engländer im Kolonisieren ins hellste Licht zu stellen. Als sie sich 1842 von den Chinesen die kleine, nur 79 qkm große Insel abtreten ließen und die Kolonie Victoria darauf anlegten, da wußten sie ganz genau, was sie damit

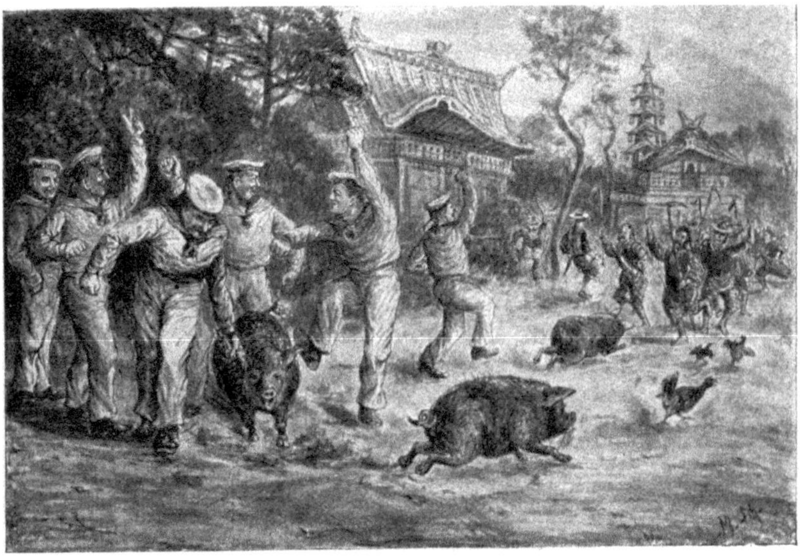

anfangen wollten. Jahrzehnte hindurch war Hongkong vor der Mündung des Kantonflusses neben dem benachbarten portugiesischen Macao der Mittelpunkt des gesamten Verkehrs mit China. Die meisten chinesischen Häfen lieferten ihre Waren nicht direkt nach Europa, sondern schafften Zucker, Reis, Seide, Tee, Baumwolle zunächst nach Hongkong. Und auch die Einfuhr europäischer und amerikanischer Waren geschah in der Hauptsache erst von Hongkong aus. Schon dieser eine Umstand mußte es wünschenswert erscheinen lassen, daß Deutschland für seinen bedeutenden Chinahandel sich einen eigenen Stützpunkt erwerbe. Gott sei Dank, seit einigen Jahren weht die Reichsflagge in Tsing-tau. Damals war natürlich an solche Erwerbungen noch nicht zu denken.

Als Schiffsstation für alle europäischen, japanischen und amerikanischen Schiffahrtslinien entwickelte sich selbstverständlich in Victoria auf Hongkong ein gewaltiger internationaler Verkehr. Es ist unglaublich, was für Arten von Menschen man im Hafen und in den Straßen der Stadt antreffen konnte. Im europäischen Viertel am Hafen tummelten sich auf dem glatten Asphaltpflaster Leute aus allen Weltteilen. Die große Mehrheit wurde natürlich von Chinesen gebildet, deren es über 100 000 auf der Insel gab. Dabei gab es portugiesische Mestizen, Afrikaner, Hindu und Parsen aus Vorderindien, Malayen aus dem Süden, Amerikaner, Engländer, Deutsche nicht zu vergessen. Prachtvolle Geschäftsläden ließen beinahe glauben, daß man sich in einem modernen Geschäftsviertel einer europäischen Großstadt befände, wenn eben nicht das viele Chinesenvolk vorhanden gewesen wäre.

Interessanter war uns noch der Besuch in der Chinesenstadt Hongkongs. Obschon die englische Polizei hier ihre Hand walten läßt, so bekam man immerhin eine Ahnung davon, wie das Straßenleben in den großen Städten im Innern Chinas beschaffen sein mochte. Man tut auch hier gut daran, sich eine gute Zigarre anzustecken und dann trotzdem noch sich die Nase zuzuhalten, wenn man durch diese Gassen wandelt. Bei den verschiedenen Händlern hingen Ratten, Katzen und Hunde an den Schwänzen in Reihen zum Kauf aus, nicht etwa lebend und zum Verkauf ausgestellt als Schoßtiere, sondern geschlachtet und bestimmt für die chinesische Bratenschüssel. „Brrr!" machte Kienscherf, „denn zieh ick mir doch die anjebrannteste Bohnsuppe und det jrienlichste Stück Salzfleesch, wat uns unser Koch manchmal offeriert, vor jegen so 'n chinesischen Sonntagsbraten."

Aus den berüchtigten Opiumhöhlen sah man hohlwangige Opiumraucher herausgewankt kommen. Wieder andere Chinesen waren in den Stock geschlossen und konnten von jedem Vorübergehenden angespien werden. Verbrechergesichter begegneten einem dort, denen man deutlich ansah, daß sie zum schlimmsten fähig wären, wenn sie nur nicht abgefaßt würden. Die englische Polizei mußte scharf aufpassen. China sandte nicht seine artigsten Söhne hierher. In Hongkong war eine ziemlich große Menge von kleinen Kanonenbooten stationiert. Der Dienst derselben bestand darin, auf die verwegenen Flußpiraten zu fahnden, die mit der unverschämtesten Frechheit manches nach Canton hinauffahrende Schiff ausgeraubt hatten. Im Jahre 1874 überfiel eine verwegene Bande von

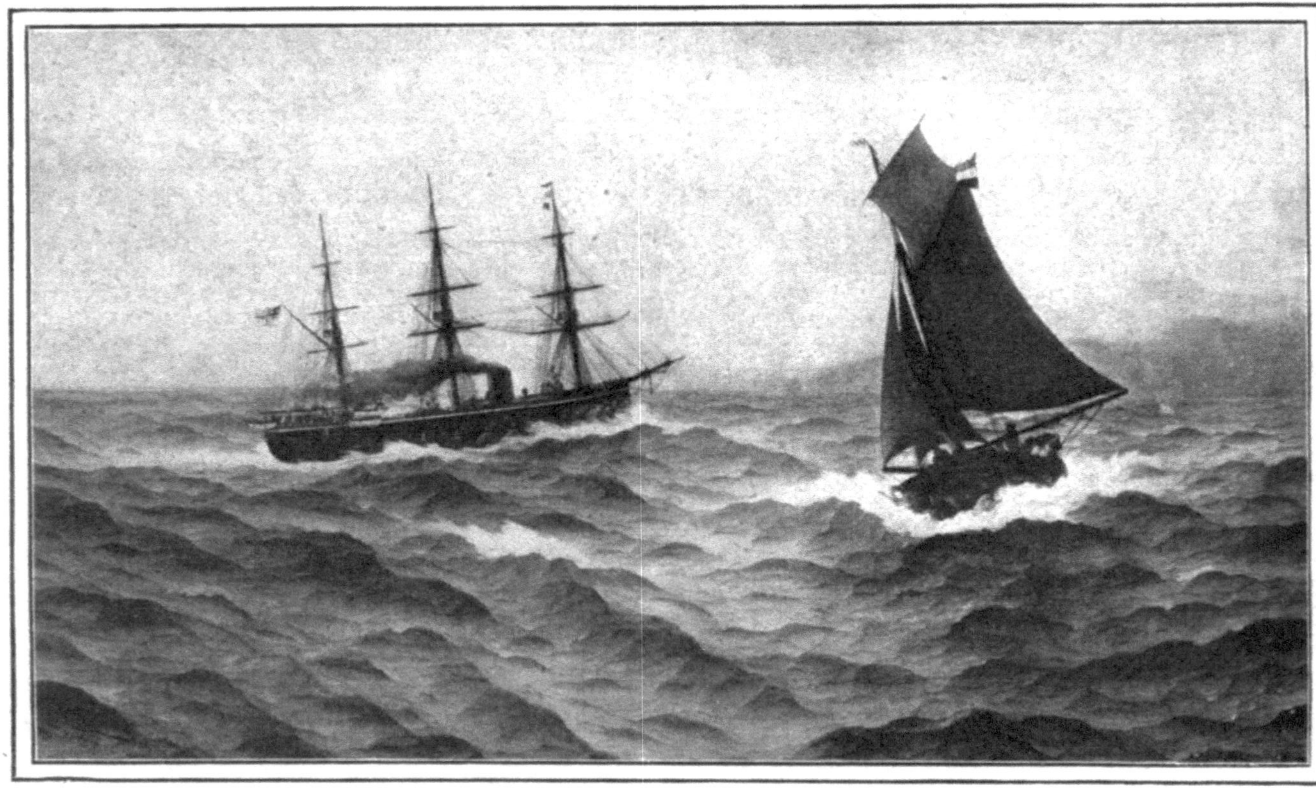

S. M. S. „Prinz Adalbert“ auf hoher See.

chinesischen Flußpiraten selbst so ein englisches Kanonenboot und ermordete die gesamte Mannschaft desselben.

So sehr das Chinesenviertel trotz seiner buntgemalten Straßenschilder und grelllackierten Firmentafeln am Tage widerwärtig, besonders freilich auf die Geruchsnerven, wirkte, um so schöner und eigentümlicher war der Eindruck des Abends, wenn alles durch den matten Schein Tausender bunter Lampions erleuchtet war und dichte Massen von Menschen aller Nationen durch die Straßen wandelten.

Am 24. Mai wurde der Geburtstag der königlichen Großmutter unseres Prinzen, der Kaiserin von Indien, Victoria, glänzend gefeiert. Stadt und Hafen waren am Abend feenhaft illuminiert. Sämtliche vor Anker liegenden Schiffe ließen ihre Raketen in die Lüfte sausen, deren geplatzte Sprengkörper beim Herunterfallen in allen Farben schillerten. An Masten und Raaen waren zahllose bunte Lichter und bengalische Flammen angebracht. Warf man einen Blick zu den Terrassen empor, auf welchen die Häuser hoch sich hinaufziehen, so sah man Transparente hier und dort glühen, welche in Riesenlettern den Namen „Victoria" zeigten.

Obwohl schon bei der Hinfahrt nach der chinesischen Küste verschiedene Male ein warnender Hinweis auf die ungesunden Verhältnisse gegeben und jedem einzelnen Mäßigkeit und doppelte Sauberkeit zur Pflicht gemacht worden war, brach doch an Bord bei uns in Hongkong eine Krankheit aus, darunter fast die halbe Mannschaft zu leiden hatte. Es herrschte das Klimafieber. Auch ich wurde davon ergriffen und gleich vielen anderen Kameraden auf Krankenkost gesetzt. Da gab es z. B. des Morgens statt des Kaffees eine Mehlsuppe, deren Nüchternheit und Charakterlosigkeit einen bezeichnenden Ausdruck fand in dem schönen Namen „Schlunz".

Das liebliche Morgengericht war trotz seiner sanften Natur aber nicht imstande, die schrecklichen Qualen meines Innern zu lindern. Ich krümmte mich wie ein Wurm in meiner Hängematte und schluckte mit Widerwillen die Morphiumtropfen hinunter. Nach dem Aufstehen spürte ich ihre Nachwirkung noch tagelang; es lag mir bleischwer in den Gliedern.

Am 5. Juni passierte zur Abwechselung mal wieder eine kleine Karambolage mit einem anderen Schiff. Natürlich waren wir unschuldig an dem Vorfall, der vielmehr durch die Ungeschicklichkeit eines russischen Kriegsschiffes herbeigeführt wurde. Der Russe wollte sich dicht hinter S. M. S. „Prinz Adalbert“ vor Anker legen. Im letzten Moment versagte jedoch seine Maschine. Das unglückselige Schiff rannte deshalb mit voller Fahrt in unser Heck, wo es die Gig unseres Prinzen zerdrückte und mehrere Parduns und Wanten zerschnitt. Es gab einen tüchtigen Schubs; wir vermuteten noch weit mehr Schaden, als glücklicherweise sich herausstellte. Bei dem ernsten Kommando „Schotten dicht!“ ist man immer geneigt, an Sinken und Verdügehen zu denken.

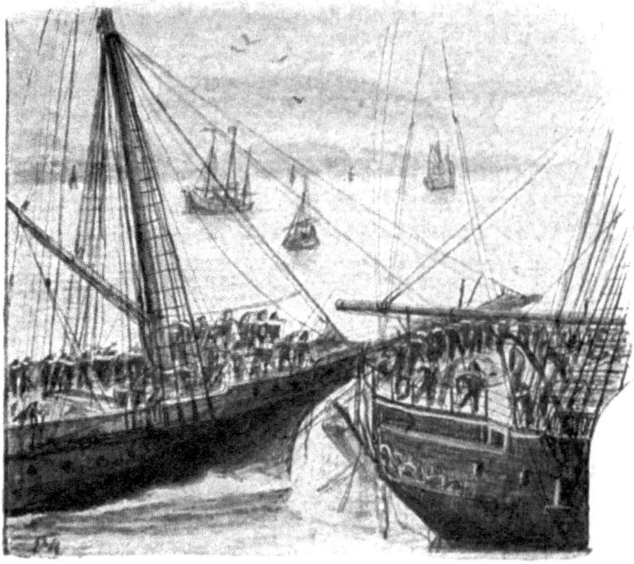

Sofort nach dem Zusammenstoß kam der russische Admiral zu uns an Bord, um sich für das Vorkommnis zu entschuldigen. Es war ein schlechtes Omen für die Russen, dieses Zusammenprallen: am anderen Tage brachte die Post die Nachricht von dem Ableben der Gemahlin Kaiser Alexander II. Alle im Hafen liegenden Kriegsschiffe gaben den üblichen Trauersalut von 31 Schuß ab.

Wenn ich lange, lange nachher von den Mißerfolgen der russischen Marine in den Gewässern Ostasiens und von den kühnen, ebenso schneidig wie umsichtig ausgeführten Attacken der japanischen Kriegsschiffe hörte, so stieg mir immer wieder das Erlebnis mit dem russischen Kriegsschiff im Hafen von Hongkong in der Erinnerung auf. Warum versagte die Maschine an einem Orte, wo jede ungewollte Bewegung des Fahrzeugs Schaden anrichten mußte? Ordnung, Ordnung! Jede Schraube, jeder Bolzen in Ordnung und jeder Kerl im Schiff zur rechten Zeit am rechten Platz, das ist das Geheimnis eines gesunden Geistes im Schiffsdienst. Den Japanern wurde schon damals zum Lobe nachgesagt, daß sie geborene Seeleute wären. Es ging bei ihnen löblich sauber und geschickt zu.

Durch die Sunda-Straße.

Eine Freudenbotschaft gelangte in Hongkong zu uns: Das Ablösungsschiff für S. M. S. „Prinz Adalbert“ war in Jokohama angelangt. Schon längere Zeit hatte unsere Mannschaft auf diese Nachricht gewartet, und nun ging sie wie der Blitz von Mund zu Mund. Sogleich wurde der Heimatswimpel von einem Matrosen am Topp des Großmastes festgemacht. Es ist das ein schmaler Leinwandstreifen von 170 m Länge. Als der Wimpel, welcher Kunde geben sollte, daß von nun an unsere gedeckte Korvette der Heimat zusteuern wolle, langsam sich im lustigen Winde entrollte, brach ein jubelndes Hurra! aus tiefster Seele hervor. Die ganze Besatzung war selig vor Freude. Ein Lärmen, Singen und Händedrücken gab sich kund, und freudig beteiligten sich alle Hände an der Arbeit des Kohlenübernehmens bis in die sinkende Nacht hinein.

Den schönsten Abschiedsgruß spendete uns deutscher Liedermund im fernen Hongkong. Der dortige deutsche Sängerbund ließ es sich nicht nehmen, uns durch seine Vorträge die letzte Stunde unseres Aufenthaltes festlich zu gestalten. Ein Dampfer, auf dessen Deck die Mitglieder des Vereins standen, legte sich längsseits, und wir lauschten mit freudiger Andacht den trauten Klängen, zu deren Urquell, der lieben deutschen Heimat, wir ja nun wieder zurückkehren sollten.

Langsam nur ging das Ankerlichten von statten, als ob ein neidisches Geschick uns möglichst lange im chinesischen Gewässer festhalten möchte. Infolge des schralenden Windes, der das Schiff tanzen ließ, hatte sich die Ankerkette zusammengedreht. Dabei war ein Anker versäuft. Unsere Taucher mußten also wieder hinunter, um ihn herauszuschaffen. Bei diesem Geschäft wurden leider noch einige Leute verletzt.

Morgens 10 Uhr setzte sich das Schiff in Bewegung. Die Matrosen enterten auf in die Wanten. Das dreifache brausende „Hurra!“ ertönte über den Hafen hin. Von all den hundert Schiffen, von vielen am Lande stehenden Bewohnern und von den

Insassen der Dampfer und Dschunken, die unsere Abfahrt eine Strecke begleiteten, schallte der Ruf donnernd zurück. Nach altem Seemannsbrauch warfen viele Matrosen bei ihrem dritten Hurraruf in den Wanten ihre schlechteren Mützen in das Meer, und mit derselben Gewandtheit, mit der sich die Lazzaroni in Neapel auf die fortgeworfenen Zigarrenreste der Touristen zu stürzen pflegen, bemächtigten sich chinesische Schifferboys dieser Matrosenspende.

O Spitzler, wie himmlisch schön erklang dein Paukenschall beim Beginn unserer Heimfahrt! Und wie lustig flatterte der lange weiße Heimatwimpel im Winde! Auf hoher See wird zwar ein kleinerer oben an den Topp des Großmastes befestigt, aber in jedem angelaufenen Hafen kommt der festliche Leinwandstreifen wieder an seinen Ehrenplatz. Unser nächstes Ziel war Singapore, nicht minder im Weltverkehr berühmt und bekannt wie Hongkong. Es ging dem Äquator entgegen. Schon vor Hongkong war die Tropenroutine in Kraft getreten; denn die erschlaffende Tropenglut macht eine Änderung in dem Schiffsdienst zur Notwendigkeit.

Die Segelexerzitien fanden morgens in aller Herrgottsfrühe statt. Manchmal war aber die Hitze doch schon so groß, daß die Mannschaft bei den anstrengenden Manövern keinen trockenen Faden am Leibe behielt. Das durchgeschwitzte weiße Arbeitszeug klebte am Körper, als wären die Matrosen aus dem Wasser gezogen. Bei diesem Segelexerzieren standen neben dem Kommandanten und dem ersten Offizier junge Seekadetten. Sie sollten das Kommandieren erlernen, und man hörte von den noch nicht ganz männlichen Stimmen die Kommandos erschallen, wie: „Segel los!" „Enter auf!" Klar bei den Spieren!" „Spier auf!" „Leg aus!" „Laß fallen!" „Spier nieder!" usw. Waren die Kommandos richtig gegeben, so kam ein anderer Seekadett an die Reihe, um dasselbe oder auch ein anderes Kommando vor den gestrengen Augen der Herren Vorgesetzten ausführen zu lassen. Da war denn immer die Freude groß bei den betreffenden Mannschaften, wenn der zu ihrer Division gehörige Seekadett die kräftigsten und richtigsten Kommandos gegeben hatte.

Land in Sicht! Die langgedehnte, hügelige Küstenlinie Malakkas dämmerte im Westen auf. Ein großes Auswandererschiff kam dicht an uns vorüber, welches wir mit kräftigem Seemannsruf begrüßten. Passagiere aller Nationen drängten sich auf dem Deck. Das Tücher- und Mützenschwenken wollte kein Ende nehmen. Während wir langsam vorüberdampften, ließ unsere Kapelle das

Lied ertönen: „Wer weiß, ob wir uns wiedersehen." Wohin mögen alle diese Weltwanderer sich zerstreut haben! Zahlreiche Chinesen waren dabei, die wohl nach langjähriger Arbeit in den holländischen und englischen Kolonien wieder in das geliebte Reich der Mitte zurückkehrten.

Um die Mittagszeit fiel der Anker vor Singapore.

Auf der Südseite der kleinen gleichnamigen Insel in der Malakkastraße gelegen, beherrscht es den Seeverkehr zwischen Indien und China und bildet den Hauptkreuzungspunkt des europäischen Handels mit den beiden genannten Ländern, mit Japan, mit dem Sunda-Archipel und Australien. So war es kein Wunder, daß es

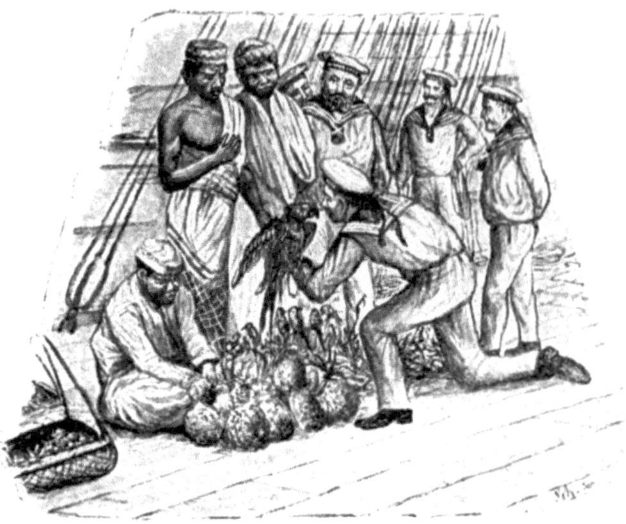

ähnlich wie Hongkong sich in kurzer Zeit zu einer Großstadt aufschwingen konnte. Durch die namentlich aus China zuströmende Einwanderung wächst Singapore jedes Jahr bedeutend. Doch waren damals wegen des heißen Klimas noch lange keine tausend Europäer dort seßhaft. Ein breiter Kanal, mit einer Kettenbrücke überspannt, zieht durch die Stadt, und die verschiedenen Nationen haben ihre besonderen Stadtviertel. Da ist ein Chinesenviertel, ein Malayenviertel, eine Europäerstadt, letztere mit großen Hotels. Die deutschen Farben an mehreren Schiffen, die uns zu Ehren über die Toppen geflaggt hatten, erfreuten unsere Herzen beim Einlaufen in den Hafen. Viele Malayenboote drängten sich heran. Ihre rauchbraunen Insassen brachten Früchte, Affen, Papageien, Paradiesvögel und sonstiges tropisches, buntes Gefieder, ja sogar kleine drollige Bären an Bord. Alles war zu mäßigen Preisen zu haben. Nicht lange dauerte es, so hatten die Matrosen zwischen den Booten für die gekauften Zwei- und Vierfüßler zierliche kleine Hütten aufgeschlagen, so daß eine richtige Menagerie entstand.

Wir bekamen genügend Urlaub, um diesen eigenartigen internationalen Hafen, der so dicht am Äquator liegt, gehörig zu betrachten. Die prächtigen Anlagen, die Museen gaben Zeugnis von dem Bestreben der Engländer, den hier in Singapore von langer Reise rastenden Passagieren möglichst viel Annehmlichkeiten zu bieten.

Wie stattlich nahmen sich in der Mitte des Hafen-Quais, dort, wo der Singapore-Fluß sich ergießt, die Regierungsgebäude und Postamt, Börse und Klubhaus aus. Die herrliche Esplanade mit ihren köstlichen Palmen- und Blumenhainen daneben gewährte eine freundliche Abwechselung zwischen den Steinbauten. Wir bestiegen ein Malayenboot und ließen uns den Fluß hinauf durch die Stadt fahren. Auf einem steilen Hügel zwischen dem Europäerviertel und den Kampongs der malayischen Bewohner erheben sich die Wälle und Mauern des Forts Canning, dessen Geschütze den Hafen beherrschen. Fern im Hintergrunde ragte über den Hütten und Bäumen der stattliche Palast des Gouverneurs der Straits Settlements empor. Im Volkspark hinter den zahlreichen Gassen des Chinaviertels räkelten sich auf den Bänken die indischen Soldaten von einem Sipohi-Regiment, dessen Kaserne in der Nähe lag. Die beturbanten Kriegsleute scherzten und tändelten mit den malayischen Kindermädchen, die ihre Babywägelein im Schatten stehen ließen. „Janz wie in'n Tierjarten bei uns!“ meinte Kienscherf, „bloß 'ne andr'e Couleur hat det hier!“

Am 23. Juni morgens um vier Uhr kam ein Lotse zu uns an Bord, der uns durch das inselreiche Südende der Malakkastraße führen sollte. „Anker auf!“ scholl das Kommando. An der mit dichtem Urwald geschmückten Ostküste Sumatras setzten wir unsern Weg fort, nachdem wir um acht Uhr das erste holländische Feuerschiff passiert hatten.

Am Nachmittag kriegten wir einen kleinen Schreck. Es wurde Feuerlärm geschlagen. Die große Aufregung legte sich aber bald, als sich herausstellte, daß der Brand nicht gefährlich sei. Eine Planke im Heizraum hatte zu schwälen angefangen. In kürzester Zeit war das Übel beseitigt.

Zum dritten Male fuhren wir über die Linie. Mancher Matrose gedachte der Taufe im Atlantischen Ozean und an den Eisbären mit seinen groben Tatzen. Diesmal lag alles träumend in den Hängematten. So zog das Schiff in spiegelglatter See an manchem bewaldeten Eiland vorüber hinein in die Sundastraße, und morgens gegen ½10 Uhr fiel der Anker auf der Reede von Anjer, einer holländischen Station an der Westküste Javas. Obwohl die meisten Schiffe auf der Fahrt durch die Sundastraße Anjer anlaufen, um Früchte und frisches Fleisch aufzunehmen, so war der Ort doch an sich zu unbedeutend, um in der deutschen Heimat weiter bekannt zu sein. Drei Jahre später, am 27. August 1883, geschah jedoch ein Naturereignis in der Sundastraße von so ungeheurer Art, daß der Name der javanischen Stadt Anjer durch alle Zeitungen ging und in aller Mund war. Der Vulkan Krakatau verursachte nämlich durch seinen furchtbaren Ausbruch eine riesige Flutwelle, die zerstörend über Anjer hinweglief und Tausenden von Javanern das Leben kostete. Damals gewährte das Landschaftsbild in der Sundastraße einen friedlichen Anblick. Soweit das Auge reichte, zogen sich unabsehbare Kokospalmenwälder die Küste entlang. Die Rohrhütten der Malayen und die schönen Villen reicher holländischer Kaufleute und Pflanzer belebten diese echt tropisch erscheinende Gegend.

Für die uns bevorstehende lange Reise nach Kapstadt, auf welcher der Indische Ozean in seiner ganzen stationslosen Breite durchfahren werden mußte, war eine Versorgung mit frischem Fleisch durchaus zu empfehlen. So beabsichtigte auch S. M. S. „Prinz Adalbert", sich mit lebendem Rindvieh, das hier außerordentlich billig zu haben war, zu versehen. Leider mußte die schöne Idee aufgegeben werden, weil die Rinderpest in Anjer ausgebrochen war. Um uns für diese fatale Sache zu entschädigen, kauften wir in reichlicher Fülle tropische Früchte, Muscheln usw. ein. Wir dampften weiter, mußten aber wegen der undurchdringlichen Finsternis abermals an der Küste vor Anker gehen. Noch vor Tagesanbruch lichteten wir den Anker, nahmen die Fahrt wieder auf und verloren allmählich die waldigen Küsten Sumatras und Javas aus den Augen.

Von dem Reichtum der Küstengewässer im Sundagebiet an Reptilien gaben die zahlreichen buntgefleckten Schlangen Zeugnis. Mit ungemeiner Gewandtheit bewegten sie sich im Wasser, gefährlich für die zahllosen Wasservögel, die sie blitzschnell zu erhaschen

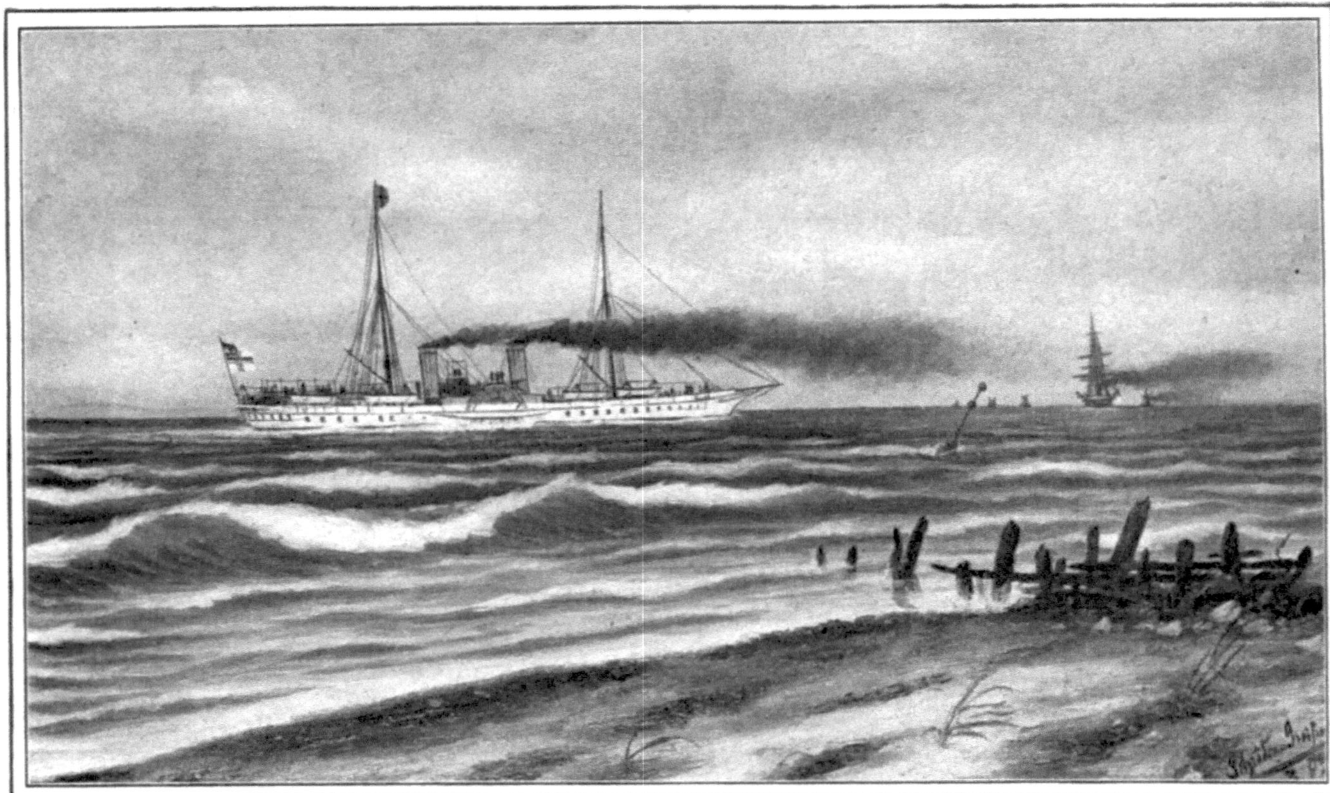

S. M. S. „Kaiseradler“ an der Pommerschen Küste.

verstehen. Manche von diesen Wasserschlangen hatten eine Länge von einigen Metern. Doch auch die allerausgewachsenste von ihnen gab noch lange keine Veranlassung dazu, von der fabelhaften Seeschlange zu erzählen, die namentlich in der Sauregurkenzeit in den Spalten der Zeitungen aufzutauchen pflegt, und bei deren Beschreibung der gläubige Leser ein Gruseln empfindet. Nach diesen Zeitungsberichten sollen Seeleute schon Ungeheuer von 50 m Länge und entsprechender Stärke beobachtet haben. Unsinnige Behauptung! Die Sundastraße und überhaupt die indischen Inselgewässer haben nur Wasserschlangen von höchstens 3 m Länge aufzuweisen. Die von uns bei der Fahrt durch die Sundastraße bemerkten und oft wie Frösche zahlreich an der Oberfläche erschienenen Exemplare hatten aber meist nur $1\frac{1}{2}$ m. Vor allem ließ sich die olivengrüne, schwarzbebänderte Streifenruderschlange häufig sehen. Den malayischen Fischern ist diese Schlange ein Greuel. Nicht nur, daß sie durch ihren Fischfang beträchtlichen Schaden anrichtet, sondern sie ist mit tötlich wirkenden Giftzähnen ausgerüstet und beißt mit großer Wut und Behendigkeit auf alles, was sie in ihrer Behaglichkeit stört. Das Meer lag spiegelglatt, als wir an den letzten Inseln in der Sundastraße vorüberkamen. Die an der Oberfläche bewegungslos liegenden Ruderschlangen schienen von unserer Annäherung gar keine Notiz zu nehmen. Ein Matrose warf eine zerbrochene Flasche nach der nächsten. Da hob sie zischend den Kopf, ließ die zweigespaltene Zunge und die beiden starken Fanghaken sehen und schoß darauf pfeilschnell in die Tiefe. Es wurde in Anjer erzählt, daß die malayischen Fischer bei der Ausübung ihres Gewerbes häufig von den gefährlichen Geschöpfen gebissen würden. Manchem von den Fischern wäre ein wirksames Gegenmittel bekannt; wer aber dies Mittel nicht anwende, der müsse rettungslos von dem Gift verderben. Die Wunden sollen ganz unbedeutend wie zwei Mückenstiche aussehen, und doch trete der Tod schon nach wenigen Stunden ein. Das Baden bei Singapore und Anjer ist also nicht ganz ungefährlich der giftigen Seeschlangen wegen. Ein englischer Schiffskapitän fiel vor einigen Jahren einer solchen beim Baden zum Opfer. Da sind doch die Badegäste von Ahlbeck und Swinemünde besser daran.

Als letzter Gruß Asiens kamen buntfarbige tropische Vögel auf unser Deck geflogen. Einzelne konnten gefangen werden. Eine spaßige Unterhaltung gewährte vielen Matrosen die Beschäftigung mit den in Singapore gekauften Affen und Papageien, die man zu

11

dressieren versuchte. Daß Kienscherf als Affenbändiger Hervorragendes leistete, braucht wohl nur angedeutet zu werden.

Unser Prinz hatte sich in Wladiwostok einen sibirischen Wolfshund gekauft, welcher der Liebling der ganzen Besatzung wurde. Es gewährte großen Spaß, den Hund im Spiel mit unserm Chakko zu sehen. Chakko hieß unser gelehrigster Affe nämlich. Beide Tiere wurden zusammengekoppelt und führten drollige Ringkämpfe mit einander auf. Bald lag der Hund oben, bald wieder unten. Sowie aber der Sibirier den Versuch machte, den Affen mit seinem Maul fortzuschleppen, faßte ihn Chakko an seine empfindlichste Stelle, in

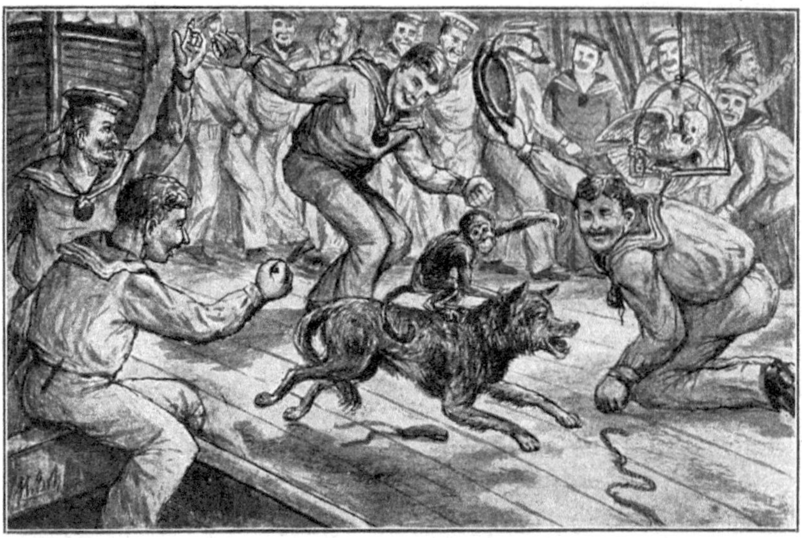

die Nasenlöcher. Der Schlaukopf gab dem Hunde damit zu verstehen, daß er am Ende doch als Sieger aus dem Kampfe hervorgehen würde, wenn er nur fest zukneifen wolle. Noch ein Druck an der Nase, und der Hund sprang heulend hoch und raste das Deck entlang, während der Affe, siegesbewußt auf seinem Rücken reitend, die wilde Flucht mitmachte. Um das Vergnügen der Zuschauer noch größer zu machen, fing auch unsere Lore, ein von einem Unteroffizier gut dressierter Papagei, plötzlich an zu lachen. Das war das Signal zu einem Gelächter für die ganze Mannschaft.

Der famose sibirische Wolfshund unseres Prinzen hatte leider das Schicksal, unterwegs bei unserer Fahrt durch den Indischen Ozean einzugehen. Er starb an den Folgen einer Verletzung, die ihm in China beigebracht worden war. In einem chinesischen Hafen hatte der Diener des Prinzen den Hund mit an Land genommen. Im Volksgewühl verschwand der Hund auf einmal. Bei der großen Vorliebe der Chinesen für Hundebraten soll es überhaupt gewagt sein, mit einem Hunde durch die ärmeren Stadtviertel zu promenieren. Es wurde keine Mühe gescheut, um den verlorengegangenen Hund zu suchen. Ein ganzes Aufgebot von Kulis und chinesischen Polizisten spionierte in den Winkeln und Spelunken nach dem armen Sibirier. Endlich fand man ihn, aber nur teilweise. Ein keilartiges großes Stück war ihm aus dem fleischigen Hinterteil herausgeschnitten worden. Trotz aller angewendeten Mittel ist der Wolfshund dann doch zugrunde gegangen.

Unsere Matrosen waren seit der Zeit auf die Chinesen schlecht zu sprechen. Hätten sie nur den bezopften lüsternen Hundefänger in die Finger gekriegt, es wäre ihm schlecht ergangen. Ohne Zweifel hätten ihn unsere Blaujacken gelyncht.

Heimwärts!

Ohne irgend welchen störenden Zwischenfall verlief unsere Fahrt durch den Indischen Ozean. Kein Cyclon, wie hier die zu anderen Jahreszeiten häufiger auftretenden Wirbelstürme genannt werden, überfiel uns. Hingegen trieb uns die Äquatorialströmung, welche südlich vom Äquator durch dieses Weltmeer nach Westen zieht, unserm nächsten Ziele entgegen, welches wohl 1400 Meilen entfernt lag, ohne daß wir bis dort Land zu sehen bekamen.

Am 29. Juli kam afrikanisches Land in Sicht. Wir sahen das Leuchtfeuer vom Kap der guten Hoffnung und liefen in die Falsche Bai ein, deren Westrand von den Kuppen des Swartkops und des Simonsberges überragt wird. Um die Mittagszeit fiel unser Anker vor Simonstown, 20 km nördlich vom Kap der guten Hoffnung und 30 km südlich von Kapstadt gelegen, wohin eine Eisenbahn führt. Kaum war unsere Korvette zur Ruhe gekommen, so meldete sich ein Schwarm von Händlern, weiße wie farbige, an Bord mit den Schätzen Südafrikas, um uns Straußenfedern, allerlei Felle, Eier, Früchte und goldigen Kapwein zum Kauf anzubieten. Die Freiwache erhielt Urlaub an Land. Es gab in dem kleinen Nest aber nicht allzuviel zu schauen. Mehr als die Hälfte seiner Einwohner bestand aus Kaffern und Hottentotten, deren Gesichter nicht nach dem Geschmack unserer Leute zu sein schienen. Kienscherf feilschte mit einer häßlichen hottentottischen Marktfrau um den Preis für einige Früchte. Sie schien ihm mit ihrem gurgelnd und schnalzend klingenden Englisch bei weitem überlegen zu sein, denn er steckte ihr schließlich, sprachlos ihrer Beredsamkeit gegenüber geworden, die Zunge heraus und meinte achselzuckend zu den Kameraden: „Die olle braune Kiepenfrau hat eene Labbe, wojegen unse Äppelweiber in Berlin die reenen Weesenkinder sind.“

Wir hatten auf der langen Fahrt durch den Indischen Ozean mit unseren Vorräten an Kohlen und Proviant gründlich aufgeräumt. Eine tüchtige neue Versorgung damit tat uns not. Am 4. August waren wir mit diesen Arbeiten fertig und dampften so gleich von Simonstown ab. Bald schwenkte unsere Korvette um das Kap der guten Hoffnung herum. Die Bergkuppen der Zwölf Apostel, die Linien des Tafelberges und des Lionhead, hinter welchem die weißen Häuser von Kapstadt uns verborgen blieben, ließen wir im Osten verschwinden und begrüßten wieder die unendliche Weite des Atlantischen Ozeans.

Die fröhliche Stimmung der Schiffsgenossen wurde durch einen tragischen Vorfall getrübt. Am 7. August erging der Befehl: „Alle Mann umziehen, zweite Garnitur!" und dann: „Alle Mann achteraus." Eine Begräbnisfeier auf dem Schiffe. Vor einem toten Seekadetten hielt unser Prediger eine ergreifende Trauerrede. Die über den Sarg des unglücklichen Jünglings gebreitete Flagge wurde entfernt, und sechs Seekadetten ließen denselben langsam über Bord. Der mit mehreren Eisenstücken beschwerte Totenschrein versank in die unendliche Tiefe. Noch ein stilles Gebet. Dann ging es wieder an die gewohnte Arbeit.

Der unglückliche Seekadett war ein kleiner, hitzköpfiger Mensch gewesen, der einzige Sohn seiner in Berlin lebenden Eltern. In Simonstown war es ihm gelungen, sich Gift zu verschaffen, ein schreckliches Gift, wogegen es keine Hilfe gab. Schon seit Tagen mußte sich der Kadett also wohl mit Selbstmordgedanken beschäftigt haben. Um sich Mut zu der verzweifelten Tat zu machen, betrank er sich am Abend und nahm dann das Gift. Dem Arzt, der ihn zu retten versuchte, erklärte er, daß alles doch nur vergeblich sei.

Ein guter Wind von Süd begünstigte unsere Segelfahrt. Tagelang begleiteten Ungetüme von Walen unser Schiff. Im herrlichsten Passat wurden alle Leesegel beigesetzt. Welch eine Befriedigung für den heimwärts sich sehnenden Matrosen! Das Rauschen des Kiels im schäumenden Wasser, das Flattern der Leinwand, das Knarren der Spieren, das alles ist ihm eine köstliche Musik, aus der immer nur das Leitmotiv herausklingt: es geht im Fluge der lieben Heimat zu!

Da viel freie Zeit unter solchen Umständen zur Verfügung stand, so wurde die Dressur der Affen und Papageien mit munterem Eifer fortgesetzt. Manchmal geschah es aber auch, daß einer von den flinken Vierhändern sich bei der Erziehungsarbeit gelangweilt fühlte, sich losriß und mit kühnen Sprüngen in die Wanten hüpfte, von wo er dann mit vergnügtem Grinsen herabschaute. Fatale Geschichte! Kletterte dann einer der Matrosen ihm nach, so enterte der Affe bis in die höchsten Spitzen, bis an das äußerste Ende einer

Spiere. Dort, auf dem letzten trockenen Hort seiner Freiheit gab er durch Zähnefletschen und durch drolliges Gesichterschneiden zu verstehen, daß er lieber seine Freiheit in den Fluten des Meeres suchen werde, als sich wieder einfangen zu lassen. Wollte dann der Verfolger mit raschem Griff den Ausreißer erfassen, so machte der Affe seinen Todessprung in die Fluten. Lange pflegte das Zappeln des armen Tieres in den Wellen nicht zu dauern. Meist schob sich der gierige Rachen eines Haifisches blitzschnell an ihn heran, und die Matrosen sahen mit traurigen Mienen, wie das Äffchen von dem

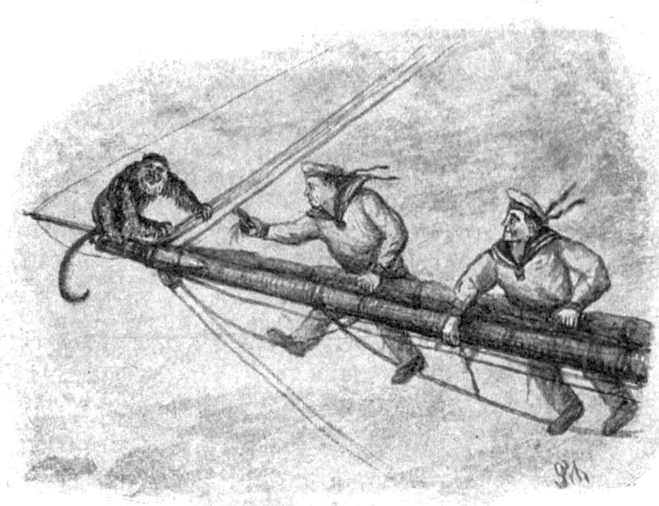

abscheulichen Seeräuber erschnappt wurde. Wohl die Hälfte der von Singapore mitgenommenen Affen ist auf diese Weise umgekommen.

An meinen guten Freund und Beschützer, den Rußfinnen Pitter wurde ich immer wieder erinnert, wenn ich unsere Leute mit Harpunen hantieren sah, um Delphine zu erlegen. Große Herden von diesen Tieren tummelten sich prustend und quiekend um unser Schiff. Fischer Raetzke tat es übrigens dem braven Pitter an Geschicklichkeit als Delphinjäger noch zuvor. Es gelang ihm, in kurzer Zeit mehrere derselben zu harpunieren.

Die Lungen und die Leber der Tiere wurden zubereitet und von einigen Leuten als wohlschmeckendes Gericht gepriesen. Mir wollte das Essen aber nicht recht zusagen. Der Geschmack ist eben verschieden.

Eine interessante Unterbrechung der Fahrt geschah durch den Besuch der berühmten Insel St. Helena. Ganz abgesehen davon, daß dieses einsame Felseneiland geschichtlich als Asyl und Sterbeort Napoleons aller Welt bekannt geworden ist, bietet auch die Insel durch ihre Eigenart an sich des Merkwürdigen die Fülle. Während Madeira, die Kanarischen und Kapverdischen Inseln alle noch auf dem Sockel des afrikanischen Festlandes stehen, steigt Sankt Helena mitten im Atlantischen Ozean aus einer Tiefe von 4000 m empor, 1500 km von der afrikanischen Küste entfernt. Es war zufällig am 15. August, Napoleons Geburtstag, als sich S. M. S. „Prinz Adalbert“ dem berühmten Felseneilande näherte. Steil wie Mauern steigen die an Einbuchtungen armen Uferfelsen bis zu 300 m Höhe empor. Auch auf diesem Gibraltar des Ozeans haben die Engländer, um einen sicheren Stützpunkt für den Weg nach der Kapkolonie zu haben, Batterien angelegt. Die Befestigungen schützen den Zugang nach dem einzigen Landungsplatz der Insel, nach der kleinen Stadt Jamestown. Im Innern des nur etwas über zwei Quadratmeilen großen Felsennestes gibt es fruchtbare Täler mit üppigster Vegetation, aber auch schauerliche Schluchten, von denen eine den bezeichnenden Namen „Devils punch-bowl“ — Teufelspunschbowle — führt. Ungefähr 7000 Menschen leben auf der Insel, außer englischen Soldaten und Beamten Franzosen, Holländer, Neger und Chinesen. Auf der 600 m über dem Meere gelegenen Longwood-Ebene liegt die historische Meierei, das Landhaus, in welchem der große Verbannte lebte, mit Träumen beschäftigt für die Wiederherstellung seiner Herrschaft, bis der Allbezwinger Tod ihn erlöste. Es war am 5. Mai 1821 ein furchtbarer Sturm, der die Basaltfelsen in ihren Grundfesten zu erschüttern schien, als der ehemalige Tyrann Deutschlands die Augen schloß.

Unser Prinz ging mit mehreren Offizieren an Land, um das einsame Grab von Longwood zu besuchen. Längst schon ruhen die Gebeine des Korsen im Invalidendom zu Paris, wohin sie 1840 geschafft worden sind. Aber nichtsdestoweniger bleibt der Ort doch merkwürdig, wo solch ein gewaltiger Geist seine letzten Lebensjahre unter so eigenartigen Umständen zugebracht hat.

Die Neger, welche sich am Strande von Jamestown zu uns herandrängten, boten uns Muscheln zum Kaufe an. Auch Photographien von dem Grabe Napoleons wurden feilgeboten.

Die kleinen Schlingel, Negerbüblein, Mulattensprößlinge und blondköpfige englische Soldatenkinder, die uns munter umringten, wollten uns gern ihre Künste im Schwimmen und Tauchen vorführen. Die kleinste Münze holten sie aus der Tiefe herauf und brachten sie triumphierend, um sie dann natürlich als Lohn einzustecken. Unserm Kommandanten wurden vom deutschen Konsul in Jamestown zwei militärpflichtige Matrosen übergeben, die auch sofort in die blaue Jacke mußten, um ihren Dienst auf unserer Korvette zu beginnen. Sie waren ein ganz willkommener Zuwachs, da während der Reise neun Mann von S. M. S. „Prinz Adalbert" desertiert waren.

Gegen Abend, als die Sonne den Rand des Horizonts, Himmel und Flut mit ihrem Purpurglanz erfüllte, lenkten wir den Kiel von Sankt Helena wieder dem offenen Ozean zu. Es konnten wieder Segel gesetzt werden. Mit guter Brise strebten wir dem Äquator entgegen, wobei fleißig Segelexerzitien ausgeführt werden mußten. Vergessen darf ich nicht, daß ich schon während der Fahrt durch den Indischen Ozean mich eifrig mit Zeichnen und Malen beschäftigt hatte. Nun war ich schon soweit, meine Kunst, die verschämt mit Karikaturen aus dem Schiffsleben angefangen hatte, in den Dienst unserer Marine zu stellen, insofern ich nämlich bemüht war, durch Dekorationsmalerei die Schönheit der Schiffsräume zu mehren. In meiner freien Zeit malte ich für die Batterie eine Ruderdecke. Im Zwischendeck wurden allerlei Adlerdekorationen angebracht. Wem das nicht gefallen mochte, weil vielleicht sein auf das Schlichte und Einfache gerichteter Sinn solche Malereien als überhaupt nicht geziemend für eine Soldatenbehausung hielt, der wurde doch sicherlich mit meinem malerischen Tatendrang ausgesöhnt, soweit derselbe auf das dienstlich Praktische und Notwendige gerichtet war. Ich versah nämlich die Kleiderkasten mit einem neuen Anstrich und verzierte dieselben durch Linien und Nummern.

Zum vierten und letzten Mal passierten wir den Äquator. Am 30. August erreichten wir St. Vincent auf den Kapverdischen Inseln und legten an, weil unsere Kohlen namentlich noch einer Aufschüttung bedurften. Bei der Gelegenheit wurden natülich auch frische Früchte und einiges Schlachtvieh an Bord geholt. Nach nur kurzem Aufenthalt ging es diesmal weiter.

Kienscherf stand am Heck, legte die Hand über die Augen, um besser sehen zu können, und schaute spähend nach dem Strande hinüber, wo das schwarze Völklein von St. Vincent Grüße nachwinkte: „Na, wat luerste denn hier noch so lang?" fragte ihn einer.

„Ick kieke mir die Oogen aus, ob die holde Schwarze mit's jebliemte Jewand sich nicht sehen läßt!“ meinte er. Aber die gewichtige Tänzerin von damals ließ sich nicht blicken. Sie hatte wohl kein Verlangen danach, mit dem Berliner wieder eine Polka zu tanzen.

An einem Nachmittag sah ich, wie Kienscherf mit noch drei anderen Matrosen unter Aufsicht eines Korporalschaftsführers damit beschäftigt war, dem Matrosen Schönfeld, der im Adamskostüm vor ihnen stand, eine Massage mit Hilfe von Segeltuchlappen, Sand und Seife angedeihen zu lassen. Das hatte bei Schönfeld seinen

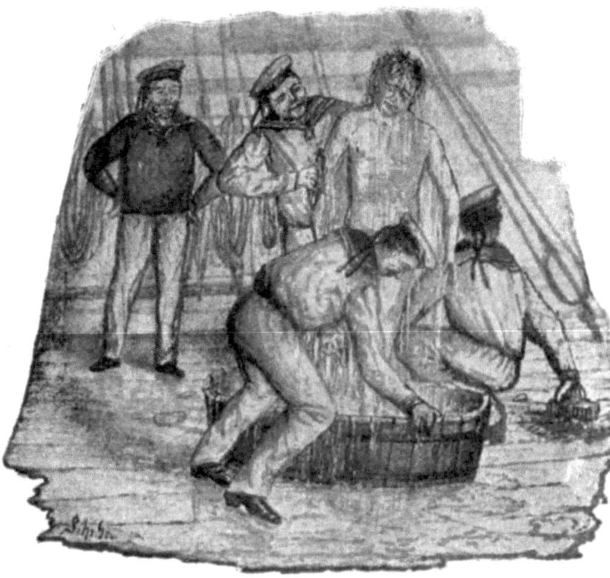

Grund. Die Mannschaften mußten jeden Morgen auf dem Vorderdeck ein Bad nehmen. Mit der Dampfpumpe erhielten immer je fünfzig eine stramme, wirksame Dusche. Auch die Offiziere verschmähten diese Gelegenheit nicht. Schönfeld aber, der Wasserschene und Verzärtelte, hatte sich stets zu drücken gewußt. Da auch sonst seine Reinlichkeit recht zu wünschen übrig ließ, so sollte das Versäumte, möglichst fühlbar für ihn, gehörig nachgeholt werden. Gleichzeitig aber wurde damit eine Warnung für gleichgesinnte Schmutziane gegeben. Kienscherf betrieb das ihm übertragene Amt des Obermasseurs mit hervorragendem Eifer. Schadenfroh bewegte er den Sandlappen auf dem Rücken des verzweifelt dreinschauenden Dulders hin und her. „Wat ick sagen wollte, Schönfeld," verhöhnte er diesen, du drägst eegentlich dein Nam' janz mit Unrecht. Du hätt'st von rechtswejen „Schmutzfeld" heeßen müssen. Bei uns, da is doch nu mal Reenlichkeit det halbe Leben. Siehste, un nu wirst de ooch so scheene blitzeblank und kriegst ordentlich 'ne scheene rote Kolör! Kiek doch bloß, wat du nu vor'n saub'rer Junge bist! So propper hab' ick dir noch nie nich jesehn!"

Zum Schluß wurde Schönfeld noch mit einigen Eimern Salzwasser abgespült und entstieg dann, sauber wie aus dem Ei gepellt, dem nassen Bade. Die Lektion half. Beim Duschen mit der Dampfpumpe fehlte er fortan niemals wieder.

Auch in Madeira, das wir am 7. September erreichten, hielten wir uns nur einige Stunden auf. Abends ging die Fahrt unter Volldampf aus drei Kesseln weiter. Eine stramme Brise stand uns entgegen und forderte die stärkste Anstrengung der Maschinen heraus.

Nach zweijähriger Abwesenheit von Europa liefen wir am 14. September den Hafen Ferrol an der spanischen Küste an. Als die steilen waldigen Höhen des Landes vor uns auftauchten, wurde in mir die Erinnerung an die gefährlichen Weihnachtsstürme, die ich als Schiffsjunge in der Biscaya erlebte, wieder lebendig. Wieviel Stürme hatte ich mir seit jener Zeit um die Nase wehen lassen und war immer glücklich herausgekommen. Die Freude darüber, den Fuß auf Europas Boden setzen zu können, war bei allen groß. Die Einfahrt in den viereckigen Kriegshafen, die außerordentlich schmal und nur bei günstigem Winde leicht zu bewerkstelligen ist, machte einige Schwierigkeiten. Eine starke Dünung stand vor dem Hafeneingang. Zur Rechten und Linken schützen zwei Forts diesen Ort, San Felize und San Palma genannt. Stattlich sind die Gebäude des großen Arsenals, des bedeutendsten für Spanien. Als wir festgemacht hatten, kamen spanische Händler an Bord, auch schwarzäugige Sennoritas, die Brot und Früchte feilboten. Vom Lande klangen die klimpernden Töne der Mandoline, von klappernden Kastagnetten begleitet. Musik und Gesang und spanischer Wein luden dringend ein zu einem Besuch an Land. Aber es lohnte sich für so kurze Zeit nicht. Es wurden Kohlen eingenommen, und dann sollte es weiter gehen. Unter Musik und dem Geschützdonner der Festungswerke dampften wir von Ferrol wieder in See.

So eilig als möglich durchquerten wir die Biscaya. Nach einigen Tagen gelangten wir in den Englischen Kanal und ankerten für kurze Zeit in Plymouth. Dann mit sehnendem Herzen durcheilten wir die Nordsee, das Skagerak, das Kattegat und den Sund und liefen in die Ostsee ein.

Wir durften sicher sein, daß unser Empfang in Kiel, die glückliche Rückkehr unseres Prinzen sich zu einer außerordentlich großartigen Feier gestalten würde. Das war ein Ereignis, welches die freudige Teilnahme aller guten Deutschen erregen mußte. Unsererseits war es darum auch notwendig, im tadellosesten Zustande zu dieser Feier zu erscheinen. Schon lange vorher war alles damit eifrig beschäftigt, die Spuren der langen Reise gründlich zu entfernen. S. M. S. „Prinz Adalbert" sollte sich würdig den Augen der uns Erwartenden präsentieren. Darum wurde gestrichen und lackiert und geputzt, bis die Freudenstunde nahe gekommen war.

An der holsteinischen Küste wurde uns das Signal gegeben, daß die hohen Eltern unseres Prinzen mit Gefolge uns auf S. M. S. „Hohenzollern" entgegendampften, um uns auf hoher See zu treffen. Bald darauf kam dann auch das Schiff mit der Standarte des Kronprinzen am Mast in Sicht und wurde von uns mit Kanonendonner und brausendem „Hurra" begrüßt.

Mit vor Freude leuchtenden Augen begab sich unser Prinz an Bord der „Hohenzollern" zur Begrüßung seiner erlauchten Eltern. Sie drückten den heimgekehrten Sohn, der seine harte Seemannspflicht so wacker erfüllt, der als Hohenzollernprinz allen Söhnen Deutschlands das schöne Vorbild gegeben hatte, im Dienst des Vaterlands nicht Sturm und Wogendrang zu scheuen, innig an ihr Herz. Wie nahe war damals in dem fürchterlichen Taifun die Todesgefahr! Wie oft konnte ein tückischer Zufall sein Leben bedrohen! Seine Heimkehr war ein hohes Glück für die Seinigen, eine Freudenstunde für das Vaterland. Kurz vor dem Bülker Leuchtturm kamen die hohen Herrschaften mit dem Prinzen an Bord S. M. S. „Prinz Adalbert", um mit uns in den Hafen von Kiel einzulaufen. Tausende am Strande gescharte Menschen empfingen uns mit brausenden Hurras! Wem damals von uns Blaujacken nicht das Herz vor Freude und inniger Liebe für Kaiser und Reich, für Volk und Vaterland gewackelt hat, der besaß wohl keins. Ein erhebendes Gefühl des Stolzes und gleichzeitig auch der Dankbarkeit gegen den gütigen Gott, der uns glücklich heimkehren ließ, beseligte uns.

Nachdem die Anker gefallen waren, besichtigten die hohen Herrschaften eingehend unser Schiff. Ein Galadiner fand an Bord desselben statt, und wieder wie damals bei der Abreise hatte ich mit dem Steward die Ehre zu servieren. Vom frühen Morgen an waren wir beide mit dem Ausschmücken der Tafel beschäftigt gewesen.

Die Vorgesetzten machten hierauf einen Rundgang durch das Schiff, um es zu inspizieren. Hernach wurden alle mitgebrachten Schätze, es waren ganze Wagenladungen voll, herausgebracht und den Zollbeamten vorgezeigt, die mit Kennerblick die Sachen taxierten. Manches Stück, das schon anderthalb Jahre im Koffer der Matrosen gelagert hatte, mußte mit einigen Groschen versteuert werden. Doch auch das ist Vaterlandspflicht, und die Opfer wurden mit Freuden gebracht in dem alles beherrschenden schönen Gefühl, wieder in der Heimat zu sein.

Unser Schiff, das 1 Jahr 11 Monate und 3 Tage fort gewesen war und glücklich alle Gefahren überstanden hatte, ging in die Werft. Viele von der Mannschaft wurden beurlaubt oder entlassen. Ich aber mußte eines Leidens wegen, das ich mir seinerzeit auf S. M. S. „Preußen" zugezogen hatte, vorläufig als Revierkranker in die Kieler Kaserne einziehen.

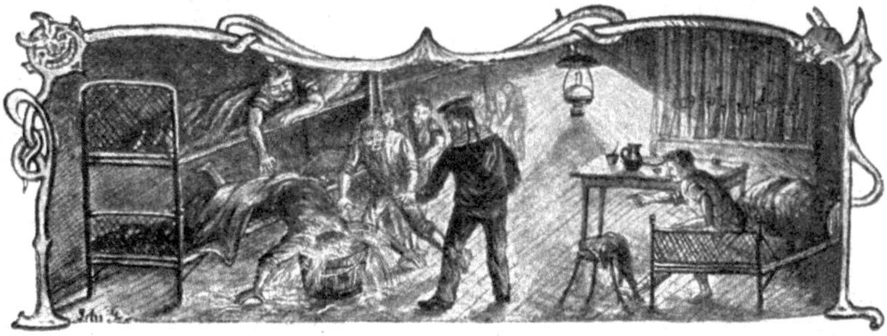

6. Künstlerlaufbahn.

In den Vorhöfen der Kunst.

Es ist eine häufig beobachtete Erfahrung, daß manche Leute das Glück nicht ertragen können. So ergeht es manchem Matrosen, wenn er nach langer, beschwerlicher Fahrt wieder den Fuß auf den heimatlichen Boden setzen darf. Nach Außerdienststellung S. M. S. „Prinz Adalbert“ wurden alle Matrosen, welche schon 3 Jahre dienten und nicht zu kapitulieren wünschten, in der oberen Etage der Kaserne untergebracht. Sie hatten Muße genug, sich von den Strapazen der langen Reise zu erholen. Dienst gab es für sie nur wenig.

Hier hauste ich nun auch mit dem Pankanten Spitzler und dem fidelen Kienscherf. Auf letzteren bezieht sich vor allem die Betrachtung, die ich über die Unverdaulichkeit des Glücks angestellt habe. Denn „die Freiheit ward ein Netz des Jünglings.“ Als ob ein böser Dämon von wahnsinniger, grenzenloser Genußsucht über ihn gekommen wäre, so stürzte er sich in das Kneipenleben. Die Tagesstunden genügten ihm dazu nicht immer. Oft genug kehrte er, trotzdem wir meistens bis 12 Uhr Urlaub hatten, erst am frühen Morgen von seinen feuchtfröhlichen Sitzungen heim.

Ähnlich wie es unsere Vorposten vor Metz und Paris machten, um die Franzosen zu foppen, stellte es der pfiffige Kienscherf an. Um nämlich sein Fehlen in der Kaserne zu bemänteln und die Nachtrunde zu täuschen, machte er aus einem Besenstiel und alten Kleidern eine Figur zurecht, die er in sein Bett legte. Die struppigen Borsten eines Handfegers stellten sein üppiges Blondhaar vor, das etwas unter der Bettdecke hervorragte. Nun wird man ja zugeben müssen, daß sein im Bett liegender Doppelgänger eigentlich nicht hinreichende Ähnlichkeit besaß, um das Auge des Gesetzes zu täuschen. Wenn das doch geschah, so lag das eben an diesem Auge. Die Nachtwache hat keinen Adlerblick, und sie begnügt sich damit, nur flüchtig — im dämmernden Dunkel der Stube — die Gestalten der Ruhenden zu streifen. Kienscherf lag für sie in der Klappe! Mit dieser beruhigenden Gewißheit entfernte sich die Wache, während Kienscherf zur selbigen Zeit irgendwo schwiemelte.

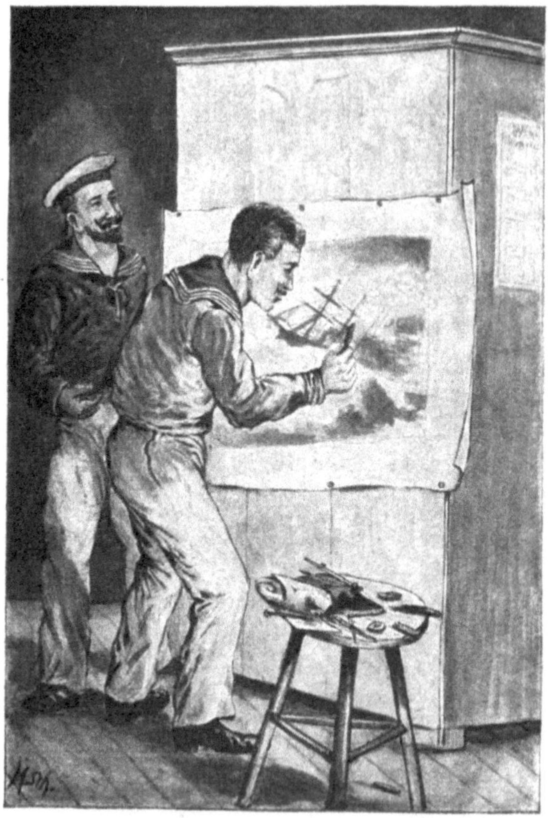

Spitzler und ich predigten ihm umsonst Vernunft. Wir stellten ihm vor, daß sein Doppelgängertum doch bald mal ein schiefes Ende nehmen würde. Er kratzte sich dann den Kopf und gelobte häuslich zu werden. Aber der alte Adam brach immer wieder durch, und er strich wie vorher über den Zapfen.

Eines Tages oder vielmehr Nachts kam er wieder heim. Es war zwar noch ausnahmsweise zur rechten Zeit; aber er hatte sich so unbändig vollgeladen, daß er mit den Gesetzen des Gleichgewichts in Konflikt geriet. Wir brachten ihn zu Bett und gebrauchten die Vorsicht, einen Eimer vor sein Lager zu stellen. Das übermäßig genossene Bier bereitete ihm anscheinend große Qualen. Er wälzte sich im Bett hin und her. Plötzlich erhob er sich und fiel mit Blitzesschnelle in den Eimer. Vergeblich fuchtelte er mit den Armen, um sich aus dieser unangenehmen Lage zu befreien. Es gelang ihm nicht. Schließlich sprangen mehrere Kameraden von ihrem Lager auf und erretteten den Bedrängten von der Gefahr des Ertrinkens. Er war nahe daran zu ersticken. Von allen Seiten prasselten Schimpfreden und Spottraketen auf ihn nieder, und die böse Lektion bewirkte, daß er für einige Zeit sich in seinem Betragen besserte.

So unangenehm es mir anfänglich erschien, nicht gleich so vielen anderen Kameraden nach Hause auf Urlaub gehen zu dürfen, so sehr söhnte ich mich mit meinem Mißgeschick aus, nachdem ich einige Tage in der Kaserne geweilt hatte. Die unfreiwillige Muße war mir nämlich insofern von Nutzen, als ich ungestört meiner Lieblingsbeschäftigung, der Zeichenkunst, mich hingeben konnte.

Statt des fehlenden Zeichenbrettes benutzte ich eines der großen Kleiderspinden, auf dessen Rückseite ich das Zeichenpapier nagelte. Mit Kreide und Wischer versuchte ich allerlei Szenen von der Reise, die besonders in meinem Gedächtnis geblieben waren, wiederzugeben. Spitzler sah mir einmal über die Schulter, als ich gerade den letzten Strich an einer Zeichnung tat. „Mensch, dös is ja famos! Dös Bild werd' i dir verkauf'n!“ rief er aus. Schon nach einer Stunde kehrte er mit klingender Münze zurück. Zugleich gab er den Wunsch zu erkennen, daß er alle meine angefertigten Bilder von der Weltreise S. M. S. „Prinz Adalbert“ an den Mann bringen möchte. Gern nahm ich das Anerbieten an und zeichnete mit frischem Mute drauf los.

Ich erlangte mit jedem Tage eine größere Fertigkeit in der Ausführung von solchen Kreidezeichnungen. Spitzler fand regelmäßig seine Abnehmer; denn natürlich war in Kiel das Interesse für die Fahrt der Korvette besonders groß, und man schaffte sich gern ein Bild an, das von einem Teilnehmer der Weltreise gezeichnet war. Da unsere Mittel es uns später erlaubten, so mieteten wir uns gemeinschaftlich ein möbliertes Zimmer. Ich kaufte Staffelei, Zeichenbretter und sonstige Malutensilien, um die einträgliche Bilderfabrikation nach allen Regeln der Kunst weiter zu betreiben. Da sich immer mehr Liebhaber für meine Bilder fanden, so klappte fortwährend unsere Türe.

Spitzler hatte unterdessen die blaue Jacke ausgezogen und war von seinem Marineteil in Gnaden entlassen. Es gelang ihm, am Kieler Mädicke-Theater mit einer kleinen Gage als Statist anzukommen. Das mimische Talent besaß er sicher dazu. Nebenher setzte er meine fertigen Zeichnungen ab.

Seelenvergnügt lebten wir so manchen schönen Tag, bis auch meine Entlassung von der Marine kam. Nun hieß es nach Hause. Ich reiste also auf kurze Zeit nach Greifswald, um meine Eltern mit meinen Zukunftsplänen bekannt zu machen. Sie machten anfänglich recht erstaunte und bedenkliche Gesichter. Nachdem ich aber ein Portrait meines Vaters und einige andere Bilder gezeichnet hatte, erklärten sie sich damit einverstanden, daß ich als Maler mein Fortkommen suche.

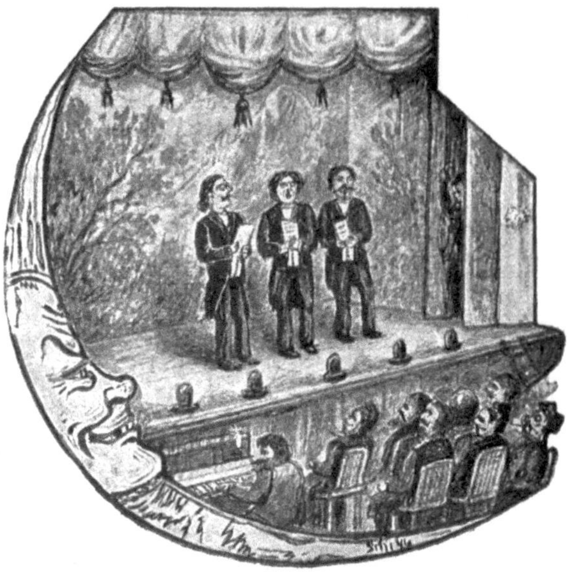

Nach Kiel zurückgekehrt, machte ich eine betrübende Entdeckung. Mein Freund Spitzler saß auf dem Trocknen. Sein Theater hatte Pleite gemacht, und alle seine Bemühungen waren vergeblich gewesen, eine andere Stellung zu bekommen. Durch den Verkauf meiner Bilder suchten wir das frühere Glück wieder herzubannen, aber merkwürdig! es klappte nicht mehr so gut damit wie vorher. So ging es uns recht kläglich für einige Zeit, bis Spitzler durch Klavierunterricht und später durch Gründung einer Kapelle sein Brot selber zu verdienen suchte.

Drei Jahre lang hatte ich schon die Zeichnerei auf diese Art betrieben. Schließlich befriedigte mich die Arbeit mit Kreide und Wischer nicht mehr. Immer brennender wurde in mir der Wunsch, mich in der Ölmalerei auszubilden. Ich wußte nur zu gut, daß dazu Geld, sehr viel Geld sogar, gehört. Und Geld — hatte ich keins.

Aber ich stimmte damals nicht das bekannte Liedchen an „'s ist mir alles eins!“ sondern ich griff zur Kreide, um nicht in die Kreide

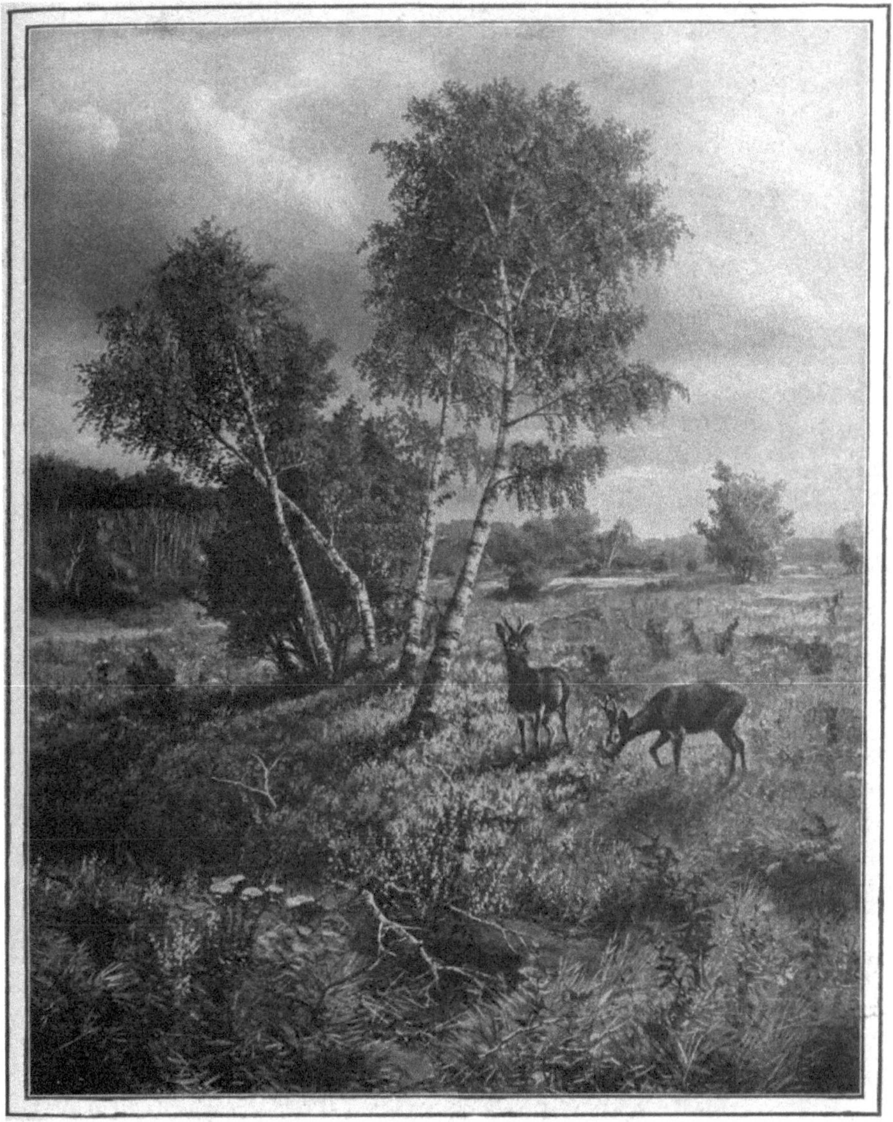

Waldeseinsamkeit.

zu kommen. Mit großem Eifer wurden wieder einige Zeichnungen fertiggestellt, Spitzler schlug sie glücklich los, und nun reiste ich, alle Segel voll Wind, nach Hamburg. Dem Direktor der Gewerbeschule und dem dortigen Maler Hünten, dem berühmten Meister von Marinebildern, stellte ich mich mit einer Zeichnung vor. Beide Herren stellten mir derartige Zeugnisse aus, daß sich die Hamburger Seewarte daraufhin veranlaßt sah, meine Probezeichnung anzukaufen.

„Mir war vor Freud' und Lust das Herz geschwellt!" Ausgerüstet mit diesen Papieren aus Hamburg, fuhr ich nach meiner

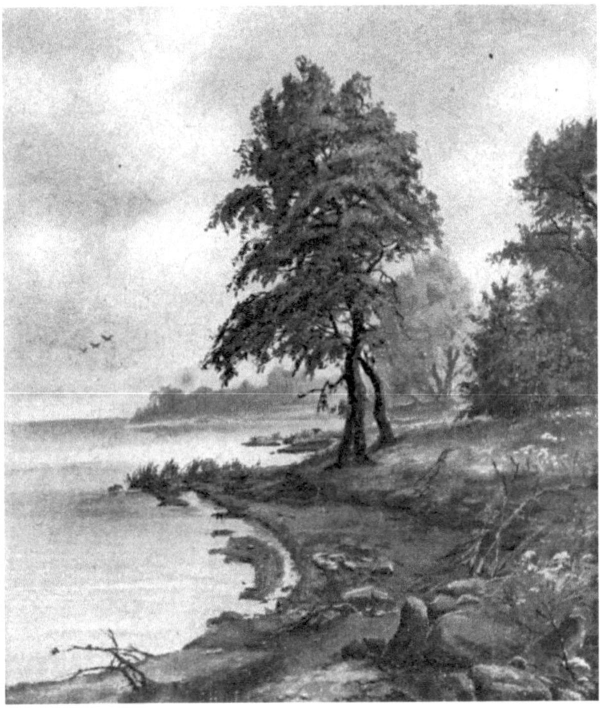

Vaterstadt Greifswald. Ich ging zum Bürgermeister und bat um ein Stipendium zum Besuch der Akademie. Meine Zeugnisse wurden indes noch nicht für genügend erachtet. Du forderst viel, o Vaterstadt! — Was nun? Was tun? — Auf gut Glück machte ich mich auf den Weg nach Spreeathen. Mit verschiedenen von mir gefertigten Zeichnungen suchte ich den damaligen größten Marinemaler, Professor Eschke auf. Dieser herrliche Lehrer, der auch einen Ernst Körner und Karl Salzmann zu seinen Schülern zählte, war gleich groß als Landschafts- wie als Marinemaler. Die Naturwahrheit und das technische Geschick seiner Bilder, namentlich seine Darstellung der herben nordischen Landschaftsstimmungen, machten ihn zur Zierde der deutschen Künstlerschaft. Wenn es mir gelänge, das freundliche Interesse eines solchen hervorragenden Meisters auf mich zu lenken, so ließen sich wohl meine Hoffnungen erfüllen, dachte ich.

Professor Eschke prüfte die von mir gefertigten Zeichnungen mit großer Aufmerksamkeit. Nach Besichtigung der Bilder erklärte er: „Wenn Sie sich ohne jeglichen Unterricht soweit gebildet haben, daß Sie derartiges leisten, nehme ich Sie sofort als Schüler auf; auch kann ich Ihnen auf Ihre Leistungen hin das beste Zeugnis ausstellen!"

O Freude und Wonne!

Künstlerleben.

Mit freudigster Begeisterung begann ich nun im Schüleratelier des verehrten Meisters mein Studium. Zuerst wurden einige Hildebrands kopiert: Abend in der Bai von Rio de Janeiro, Meeresspiegel bei Rügen, Kap von Teneriffa u. s. w. Doch bald trieb mich der Kunsteifer, mich in Originalen zu versuchen. Mein Zimmer war schon mit einigen Bildern geschmückt, an denen ich mein Behagen hatte, und die ich

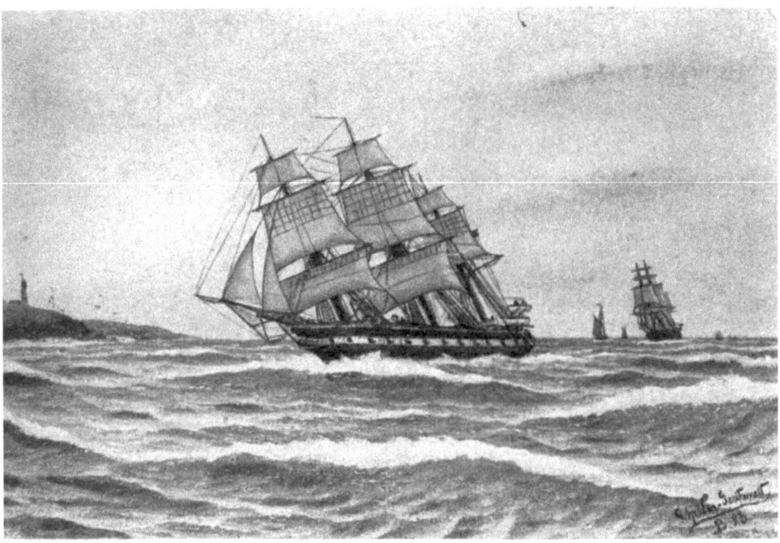

am liebsten hätte behalten mögen. Aber ich brauchte Geld. So mußte ich mich entschließen, meine Gemälde in bare Münze umzusetzen. Eines guten Tages packte ich meine Bilder ein und begab mich mit hoffender Seele zu einem Herrn Offizier, der auch auf S. M. S. „Prinz Adalbert" die Reise um die Welt mitgemacht hatte. Er war so freundlich und gütig stets gewesen und hatte auch meinen harmlosen Zeichnereien einige Aufmerksamkeit geschenkt. Bekannt war mir sehr wohl, daß er ein starkes Interesse für Seegemälde besaß, wie denn

12*

auch sein Vater und sein Bruder als große Künstler sich einen Namen gemacht hatten. „Nun, lieber Schröder, was führt Sie denn zu mir?" fragte er. Als ich ihm nun erzählte, daß ich Schüler des großen Marinemalers Professor Eschke geworden sei, war er nicht wenig erstaunt. Meine Bilder gefielen ihm. Er kaufte mir einige ab und empfahl mich an einige kunstliebende Herren aus seinem Bekanntenkreise. So war ich fürs erste aller Sorgen los und ledig und malte frisch weiter darauf los. An Ideen aus dem reichen Schatz meiner Erlebnisse während der Marinezeit fehlte es mir wahrlich nicht.

Noch eine fröhliche Botschaft kam mir darauf. Aus meiner Vaterstadt erhielt ich die amtliche Mitteilung, daß mir durch Vermittlung eines Konsuls daselbst ein Stipendium bewilligt worden sei. Das Zeugnis des Professors Eschke hatte die Bedenken der Stadtväter besiegt. Nun war ich vorläufig geborgen. Die Malerei ist ein teures Studium, weiß Gott! Für Unterrichtshonorar, für Beschaffung von Farbe und Rahmen gingen allein wohl 200 Mark monatlich drauf.

Es kam so mancher arme Teufel zu meinem Professor, es kamen aber auch Leute aus guten Stellungen zu ihm, die sich der Kunst widmen wollten. Dann fragte er sie zuerst nach ihren wirtschaftlichen Verhältnissen. Oft gab er ihnen den wohlgemeinten Rat, lieber in ihren Stellungen zu bleiben und als Dilettanten zu malen, soviel es ihnen Vergnügen mache, als den Dornenpfad eines armen Kunstschülers zu wandeln. Sieben bis acht Jahre fleißigen Studiums gehören dazu, etwas ordentliches zu leisten, und dann? — Der Professor zog die Augenbrauen hoch und zuckte die Achseln. „Ob Sie dann mit Ihrer Kunst sich werden ernähren können, junger Freund, das steht im Buch des Schicksals und mir fehlt die Brille dazu, es zu lesen." Im Atelier des Meisters malten damals auch viele Damen und Herren der besseren Gesellschaft, die das Studium mehr zu ihrem Vergnügen betrieben. Da saß ein Oberstleutnant, ein Major, einige Hauptleute, ein Assessor u. s. w. Manche waren von morgens bis abends fleißig vor der Staffelei, um ihr Bild zu kopieren — jeder nach seiner Art. Wenn diese Herrschaften dann nach Hause gegangen waren, malten wir Schüler ihnen oft humoristische Sachen in die Bilder hinein, zum Beispiel ein Wildschwein, mit einem Fuchsschwanz ausgestattet u. dgl. mehr. Meist wurden dergleichen Scherze mit Humor aufgenommen und tüchtig belacht.

So waren drei Jahre eifrigsten Studiums dahingegangen. Jedes Jahr unternahm ich eine kleine Studienreise, um nach der Natur zu malen. Das Auge meines verehrten Meisters, seine scharfe, aber gerechte Kritik überwachte meine Arbeiten, so daß ich mit schmerzlichem Bedauern von ihm mich trennte. Aber ich mußte versuchen, nun selbständig zu schaffen. Ich fühlte mich schon kräftig genug, meine eigenen Wege zu gehen.

So siedelte ich zeitweilig nach Greifswald über. Jahre waren schon vergangen, als ich eines guten Tages auf dem Wall beim Spazierengehen einem alten Bekannten begegnete, den ich seit langer, langer Zeit nicht gesehen hatte. Es war mein alter Kapitän vom Dreimastschoner „Providentia". Er hatte wohl schon verschiedenes über mich vernommen. Denn er richtete die Frage an mich, ob ich das in Greifswald damals ausgestellte Marinebild gemalt hätte.

„Ja", sagte ich, „dat heww ick malt, Herr Kaptein!"

Ein vergnügtes Schmunzeln spielte um seinen Mund.

„So so! Na, denn ist es mir heut auch nicht leid, daß ich damals dem Arzt in St. Petersburg nach Ihrer Wiederherstellung hundert Rubel geschenkt habe."

Wir saßen dann hinterher beim Glase und tauschten heiter alte Erinnerungen aus. Die wackere „Providentia" war immer noch gut zuwege. Sie hatte während der Jahre noch manche Fahrt gemacht.

Häufig führten mich meine Arbeiten nach Kiel. Hier traf ich eines Tages' noch eine andere der Hauptfiguren aus meinen „Providentia"-Erinnerungen. Es war der dicke „Pottkieker", der ehemalige Koch. Aber in ganz manierlicher Adjustierung begegnete er mir, so daß ich ihn beinahe nicht wieder erkannte. Er trug die schmucke Marineuniform, hatte kapituliert und kochte kaiserlich deutsche Marine-Gerichte. Er war sehr zufrieden mit seinem Lose, sah außerordentlich sauber aus und verriet selbst beim vierten Grog noch nicht eine Spur von seiner früheren Neigung zum Krakeelen. Abends besuchte ich in Kiel meinen getreuen Freund und Leidensgefährten Spitzler, der als Dirigent seine kleine Künstlerschar am Schnürchen hatte. Wie er so musikalisch gefühlvoll sein Szepter in schwunghafter Weise führte, mußte ich der Liederabende am Gestade Nipons gedenken. O Spitzler, wie stimmungsvoll klang es damals unter deiner Leitung: „Das Meer erglänzte weit hinaus im letzten Abendscheine."

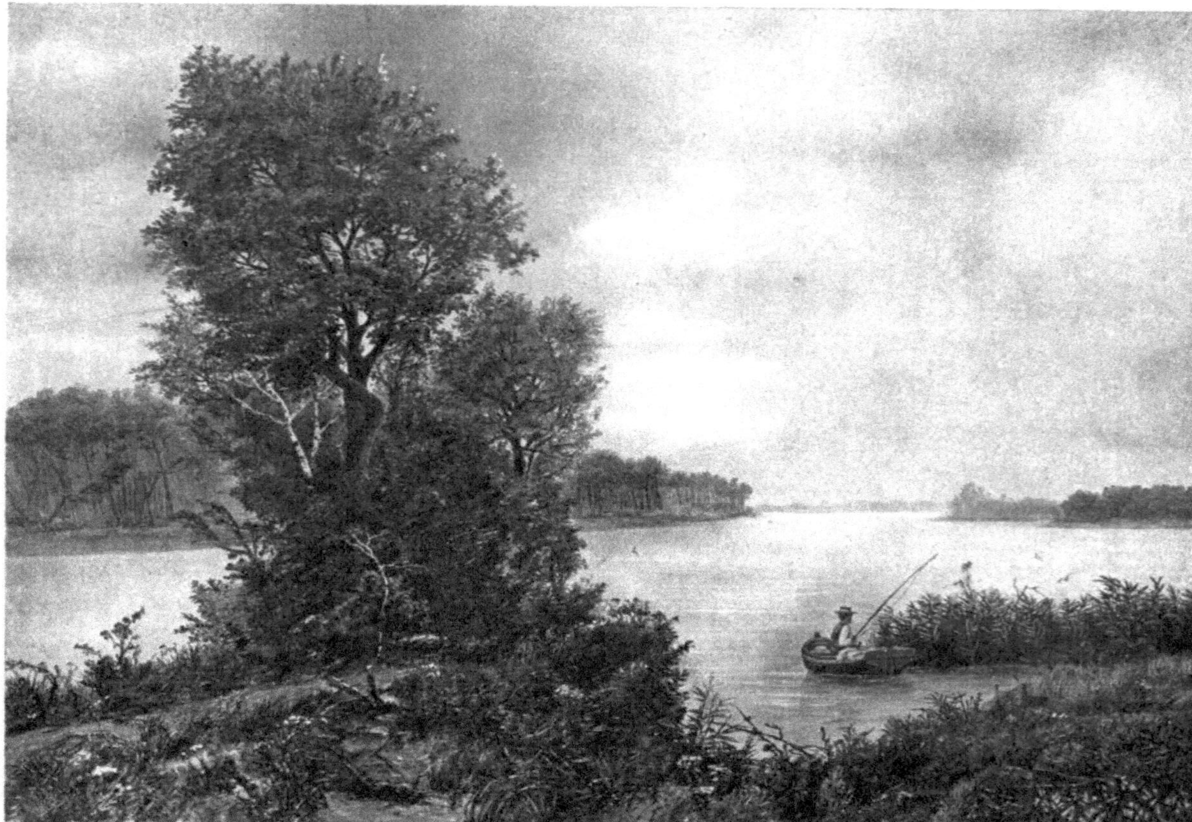

Im Canal.

Mein alter Meister Professor Eschke hatte den Auftrag bekommen, für die Jubiläums-Ausstellung in Berlin das Dioramabild „Flottendemonstration vor Zanzibar“ herzustellen. Eines Tages erschien er bei mir und forderte mich auf, die Schiffe in diesem Bilde zu malen. Gerne übernahm ich diese Arbeit, und bald standen wir mit Pinsel und Palette fleißig bei der Arbeit, um einmal ein Bild in so außergewöhnlicher Größe auszuführen. Es war schon beinahe vollendet, da überraschte uns Seine Königliche Hoheit Prinz Heinrich mit seinem erlauchten Vater. Der Prinz,

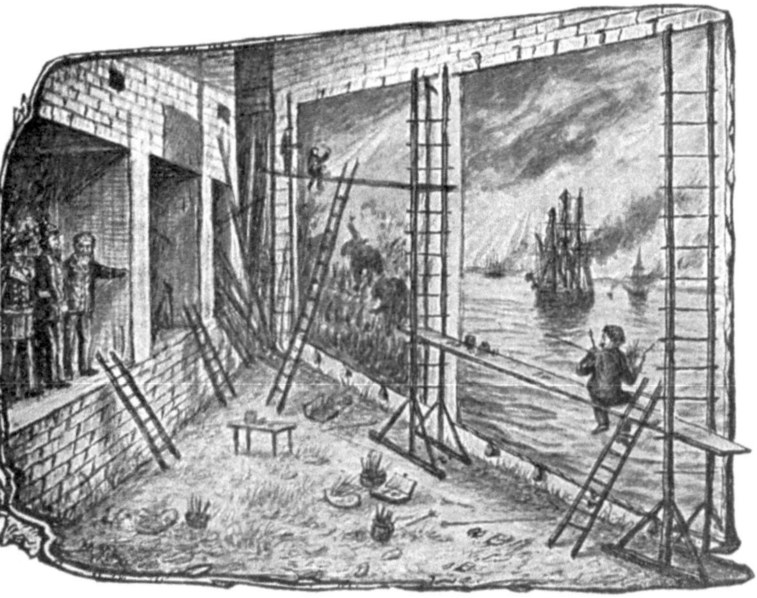

welcher mich wieder erkannte, rief mir zu: „Na, Schröder, Sie großer Künstler, wie geht's?“ —

Nun war mir kurz vorher beim Herunterklettern vom Gerüst ein Loch in meinen Hosenboden gerissen. Das war mir in diesem Augenblick so peinlich, daß ich durch die Frage des Prinzen in Verlegenheit geriet, und weil ich eifrig bemüht war, mit meiner Palette die defekte Stelle zu verdecken, wie ein Ritter seinen Schild gegen Pfeile benutzt, so gab ich infolgedessen die zerstreutesten Antworten und ärgerte mich hinterher darüber.

Die Herren Marineoffiziere haben mich von jeher durch den Ankauf meiner Bilder freundlichst unterstützt, wofür ich ihnen großen Dank schulde. Ebenso begegnete mir auch das liebenswürdigste

Entgegenkommen von seiten der Herren Kommandanten, wenn ich als Gast auf einem Kriegsschiff weilte, um meine Studien sorgsam an Ort und Stelle zu machen. Vor Jahren bereiste ich einmal in solcher Weise die mecklenburgische Küste. Morgens nach dem Frühstück bei dem Herrn Kommandanten brachte mich ein Boot oder eine Dampfpinasse an Land, wo ich dann den Tag über meinen Studien nachging, um am Nachmittag oder Abend an verabredeter Stelle wieder an Bord geholt zu werden.

So war ich wieder früh am Morgen, als der Tag eben graute, von dem Kriegsschiff ins Boot gestiegen und ließ mich nach der Küste hinüberrudern. Die rosigen Schimmer der aufgehenden Sonne verkündeten einen heiteren Tag. Am Strande hielt ich Umschau nach einer malerischen Stelle, wie ich sie wohl brauchen könnte. Da entdeckte ich eine aus Stroh und Lehm hergestellte, mit Strauchwerk umkränzte kleine Hütte, die wohl den Fischern als Unterschlupf dienen mochte. Allerlei Fischereigerät, Kaffeekanne und Kochgeschirr, große Wasserstiefeln, Kleidungsstücke u. s. w. lagen vor der Hütte im bunten Durcheinander. Ein kleiner rauchgeschwärzter Backofen deutete darauf hin, daß die Hütteninhaber auch ihr Brot an diesem einsamen Orte sich herstellten. Das war ein Stilleben am Meeresstrande, wie ich es nicht besser wünschen konnte.

Ich stellte also die Staffelei auf, richtete den großen Malschirm gegen die jetzt voll heraufziehende Sonne, spannte die Leinwand aufs Brett und malte seelenvergnügt darauf los.

Eine Stunde mochte ich wohl so gearbeitet haben, da erschien ein struppiger Kopf am niedrigen Eingang zu der Hütte. Dem alten Fischer hingen Strohhalme im Kopf- und Barthaar, das vom Schlafen wirr herunterhing. Bei meinem unerwarteten Anblick verschwand der Graukopf schnell wieder, höchst wahrscheinlich, um ein wenig Toilette zu machen.

Bald darauf erschien er mit seinem starkknochigen Sohn vor der Hütte. „Gu'n Morg'n!" sagten sie beide freundlich. Daß ich an ihrer alten verfallenen Strohbude Gefallen finden konnte, erschien ihnen höchst verwunderlich. Aber sie freuten sich herzlich darüber, und man merkte es ihnen an, daß sie sich in ihrem Berufe in Gottes schöner Natur glücklich fühlten. Der alte brave Fischer lud mich ein, an ihrem Frühstück teilzunehmen. „Eten's man 'n beten met!" nötigte er. „Wi heww'n all en poar frische Steinbutten disse Nacht kregen." „Frische Steinbutten?" dachte ich, „dat is 'ne Sak!" Sie schmeckten in der Tat vorzüglich. Der Alte erzählte mir, daß sie beide hier Tag und Nacht hausten. Jeden Sonnabend brächten sie die zahlreich gefangenen Fische nach der Stadt. Erst beim Herannahen des Winters siedelten sie nach ihrem heimatlichen Dorfe wieder über. Die Fische schmeckten doch viel trefflicher als diejenigen, welche ich damals auf Jesso meinen Offizieren auf der Bärenjagd vorsetzen konnte. Die Erinnerung daran war so lebhaft in diesem Augenblick, daß ich den beiden Fischern meine Flundergeschichte von Jesso vortrug. „Jesso?" fragte der Alte und sah mich wie hülflos an. „Dat is bi Japan!" kam ich ihm entgegen. „Japan, jo, davon heww ick all hürt! Korl Möller is as Matros' in

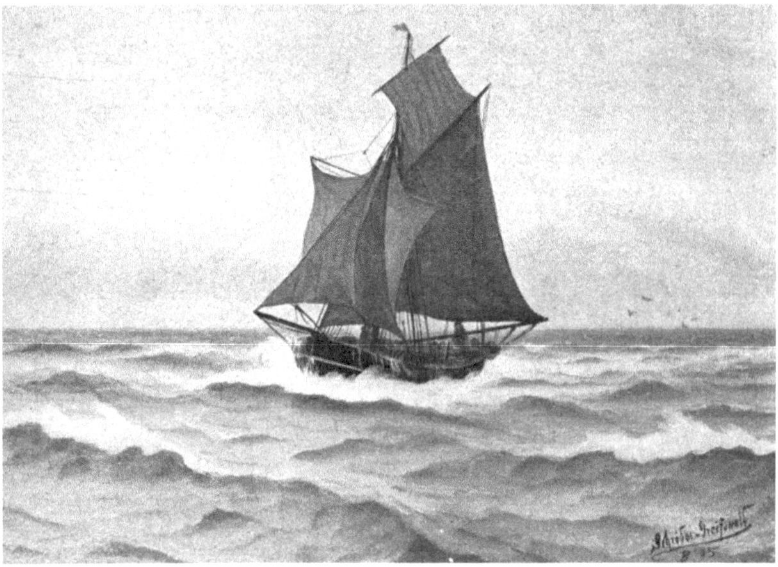

Japan west." „Un Willem Kröger doch ok!" fügte der junge Fischer hinzu. Sie wußten doch also etwas Bescheid. Wie würde mich wohl damals der alte Flunder-Japaner angeglotzt haben, wenn ich ihn japanisch nach Mecklenburg gefragt haben würde!

Nach dem guten Frühstück setzte ich mich wieder vor meine Staffelei und führte meine Studie zu Ende. Da hinten lag die Gig des Kommandanten, die mich wieder aufnahm und an Bord zurückbrachte.

Nur zu schnell vergingen die frohen Tage auf dem Kriegsschiff und in der schönen Natur. Ausgerüstet mit vielen guten Studien, verließ ich den gastfreundlichen und liebenswürdigen Kommandanten.

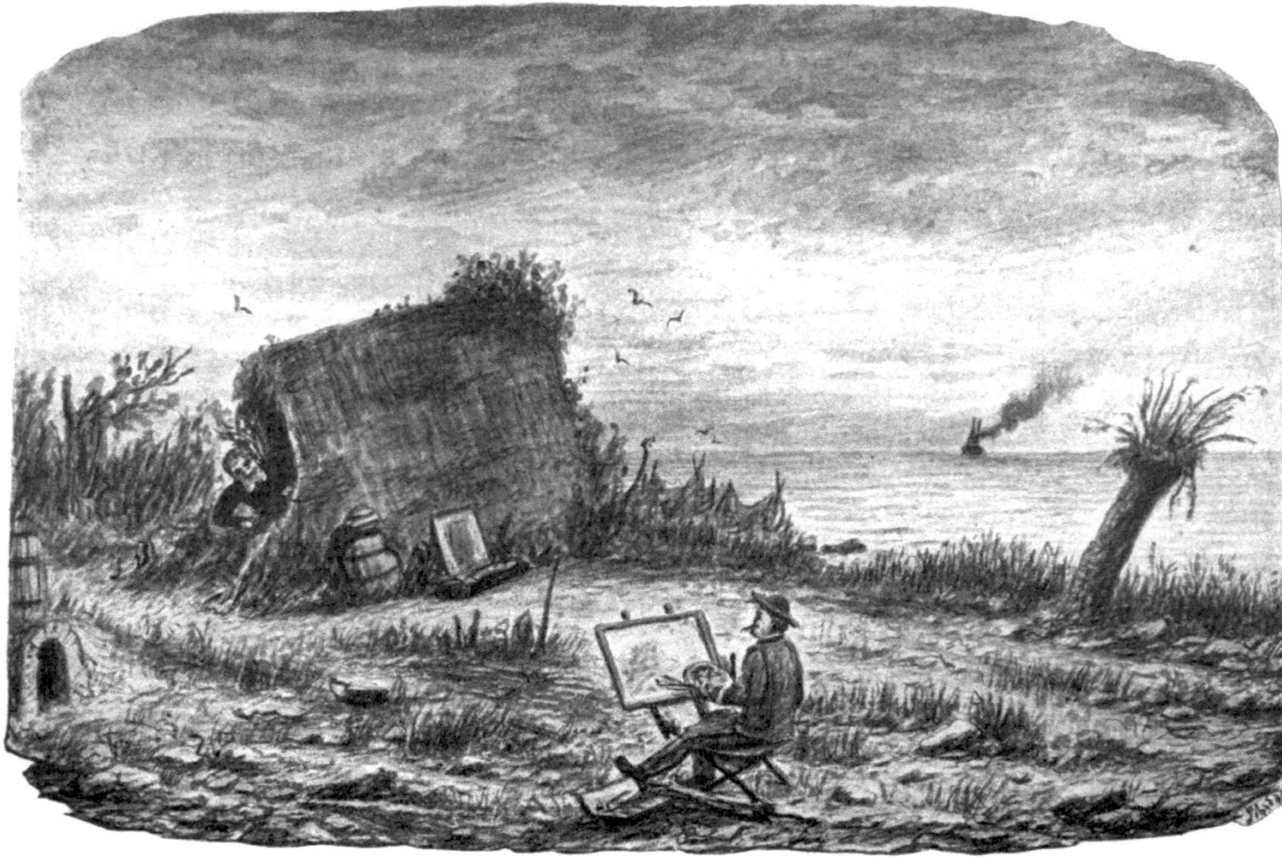

Fischerhütte am mecklenburger Strande.

Von ganzem Herzen dankte ich ihm und der ganzen Besatzung für die mir jederzeit bereitwilligst geleistete Hilfe und Förderung.

Wohl bereitet es mir auch Genuß, der lieblichen Natur in Wald und Flur ihre Reize abzulauschen und die Eindrücke eines heiteren Frühlingsmorgens oder die Stimmung eines herbstlichen Buchenwaldes auf die Leinwand zu bringen. Aber vor allem zieht das Herz doch immer wieder am liebsten zur Waterkant, wo das Meer in seiner ewigen Schönheit, mit seinen stets wechselnden Farbentönen das Auge befriedigt. Und wenn dann ein stattliches Kriegsfahrzeug mit deutschem Wimpel vorüberzieht, dann freut sich meine Seele und läßt aus dem Schoß der vergangenen Zeit die wundersamen Bilder ferner Welten aufsteigen, deren großartige Schönheit ich schauen durfte.

Gerne auch weile ich im Kreise ehemaliger Kameraden von der Marine. Ihnen vor allem sind meine Tagebuchblätter gewidmet. Wie prächtig gemütlich sind die festlichen Stunden, die man in Gesellschaft wackerer, seebefahrener Freunde verlebte! Noch einmal genießt man im Austausch der Erinnerungen all das gemeinsam Erlebte. Und wie ist man mit dem ganzen Herzen dabei, wenn das Kommando erschallt, auf das Wohl der deutschen Flotte einen kräftigen Seemanns-Salamander zu reiben. Ich wünschte, alle Deutschen ohne Ausnahme beteiligten sich daran. Jedenfalls will ich ihnen zum Schluß das Rezept dazu verschaffen, in kräftiger und kerniger Weise der Begeisterung für unsere Marine festlichen Ausdruck zu geben. Also:

1. „Alle Mann auf! Klar zum Ankern!" (Der Salamander wird angesagt).	(Jeder eilt auf seinen Platz.)
2. „Klar bei Steuerbord-Anker!"	Das Glas wird mit der rechten Hand erfaßt (Marinegriff), ohne es vom Tisch abzuheben.
3. „Aus der Kette!"	Die Gläser werden an den Mund gesetzt und geleert.
4. „Boje über Bord!"	Die Gläser werden auf dem Tisch im Kreise gerieben.
5. „Fall Anker!"	Die Gläser werden mit einem Schlage auf den Tisch gesetzt, gleich darauf starkes wirbelartiges Klappern.

6. „Stopper dicht!"	Die Gläser werden mit einem Schlage auf den Tisch gestellt.
7. (50 m aus der Klüse) „Steck Kette!"	Rasseln mit den Gläsern, allmählich langsam und schwächer werdend.
8. „Stopper dicht!"	Die Gläser werden mit einem Schlage auf den Tisch gestellt.

Hipp hipp hurra!